Riedel
Standortverteiltes Änderungsmanagement

Sehr geehrter Herr Ströbel,
mit herzlichem Dank für die Herstellung des
Kontaktes zur BMW AG sowie für den fruchtbaren
Gedankenaustausch überreicht.

München, im Oktober 2000

Ihr

**GABLER** EDITION WISSENSCHAFT

Markt- und Unternehmensentwicklung

Herausgegeben von
Professor Dr. Dr. h.c. Arnold Picot,
Professor Dr. Dr. h.c. Ralf Reichwald und
Professor Dr. Egon Franck

Der Wandel von Institutionen, Technologie und Wettbewerb prägt in vielfältiger Weise Entwicklungen im Spannungsfeld von Markt und Unternehmung. Die Schriftenreihe greift diese Fragen auf und stellt neue Erkenntnisse aus Theorie und Praxis sowie anwendungsorientierte Konzepte und Modelle zur Diskussion.

Dieter Riedel

# Standortverteiltes Änderungsmanagement

Explorative Analyse zur
Gestaltung standortübergreifender
Produktänderungen

Mit einem Geleitwort
von Prof. Dr. Dr. h.c. Ralf Reichwald

Deutscher Universitäts-Verlag

Die Deutsche Bibliothek - CIP-Einheitsaufnahme


**Riedel, Dieter:**
Standortverteiltes Änderungsmanagement : explorative Analyse zur Gestaltung standortübergreifender Produktänderungen / Dieter Riedel. Mit einem Geleitw. von Ralf Reichwald.
- 1. Aufl.. - Wiesbaden : Dt. Univ.-Verl. ; Wiesbaden : Gabler, 2000
(Gabler Edition Wissenschaft : Markt- und Unternehmensentwicklung)
Zugl.: München, Techn. Univ., Diss., 2000
ISBN 3-8244-7254-6


1. Auflage Oktober 2000

Lektorat: Ute Wrasmann / Annegret Eckert

Der Gabler Verlag und der Deutsche Universitäts-Verlag sind Unternehmen der
Fachverlagsgruppe BertelsmannSpringer.

www.gabler.de
www.duv.de

Höchste inhaltliche und technische Qualität unserer Produkte ist unser Ziel. Bei der Produktion und Verbreitung unserer Werke wollen wir die Umwelt schonen. Dieses Buch ist deshalb auf säurefreiem und chlorfrei gebleichtem Papier gedruckt. Die Einschweißfolie besteht aus Polyethylen und damit aus organischen Grundstoffen, die weder bei der Herstellung noch bei der Verbrennung Schadstoffe freisetzen.

Die Wiedergabe von Gebrauchsnamen, Handelsnamen, Warenbezeichnungen usw. in diesem Werk berechtigt auch ohne besondere Kennzeichnung nicht zu der Annahme, dass solche Namen im Sinne der Warenzeichen- und Markenschutz-Gesetzgebung als frei zu betrachten wären und daher von jedermann benutzt werden dürften.

Druck und Buchbinder: Rosch-Buch, Scheßlitz
Printed in Germany

ISBN 3-8244-7254-6

# Geleitwort

Das Änderungsmanagement steht seit Mitte der 80er Jahre zunehmend im Blickfeld der betriebswirtschaftlichen Forschung. Gemeint sind hier technische Änderungen an Industrieprodukten, die im Zuge des Wandels von Märkten, des Einsatzes neuer Technologien sowie der Verschärfung des Wettbewerbs in den Branchen des Maschinenbaus und des Fahrzeugbaus vorkommen. Dabei sind Änderungen auf unterschiedliche Ursachenquellen zurückzuführen. Vor allem die marktinduzierten Änderungen werden als ein besonderer Teil des Änderungsmanagements betrachtet, der sich im Umfeld der Innovationsforschung bewegt. Technische Änderungen, die hingegen auf innerbetriebliche Ursachen zurückzuführen sind, betreffen das Feld der Reorganisation von Forschung und Entwicklung, der innerbetrieblichen Kommunikation, der Anwendung neuer Technologien und der Reorganisation des betrieblichen Wertschöpfungsprozesses insgesamt. Es ist daher nicht verwunderlich, dass auch die ingenieurwissenschaftliche Analyse von Änderungsprozessen technisch-ökonomische Zusammenhänge aufgreift, um sie zu neuen Lösungen zu führen, die marktliche Wettbewerbsvorteile erbringen sollen. Die Arbeit untersucht zwei Schwerpunkte:

Zum einen werden die technisch-ökonomischen Zusammenhänge eines standortverteilten Änderungsmanagements analysiert. Dies betrifft unternehmensinterne Strukturen – in der Regel bei modularisierten, standortverteilten Organisationsstrukturen – und unternehmensübergreifende Strukturen für Unternehmensnetzwerke mit unterschiedlichem vertikalem Integrationsgrad.

Der zweite Schwerpunkt liegt in der Gewinnung von Wissen aus der Empirie für die Erklärung und Gestaltung von Änderungsprozessen in verteilten Strukturen als Beitrag zur Optimierung des Änderungswesens und für die Gewinnung von Wettbewerbsvorteilen. Fest steht, dass das heute praktizierte Änderungswesen und die in der Praxis entwickelten Methoden und Werkzeuge zur Unterstützung von Änderungsprozessen bei standortverteilter Produktentwicklung und Produktanpassung unzureichend und teilweise unbrauchbar geworden sind. Die Herausforderungen, die durch verteilte Unternehmensstrukturen an die Führung, die Organisation, die Infrastrukturen, das Management und insbesondere auch an die Menschen in Forschung und Entwicklung bestehen, schlagen in besonders heftiger Weise auf das Änderungswesen durch. Es ist daher nur konsequent, dass die Arbeit von vornherein auf ein interdisziplinäres Forschungsverständnis aufsetzt und der Verfasser ein integratives Forschungsdesign für seine Zwecke nutzt. In der Tat gibt es kaum Bereiche, in denen die technisch-ökonomische Verzahnung so evident wird wie im Änderungswesen. Der Komplexitätsgrad dieser Zusammenhänge steigt dramatisch an, wenn hierarchische Strukturen wegfallen, die bewährten Steuerungssysteme wie F&E-Controlling nicht mehr greifen und wenn zwischenmenschliche Kommunikation nicht mehr nach traditionellen

Regeln ablaufen kann, wie dies in verteilten Unternehmen und insbesondere bei unternehmensübergreifenden Netzwerken der Fall ist.

Zur Untersuchung dieses innovativen Feldes bedient sich der Verfasser einer explorativen Forschungskonzeption. Empirische Ergebnisse aus Fallstudien und strukturierten Befragungen zum Änderungsmanagement dienen der Ausleuchtung dieses Feldes, der Hypothesengenerierung und der Weiterentwicklung geeigneter Theorieansätze, um auf diesem Wege, Defizite des heutigen Änderungswesens in verteilten Strukturen aufzuzeigen und zu beheben. Im Ergebnis kommt der Verfasser zu Erkenntnissen und Annahmen über Gestaltungspfade für das Änderungsmanagement im Unternehmen der Zukunft.

Die vorliegende Arbeit verdient höchste Beachtung sowohl für die betriebswirtschaftliche aber auch für die ingenieurwissenschaftliche Forschung und Praxis. Sie wendet sich daher gleichermaßen an Praktiker und Wissenschaftler, die sich mit der Optimierung von Prozessen in Forschung und Entwicklung beschäftigen. Somit verdient die Arbeit eine breite Aufnahme in der Fachwelt.

Ralf Reichwald

# Vorwort

Die Reorganisation von Unternehmensprozessen und -strukturen sowie die Vernetzung von Wertschöpfungsketten über verschiedene unternehmensinterne wie –externe Standorte hinweg stehen heute im Zentrum des Erkenntnisinteresses der Betriebswirtschaftslehre. Die für Einzelunternehmungen bzw. einzelne Standorte optimierten Prozesse erfahren durch zahlreiche, voneinander abhängige Einflüsse Anpassungsbedarf, wie z.b. durch die Entwicklung neuer Technologien, Veränderungen der Marktstrukturen oder Nachfrageverschiebungen.

Reorganisationsmaßnahmen, die im Hinblick auf diese neuen Anforderungen in den Unternehmen durchgeführt werden, sind dabei häufig lediglich isoliert aus dem Blickwinkel eines einzelnen Funktionsbereichs konzipiert, wichtige Interdependenzen werden oftmals nur unzureichend betrachtet. Für den Wirtschaftsingenieur bietet sich in diesem Rahmen Aufgabe und Chance zugleich, Schnittstellen zwischen der Betriebswirtschaftslehre und den Ingenieurwissenschaften zu beleuchten.

Das Änderungsmanagement ist an einer derartigen Schnittstelle angesiedelt. Fragestellungen einer konsistenten Produktkonfiguration sind hier genauso anzusiedeln wie die Analyse der durch technische Produktänderungen betroffenen ökonomischen Konsequenzen. Wird das Untersuchungsfeld auf eine standortübergreifende Zusammenarbeit inner- und überbetrieblicher Akteure erweitert, stellen sich bei der Konzeption des Änderungsmanagements vielschichtige neue Anforderungen aus beiden Fachdisziplinen, wie einer Harmonisierung der eingesetzten Methoden und Tools sowie der zu Grunde gelegten Prozesse und Strukturen.

Der vorliegenden Arbeit liegt eine Dissertation zu Grunde, die von der Fakultät für Wirtschafts- und Sozialwissenschaften der Technischen Universität München im Juli 2000 angenommen wurde. Sie entstand während meiner Tätigkeit als wissenschaftlicher Mitarbeiter am Lehrstuhl für Allgemeine und Industrielle Betriebswirtschaftslehre der Technischen Universität München.

An dieser Stelle ist es mir ein großes Anliegen, all denen zu danken, die an der Entstehung der vorliegenden Arbeit direkt oder indirekt beteiligt waren.

An erster Stelle danke ich ganz herzlich meinem Doktorvater, Herrn Univ.-Prof. Dr. Dr. h.c. Ralf Reichwald, für die langjährige Förderung meines Promotionsvorhabens, die mir gewährten inhaltlichen und zeitlichen Freiräume sowie die persönliche Betreuung. Aus diesen Diskussionen sind wertvolle Anregungen und konstruktive Hinweise für die Konzeption der Arbeit hervorgegangen. Auch der Zeiteinsatz und die Flexibilität seitens meines Doktorvaters zum Ende der Gestehung meiner Dissertation verdient, insbesondere vor dem Hintergrund einer Vielzahl anderweitiger Verpflichtungen, expliziten Dank.

Ebenfalls herzlich bedanken möchte ich mich bei Herrn Univ.-Prof. Dr. Horst Wildemann für die Übernahme des Koreferates und für die von mir gern wahrgenommene Einladung, Ergebnisse meiner Forschungsarbeit im Kreise der Hochschullehrer der Kommission Produktionswirtschaftslehre im September 1999 vorstellen zu können.

Des Weiteren gebührt Dank auch meinen ehemaligen Kollegen am Lehrstuhl für Allgemeine und Industrielle Betriebswirtschaftslehre der Technischen Universität München sowie den 14 von mir betreuten Diplomanden. Die allseits stete Diskussionsbereitschaft und Befruchtung meiner Forschungsarbeiten um Impulse aus anderen Stoßrichtungen haben auch die vorliegende Arbeit bereichert. Besonders meine ehemaligen Kollegen Herr Dr. Bernhard Schmalzl und insbesondere Herr Dr. Juan-Ignacio Conrat haben in ersten Brainstorming-Sitzungen bereits frühzeitig zu einer wertvollen Themeneingrenzung beigetragen.

Namentlich herausheben möchte ich aber auch meine ehemaligen Mitstreiter zahlreicher, im Umfeld des Sonderforschungsbereichs 336 und Transferbereichs 2 durchgeführten Industrie- und Forschungsprojekte, die mich bei der Wahrnehmung meiner Koordinationsfunktion unterstützt haben. Dank schulde ich dabei insbesondere Herrn Stephan Jäger, Herrn Thomas Rauneker, Herrn Peter Voigt und Herrn Stefan Zanner, aber auch Frau Cordula Mraz, Herrn Bernhard Rauscher, Herrn Jürgen Thormann und Herrn Alexander Weisser.

Nicht zuletzt danke ich auch allen ehemaligen Kollegen für eine inspirierende Zusammenarbeit in einer äußerst angenehmen Arbeitsatmosphäre, namentlich Herrn Dr. Hermann Englberger, Herrn Dr. Gerhard Hesch, Frau Dr. Claudia Höfer-Weichselbaumer, Herrn Dr. Hans Koller, Herrn Dr. Hans Sachenbacher, Herrn Dr. Eckhard Wagner und Herrn Dr. Jürgen Weichselbaumer. Über die Grenzen des Lehrstuhls hinaus möchte ich mich im Bereich der Wissenschaft insbesondere bei Herrn Univ.-Prof. Dr.-Ing. Udo Lindemann, Herrn Dr.-Ing. Gert Aßmann und Herrn Manuel Gerst sowie im Feld der Industriepartner bei Herrn Helmut Gante, Ralf Timm und Malte Papke für die interdisziplinäre und jederzeit bereichernde Zusammenarbeit bedanken.

Für die gewissenhafte und zeitlich flexible Endredaktion möchte ich ganz herzlich Frau Uta Löhrer danken, die trotz familiärer Verpflichtungen die Einhaltung meines Zeitplanes durch ihren unermüdlichen Einsatz erst ermöglichte.

Großen Dank gebührt auch meiner lieben Ehefrau Grazyna, die mir über die wohl immer mit der Erstellung einer Dissertation verbundenen Zweifel hinweggeholfen hat sowie für ihre große Geduld und ihr Verständnis in dieser sehr arbeitsintensiven Zeit.

Schließlich gilt mein Dank meinen Eltern. Sie haben mir meine Ausbildung ermöglicht, in partnerschaftlichen Diskussionen zu den entscheidenden Weichenstellungen beigetragen und mich über die Jahre hinweg in jederlei Hinsicht unterstützt. Ihnen sei diese Arbeit gewidmet.

Dieter Riedel

# Inhaltsverzeichnis

# Abbildungsverzeichnis

# Abkürzungsverzeichnis

| | |
|---|---|
| Abb. | Abbildung |
| aktual. | aktualisiert |
| Anm. d. Verf. | Anmerkung des Verfassers |
| Aufl. | Auflage |
| AV | Arbeitsvorbereitung |
| Bd. | Band |
| bearb. | bearbeitet |
| bzgl. | bezüglich |
| bzw. | beziehungsweise |
| ca. | circa |
| CAD | Computer Aided Design |
| DBW | Die Betriebswirtschaft |
| DFG | Deutsche Forschungsgemeinschaft |
| d.h. | das heißt |
| durchges. | durchgesehen |
| DIN | Deutsches Institut für Normung |
| ECO | Engineering Change Order |
| EDM | Engineering Data Management |
| EN | Europäische Norm |
| erg. | ergänzt |
| etc. | et cetera |
| f. | folgend |
| FEM | Finite-Elemente-Methode |
| ff. | fortfolgend |
| EDV | elektronische Datenverarbeitung |
| FMEA | Failure Mode and Effects Analysis |
| Hrsg. | Herausgeber |
| i.a. | im allgemeinen |
| i.d.R. | in der Regel |
| ISO | International Standard Organisation |
| I.u.K. | Information und Kommunikation |
| Kap. | Kapitel |
| Mass. | Massachusetts |
| neuberarb. | neubearbeitet |
| N. J. | New Jersey |
| No. | Number |
| Nr. | Nummer |
| QFD | Qualitiy Function Deployment |

| | |
|---|---|
| PPS | Produktionsplanung und –steuerung |
| R&D | Research & Development |
| SE | Simultaneous Engineering |
| SFB | Sonderforschungsbereich |
| TFB | Transferbereich |
| u.a. | und andere |
| überarb. | überarbeitet |
| usw. | und so weiter |
| v. | von |
| VDI | Verein Deutscher Ingenieure |
| VDI-Z | Zeitschrift des Vereins deutscher Ingenieure für integrierte Produktionstechnik |
| verb. | verbessert |
| vgl. | vergleiche |
| Vol. | Volume |
| vs. | versus |
| ZfB | Zeitschrift für Betriebswirtschaft |
| zfbf | Zeitschrift für betriebswirtschaftliche Forschung |
| ZwF | Zeitschrift für wirtschaftliche Fertigung |

# 1 Technische Änderungen im Rahmen standortverteilter Forschung und Entwicklung

## 1.1 Einleitung

> *„Es scheint mir wichtig, dass Betriebswirte mehr Kenntnis*
> *und Verständnis für Anliegen und Denkweisen der*
> *Ingenieurwissenschaften entwickeln, wie Ingenieure viel*
> *mehr, über formal-systematische Ansätze hinausgehende*
> *Einblicke in wirtschaftliche Zusammenhänge benötigen. "*
>
> Arnold Picot (1997)[1]

Globalisierung, Kooperation und innovative Unternehmenskonfigurationen scheinen gemäß der aktuellen Diskussion, nicht zuletzt auf Grund der Einsatzmöglichkeit innovativer Technologien, ein nahezu unerschöpfliches Potential zur Optimierung betrieblicher Aktivitäten zu besitzen. Gestaltungsprinzipien neu diskutierter Managementkonzepte werden zudem häufig als die Patentlösung diskutiert, bei deren Umsetzung innovative Unternehmen entstehen (sollen), die mit einer Vielzahl unterschiedlicher Attribute versehen werden. Die agile, kreative, lernende, modulare, fraktale oder virtuelle Unternehmung sind derartige Ausprägungen. Rahmenbedingungen und Beschränkungen solcher Konzepte werden zumeist ausgeblendet oder auf demselben Abstraktionsniveau beschrieben wie die Gestaltungsbereiche selbst. Dabei geraten aber zunehmend organisatorische Fragestellungen in den Hintergrund, die vordergründig eine eher konservative und vielfach als weitgehend gelöst angesehene Gestaltungsproblematik beinhalten. Die Ausblendung solcher Themenfelder führt aber möglicherweise gerade zum Scheitern der erstgenannten innovativen Managementkonzepte.

Das Management technischer Änderungen im Rahmen der Produktentwicklung ist ein derartiges Themenfeld. Eingebettet in die Welt von Forschung und Entwicklung, ist auch das Änderungsmanagement von den Trends betroffen, die im Feld von F&E diskutiert werden. Die Tendenz zu Multifunktionsprodukten mit der Folge einer höheren Produktkomplexität, ansteigende Entwicklungszeiten bei gleichzeitig verkürzten Produkt-Lebens-Zeiten sowie die kurzfristige Berücksichtigung spezifischer Kundenwünsche zu möglichst geringen Kosten sind aktuelle Anforderungen, die insbesondere die Produktentwicklung treffen. Zu deren Realisierung ist ein hohes Maß an Technologie-, Methoden-, und Sozialkompetenz der einzelnen Mitarbeiter in der Produktentwicklung ebenso erforderlich wie auch die Notwendigkeit neue Wege hinsichtlich der Organisation von F&E zu beschreiten. Eine ausschließliche Fokussierung der lokal vorhandenen Optimierungspotentiale reicht dabei

---

[1] Vgl. Picot, A. (1997a), S. 287.

schon lange nicht mehr aus. Vielmehr stehen Entwicklungsprozesse im Mittelpunkt des Interesses, die sich über verschiedene, teilweise weltweit verteilte Standorte erstrecken.

Die Bandbreite der Prozesse, der daran beteiligten Akteure und des jeweils verfolgten Zwecks ist indes gewaltig: Anpassentwicklung an die spezifischen Anforderungen eines nationalen Marktes, 24 Stundenentwicklung durch weltweit verteilte Entwicklerteams zur Beschleunigung des Marktzutritts oder die temporäre Einbindung von dislozierten Spezialisten sind nur einige Beispiele. Dabei sind auch unternehmensübergreifende Kooperationen von zunehmender Bedeutung, wie beispielsweise die verstärkte Übernahme von Entwicklungstätigkeiten durch Zulieferer oder die Bildung von Forschungsgemeinschaften mit Wettbewerbern zur Reduzierung der individuell zu tragenden Entwicklungskosten.

Gleichzeitig sind Produktentwicklungsprozesse durch vielfältige Störungen gekennzeichnet. Produkte werden nicht immer fertigungs- und montagegerecht konstruiert, die zugehörigen Verfahren nicht immer prozesssicher festgelegt. Hinzu treten neue Kundenanforderungen, Produktabkündigungen durch Lieferanten oder neue gesetzliche Bestimmungen und Normen. Die Folge sind Produkt- und Prozessänderungen entlang der gesamten, auch standortübergreifenden Wertschöpfungskette. Die technischen aber auch ökonomischen Auswirkungen sind dabei häufig kaum zu überblicken.

Die Methoden und Organisationsstrukturen des in den Unternehmen vielfach noch implementierten Änderungswesens traditioneller Prägung werden den gegenwärtigen Anforderungen nach einer detaillierten Änderungsanalyse, einer effizienten Änderungsdurchführung und dem Lernen aus Änderungen nicht mehr gerecht. Das vielfach engmaschig ausgelegte Regelwerk des Änderungswesens ist häufig nur nach standortinternen Gesichtspunkten konzipiert, wodurch eine Zusammenarbeit mit Entwicklungspartnern jenseits der Standortgrenzen in erheblichem Maße behindert wird. Bereits ein unterschiedliches Verständnis, was genau unter einer technischen Änderungen zu verstehen ist und ab welcher Phase im Entwicklungsprozess die Regeln des Änderungswesens greifen sollen, ist häufig ein erhebliches Hemmnis einer standortübergreifenden Änderungsabwicklung.

Auch die mentalen Einstellungen, die Änderungen begleiten, sind häufig ausschließlich negativ geprägt und tragen z.B. zu Effekten bei, wie eine hohe Vertuschungsquote notwendiger Änderungen, dem Vergleich von Änderungsindizes als Benchmark über die Güte verschiedener Konstruktionen oder die Nutzung von Änderungskennzahlen als Qualitätsmaßstab für eine gesamte Entwicklungsabteilung. Eine derartige Einstellung ist allerdings nicht unumstritten. *Diprima* greift beispielsweise den letztgenannten Aspekt mit deutlicher Ironie auf: „One of the inflexible (though unwritten) rules of mathematics is that the volume of EC´s [Engineering Changes; Anm. d. Verf.] created will be exponentially equal to the number of engineers employed."[2]

---

[2] Diprima, M. (1982), S. 82.

Dennoch stellen diese bis heute tradierten Einstellungen ein deutliches Hemmnis für einen offeneren Umgang mit Änderungen dar. Der Übergang, Änderungen nicht nur als unerwünschte Verzögerung eines Entwicklungsvorhabens zu betrachten, sondern auch als Chance des Lernens aufzufassen, ist bislang häufig noch nicht vollzogen. Ebenso wird nur selten darauf eingegangen, dass die Fähigkeit Änderungen effizient umzusetzen auch als Differenzierungsmerkmal betrachtet werden kann. Dieses spielt aber insbesondere vor dem Hintergrund der eingangs genannten Markttrends und der neuen Gestaltungsformen standortübergreifender Forschung und Entwicklung eine zunehmend wichtige Rolle.

## 1.2   Stand der Forschung

> *„Man wird ... im Auge behalten müssen, dass in einem*
> *Unternehmen viele Kräfte wirksam sind, die keineswegs*
> *immer in die gleiche Richtung tendieren."*
>
> Erich Gutenberg (1958)[3]

Das Management technischer Änderungen steht seit Anfang der 90er Jahre im Interessensfeld der integrierten Entwicklung[4] industrieller Güter. Der Sonderforschungsbereich 336[5] der Technischen Universität München hat das Änderungsmanagement seit 1992 als einen Schwerpunkt aufgegriffen.[6] Dabei haben insbesondere die Arbeiten von *Conrat* auf die hohe ökonomische Relevanz von Änderungen in Produktentwicklungsprozessen hingewiesen und die Notwendigkeit einer Erweiterung des bei Änderungen zu berücksichtigenden Kostenspektrums aufgezeigt. Gleichzeitig stellen die von *Conrat* identifizierten Einflussfaktoren der Änderungskosten sowie die zu Grunde liegenden Änderungsursachen wertvolle Ansatzpunkte für die Konzeption eines Änderungsmanagements dar.[7] Ebenso haben *Aßmann* und *Kleedörfer* mit Arbeiten zur problemspezifischen Gestaltung von Änderungsprozessen bzw. der Integration von Änderungs- und Prozessmanagement einen wichtigen Beitrag im Hinblick auf das im SFB 336 entstandene Konzept eines integrierten Änderungsmanagements geleistet.[8]

Auch in thematisch verwandten Sonderforschungsbereichen wird die Problematik technischer Produktänderungen zumindest implizit beleuchtet. Beispielsweise wird im Aachener SFB 361[9] mit einem Konzept zur Beherrschung von Unsicherheit, auf die Vermeidung fehlerbedingter Änderungen hingewirkt.[10] Darüber hinaus werden technische Änderungen im Rahmen der Nutzung von unscharfen Informationen bei der Arbeitsplanung verwendet. Neben anderen Variablen stellt z.B. der „getätigte Änderungsumfang" eine maßgebliche Steuergröße dar, von der eine Informationsweitergabe im Planungsprozess abhängt.[11]

Das im Stuttgarter SFB 374[12] verfolgte Erkenntnisinteresse „...basiert auf der möglichst frühzeitigen Gewinnung von Informationen über das zukünftige Produkt, um Fehlentwicklungen

---

[3] Vgl. Gutenberg, E. (1958), S. 46.

[4] Zum Begriff der integrierten Produktentwicklung vgl. Ehrlenspiel, K. (1995).

[5] Leitthema: „Montageautomatisierung durch Integration von Konstruktion und Planung".

[6] Vgl. Reichwald, R. / Conrat, J.-I. (1994); Reichwald, R. / Conrat, J.-I. (1995); Reichwald, R. / Conrat, J.-I. (1996); Conrat, J.-I. (1997); Lindemann, U. / Reichwald, R. (1998).

[7] Vgl. Conrat, J.-I. (1997), S. 170ff.

[8] Vgl. Aßmann, G. (2000); Kleedörfer, R. (1998a).

[9] Leitthema: „Modelle und Methoden zur Integrierten Produkt- und Prozessgestaltung".

[10] Vgl. Eversheim, W. / Dyckhoff, H. / Pfeifer, T. / Steffenhagen, H. (1998), S. 159ff.

[11] Vgl. Eversheim, W. / Dürr, H. / Pfeifer, T. (1998), S. 385.

[12] Leitthema: „Entwicklung und Erprobung innovativer Produkte – Rapid Prototyping".

oder zeitintensive Iterationsschleifen im Verlauf der Produktentwicklung zu vermeiden."[13] Die Verknüpfung des Target Costing mit dem Ansatz des Rapid Prototyping erweitert die Möglichkeit in frühen Entwicklungsphasen einen verbesserten Informationsstand über die festgelegten Kosten zu erhalten.[14] Für das Änderungsmanagement ergeben sich hieraus insbesondere im Rahmen der Änderungsvermeidung sowie der technischen Absicherung und wirtschaftlichen Bewertung von Änderungsalternativen Anknüpfungspunkte.[15]

Schließlich weist ebenso der Stuttgarter SFB 467[16] Parallelen zu dem dieser Arbeit immanenten Erkenntnisinteresse auf. Obwohl der Untersuchungsschwerpunkt dieses SFB auf den Produktionsbereich abzielt, werden auch in angrenzenden Bereichen – wie der Produktentwicklung – Möglichkeiten untersucht, die im Hinblick auf die geforderte Wandlungsfähigkeit der Produktion förderlich sind. Insbesondere bieten Überlegungen, die sich bei der Untersuchung von Gestaltungsoptionen für Betriebsmittel ergeben, Hinweise auf Auswirkungen technischer Produktänderungen.[17] Im Regelfall ziehen technische Produktänderungen auch Änderungen der Betriebsmittel nach sich und müssen daher beispielsweise zwingend in einer Untersuchung der Änderungskosten berücksichtigt werden.

Außerhalb der skizzierten Forschungsarbeiten sind technische Änderungen in der Vergangenheit überwiegend im ingenieurwissenschaftlichen Schrifttum beleuchtet worden. Im Mittelpunkt standen dabei zunächst Gestaltungsvorschläge zur Änderungsverwaltung im sogenannten „Änderungswesen". Ältere Konzepte für das Änderungswesen fokussierten primär eine formal korrekte und in Bezug auf die Ablaufsicherheit optimierte Abwicklung technischer Änderungen.[18] Gegenstand der nachfolgenden Veröffentlichungen waren zumeist organisatorische Verbesserungsvorschläge in Bezug auf die Nachteile der Ansätze der ersten Generation. Dazu zählen beispielsweise ein Abbau der hohen Arbeitsteiligkeit verbunden mit einer Reduzierung der Schnittstellenanzahl oder eine verbesserte Ablaufsteuerung durch ein zumeist noch papierbasiertes Formularwesen.[19] Beiträge des anglo-amerikanischen Schrifttums stellten dabei häufig ganzheitliche Optimierungsansätze in den Vordergrund, wobei ein Teil der Vorschläge eher operativ und plakativ angelegt war.[20] Dennoch eröffneten sie einen erweiterten Blickwinkel durch Einbezug der Änderungsauswirkungen in nur

---

[13] Vgl. Horváth, P. (1997), S. 175.

[14] Vgl. Horváth, P. (1997), S. 176.

[15] Auch für die Analyse von Änderungsursachen stellt der Rapid Prototyping Ansatz neue Möglichkeiten zur Verfügung, die weit über die konventionellen Methoden hinaus gehen. Vgl. Westkämper, E. (1997), S. 159ff.

[16] Leitthema: „Wandlungsfähige Produktionssysteme im turbulenten Umfeld".

[17] Vgl. Heisel, U. (2000).

[18] Vgl. z.B. Bernhard, R. (1977); Dhen, K. (1963); Dörr, R. (1977); Fremgens, G.-J. (1975); Tschauder, W. (1977); Wolff, P. (1973).

[19] Vgl. z.B. Franke, J. / Thum, R. (1993); Marcial, F. / Matthes, J. (1993); Pflicht, W. (1989).

[20] Vgl. Diprima, M. (1982); Watts, F. (1984); Soderberg, L. G. (1989), S. 13f.; Reidelbach, M. A. (1991).

mittelbar betroffene Funktionsbereichen[21] oder durch Neukonzeption des Änderungsablaufs mittels bereichsübergreifender Teams[22].

Neuere Beiträge stellen überwiegend Verbesserungspotentiale in den Mittelpunkt, die sich infolge verbesserter technologischer Rahmenbedingungen ergeben haben. Dazu gehört insbesondere das Feld der I.u.K.-Technologien, einschließlich der intensiven Nutzung von Rechner-Werkzeugen im Rahmen des Änderungswesens.[23] Neben der Modellierung des Änderungsvorgangs im Rahmen von Reorganisationsmaßnahmen werden Vorschläge angeführt, die auf eine Unterstützung der operativen Abläufe abzielen, z.B. bei der Bewertung alternativer Änderungslösungen oder der Überwachung der Änderungsdurchführung im Sinne eines „Workflow-Managements".[24] Einzelne neuere Beiträge der amerikanischen Literatur thematisieren darüber hinaus die Nutzung quantitativer Modelle im Rahmen der Einsteuerung von Änderungen in die Serienproduktion.[25]

Neben Veröffentlichungen zum Änderungswesen wurde eine insbesondere auf Konsistenz ausgerichtete Abwicklung technischer Änderungen bereits in den sechziger Jahren im Rahmen des Konfigurationsmanagements thematisiert.[26] Das Konfigurationsmanagement dient als wichtige Teildisziplin des Projektmanagements zur versionsgenauen Definition und Festschreibung[27] von (Produkt-) Konfigurationen sowie der Vorgabe von Regeln für die Änderungssteuerung und –überwachung.[28] Obwohl es insbesondere bei Großprojekten[29] mit einer Vielzahl verschiedener Projektpartner große Vorteile hinsichtlich der Schnittstellen- und Produktkonsistenz aufweist, konnte sich eine durchgängige Anwendung des Konfigurationsmanagements in Entwicklungsprojekten auf Grund des relativ hohen Aufwands bislang nur ansatzweise durchsetzen.[30]

Über die skizzierten Schwerpunkte des Änderungswesens bzw. Konfigurationsmanagements hinaus, werden technische Änderungen vorwiegend im Zusammenhang mit einer Diskussion

---

[21] Vgl. Diprima, M. (1982), S. 85.

[22] Vgl. Watts. F. (1984), S. 58.

[23] Vgl. z.B. Benedetto Netto, H. / Trabasso, L. G. (1999); Feistenberger, D. (1995); Hiller, F. (1997), S. 83ff.; Schmalzl, B. (1993).

[24] Vgl. Marcial, F. / Matthes, J. (1993), S. 42; Reichwald, R. / Conrat, J.-I. (1996).

[25] Vgl. Loch, C. H. / Terwiesch, C. (1999), S. 166ff.; Terwiesch, C. / Loch, C. H. (1999).

[26] Vgl. Conrat, J.-I. (1997), S. 26.

[27] Konfigurationsbuchführung.

[28] Vgl. Burghard, M. (1993), S. 422; Saynisch, M. (1984), S. 73ff.; Schreiber, W. (1994), S. 19.

[29] *Saynisch* berichtet beispielsweise von der erfolgreichen Verwendung des Konfigurationsmanagements im Rahmen des Apollo-Programms. Dabei waren über 20000 involvierte Unternehmen und die Entwicklung, Fertigung und Montage von 9 Millionen Bauteilen zu koordinieren. Vgl. Saynisch, M. (1984), S. 75. Siehe auch Reichwald, R. et al. (1998), S. 204.

[30] Vgl. Conrat, J.-I. (1997), S. 26.

um die Effizienz von Entwicklungsprozessen thematisiert.[31] Technische Produktänderungen werden dabei häufig ausschließlich als homogener[32] Indikator mangelnder Wirtschaftlichkeit aufgefasst. Eine Differenzierung hinsichtlich ihres zeitlichen Auftretens mit den verbundenen ökonomischen Konsequenzen unterbleibt dagegen häufig. Dies gilt auch für eine Gegenüberstellung von marktinduzierten versus fehlerinduzierten Änderungen. Ebenso selten werden sowohl in der ingenieur- als auch in der wirtschaftswissenschaftlichen Forschung spezifische Handlungsmöglichkeiten diskutiert, die Änderungen als zentrale Aktionsvariablen in den Mittelpunkt der Optimierung von Entwicklungsprozessen stellen.

Neben den o.a. Arbeiten im Sonderforschungsbereich 336 stellen beispielsweise Beiträge von *Wildemann* und *Gemmerich* in diesem Zusammenhang Ausnahmen dar.[33] Mit der Ableitung von alternativen Prinzipien wie der Prävention und Selektion von Änderungen oder der Effizienzsteigerung von durchzuführenden Änderungen werden situationsabhängige Handlungsmuster empfohlen.[34] Zudem bleibt die Betrachtung von Änderungen nicht ausschließlich auf die negativen Konsequenzen begrenzt, sondern vielmehr werden auch die durch Änderungen bestehenden Chancen beleuchtet.[35] So bezeichnet *Wildemann* Änderungen als „...ambivalente Phänomene, da sie sowohl das Problem der Störgröße als auch die Chance des Lernens beinhalten."[36] Auch in der Arbeit von *Hiller* wird eine umfassende Diskussion um Gestaltungsmöglichkeiten zur Optimierung technischer Änderungen geführt.[37] Schwerpunkte bestehen in Vorschlägen zur methodischen Unterstützung der einzelnen Phasen des Änderungsprozesses, der Verteilung von Rollen und Kompetenzen sowie Hinweise zur Einführungsstrategie eines verbesserten Änderungsprozesses.

Die in den vorausgegangenen Abschnitten skizzierten Literaturbeiträge stellen mit unterschiedlichen Schwerpunkten und differenziertem Detaillierungsgrad teilweise Ansatzpunkte bzw. bereits auch weitreichende Beiträge im Hinblick auf das Management technischer Produktänderungen dar. Allerdings gehen sie überwiegend von einem Leitbild der isolierten unternehmensinternen Optimierung aus, welches den aktuellen Veränderungen der Märkte und Wertschöpfungsprozesse nicht mehr gerecht wird. Die Standortverteilung als ein wichtiger Aspekt heutiger wirtschaftlicher Aktivitäten zwischen inner- und überbetrieblichen

---

[31] Vgl. Bullinger, H.-J. / Wasserloos, G. (1990), S. 8; Clark, K. B. / Wheelwright, S. C. (1993); Gentner, A. (1994), S. 132; S. 14f.; Miller, J. G. / Vollmann, T. E. (1985), S. 146ff.; Moselhi, O. / Leonard, C. / Fazio, P. (1991).

[32] Eine Unterscheidung, in welcher Phase eines Entwicklungsprojektes eine Änderung anfällt wird dabei nicht getroffen. Die aus Änderungen resultierenden Konsequenzen unterscheiden sich aber in Abhängigkeit von der Entwicklungsphase deutlich. Vgl. Kapitel 4.1.3.1.

[33] Vgl. Gemmerich, M (1995); Wildemann, H. (1993a), S. 207-228; Wildemann, H. (1993b), S. 15-22; Wildemann, H. (1994); Wildemann, H. (1995), S. 199-219; Wildemann, H. (1999), S. 5f., 186.

[34] Vgl. Wildemann, H. (1993a), S. 216ff.

[35] Vgl. Wildeman, H. (1993a).

[36] Wildemann, H. (1995), S. 200.

[37] Vgl. Hiller, F. (1997).

Organisationseinheiten wird im Kontext des Änderungsmanagements kaum thematisiert.[38] Hinweise auf Besonderheiten für die Konzeption eines Änderungsmanagements, die sich infolge zunehmender Standortverteilungen ergeben, sind der Literatur daher bislang kaum zu entnehmen.

Untersuchungen, die das Änderungsmanagement aus dem Blickwinkel einer standortverteilten Produktentwicklung in den Mittelpunkt stellen, liegen bislang ebenso nur vereinzelt vor. In einer Studie von *Eversheim, Warnke* und *Schröder* zum Änderungsmanagement in Entwicklungskooperationen wird die Bedeutung einer Synchronisation der Änderungsabläufe in den beteiligten Partnerunternehmen hervorgehoben.[39] Diesem Aspekt räumen die Autoren für das Untersuchungsfeld der Automobilzulieferer beispielsweise eine deutlich höhere Relevanz für die Beeinflussbarkeit der Durchlaufzeit ein als der Durchführung umfangreicher Reorganisationsmaßnahmen.

Andere Ansätze, die den Aspekt der Standortverteilung in der Produktentwicklung aufgreifen, fokussieren primär die technischen Unterstützungsmöglichkeiten.[40] Über die Implementierung von beispielsweise Shared Application, Videoconferencing oder andere durch Tele-Medien unterstützte Anwendungen wird heute im Kontext der Produktentwicklung nicht mehr nur aus einzelnen Pilotunternehmen berichtet. Vielmehr liegen bereits vielschichtige Erfahrungen über den Einsatz derartiger Medien vor.[41] Diese Gestaltungsparameter der Standortverteilung spielen im situativen Kontext der Unternehmung daher nicht mehr länger nur eine Nebenrolle. Vielmehr werden sie auch in der Literatur als ein zentraler Handlungsparameter aufgegriffen.[42] Die Fragestellung des Änderungsmanagements wird in diesen Beiträgen allerdings überwiegend nicht thematisiert oder stellt lediglich einen Randaspekt dar.[43]

Auch in der betriebswirtschaftlichen Literatur zum F&E-Management ist die Themenstellung eines standortverteilten Änderungsmanagements weitgehend ausgeblendet. Es werden zwar standortverteilte Produktentwicklungsprozesse im Rahmen der Diskussion um die Gestaltung von Netzwerken und Kooperationen oder der Internationalisierung von F&E beleuchtet,[44] eine

---

[38] In einigen Beiträgen wird aber auf die verschärften Schnittstellenprobleme auf Grund der Standortverteilung hingewiesen. Vgl. Conrat, J.-I. (1997), S. 106; Lindemann, U. / Reichwald, R. / Riedel, D. (1998), S. 281.

[39] Vgl. Eversheim, W. / Warnke, L. / Schröder, T. (1997), S. 62.

[40] Vgl. z.B. Anderl, R. et al. (1998); Anderl, R. / Vogel U. R. (1998); Bartelt, K.-D. / Springer R. (1998); Luczak, H. / Eversheim, W. (1999); Krause, F.-L. / Jansen, H. / Kiesewetter, T. (1996); Schill, A. (1995); Springer, J. / Herbst, H. / Schlick, C. (1996); Spur, G. / Krause, F.-L. (1997), S. 60ff.

[41] Vgl. Binkowski, B. / Lechelmayr, U. / Pfeiffer, W. / Weiß, J. P. (1998); Reichwald, R. et al. (1998), S. 179ff.; Spors, K. (1998).

[42] Vgl. Foltz, C. / Herbst, D. / Schlick, C. / Springer, J. (1998); Griese, J. (1992); Krause, F.-L. et al. (1995).

[43] Vgl. Spur, G. / Krause, F.-L. (1997), S. 258, S. 588f; Luczak, H. / Eversheim, W. (1999), S. 63, 142ff.

[44] Vgl. Beckmann, C. (1997); Boehmer, A. von (1995); Bürgel, H. D. / Haller, C. / Binder, M. (1996), S. 335; Hauschildt, J. (1993), S. 55ff.; Rotering, C. (1990); Specht, G. / Beckmann, C. (1996), S. 387ff.

spezifische Betrachtung technischer Änderungen wird in diesem Kontext allerdings nur ansatzweise vorgenommen.[45]

Festzuhalten ist daher, dass das skizzierte Schrifttum standortverteilte Produktentwicklungen durchaus thematisiert und als wichtigen Gestaltungsbereich innovativer F&E identifiziert. Auch die Entwicklung des Änderungsmanagements hat in den letzten Jahren erhebliche Fortschritte erzielt. Eine Betrachtung der Schnittmenge aus beiden Themenbereichen fehlt allerdings bislang. Eine solche Untersuchung scheint jedoch auf Grund der hohen Relevanz[46], die Änderungsprozesse im Rahmen der Produktentwicklung einnehmen, bedeutsam.

---

[45] Technische Änderungen werden beispielsweise als eine Maßgröße unter vielen betrachtet, um eine Aussage über die Güte bzw. der Vorteilhaftigkeit von Forschungs- und Entwicklungskooperationen zu treffen. Vgl. Rotering, C. (1990), S. 82.

[46] Vgl. Kapitel 1.1; Conrat, J.-I. (1997), S. 98ff., S. 118; Clark, K. B. / Fujimoto, T. (1992), S. 188.

## 1.3 Zielsetzung und Gang der Untersuchung

> *„Ziele sind gewissermaßen die Leuchtfeuer für das Handeln;*
> *sie geben ihm Richtung. Daher ist die Formulierung und die*
> *Umformulierung von Zielen eine zentrale kognitive*
> *Tätigkeit."*
>
> *Dietrich Dörner (1992)*[47]

### 1.3.1 Zielsetzung

Die grundlegenden Zielsetzungen dieser Arbeit lassen sich unter zwei Punkten subsumieren. Zum einen sollen die wesentlichen Zielsetzungen, Elemente und deren Verknüpfungen in dem komplexen System des standortverteilten Änderungsmanagements analysiert werden. Daher sind Felder zu untersuchen, in denen ein standortverteiltes Änderungsmanagement zum Problem wird: Innerbetriebliche aber standortverteilt durchgeführte Entwicklungsvorhaben fallen genauso hierunter wie gemeinsam mit unternehmensexternen Partnern abgewickelte Projekte. Das traditionelle Änderungswesen bietet in diesem Kontext kaum adäquate Unterstützungsmöglichkeiten. Selbst innovative Konzepte wie das Integrierte Änderungsmanagement zeigen unter der Bedingung der Standortverteilung Defizite, die es zu identifizieren gilt. Wo möglich, soll zudem nach Erklärungen für die beobachteten Phänomene gesucht werden.[48]

Das Untersuchungsfeld ist dabei auf die Marktsegmente des Automobil- bzw. Maschinenbaus begrenzt. Erfahrungen aus anderen Branchen, wie z.B. der Luft- und Raumfahrttechnik sollen im Rahmen der Fragestellung dieser Arbeit zwar einfließen, nicht aber vertieft erörtert werden. Die Betrachtung des Feldes soll durch die Konfrontation mit Theorien erfolgen, welche den Untersuchungsbereich jeweils unter einem bestimmten Blickwinkel beleuchten und dadurch eine Fokussierung der Untersuchung ermöglichen.[49]

Zum anderen sollen ergänzend Gestaltungshinweise für ein Änderungsmanagement abgeleitet werden, welche den Anforderungen standortverteilter Änderungsprozesse genügen. Solche Empfehlungen unterliegen situativ einschränkenden Rahmenbedingungen. Im Rahmen dieser Arbeit sollen also Handlungsempfehlungen über organisatorische Gestaltungsalternativen für ein standortverteiltes Änderungsmanagement abgeleitet werden. Dabei spielen zum einen technologische Potentiale in Form von DV-Werkzeugen für die Unterstützung der Änderungsabwicklung genauso eine Rolle wie auch neuartige Technologien (z.B. Rapid

---

[47] Dörner, D. (1992); S. 74.

[48] *Witte* bezeichnet den Übergang von einer lediglich nach beschreibenden Phänomenen suchenden hin zu einer erklärende Elemente einbeziehenden Forschungsaktivität als Perspektivenerweiterung. Diese ist Voraussetzung, um mittels induktiver Verallgemeinerungen generelle Gesetzmäßigkeiten ableiten zu können. Vgl. Witte, E. (1974), Sp. 1266.

[49] Vgl. Kapitel 2.2.2.

Prototyping), die im Rahmen der Änderungsumsetzung innovative Gestaltungsoptionen eröffnen.

Zum anderen sollen die Gestaltungshinweise aber auch spezifische Erweiterungen von nicht-technischen Instrumenten umfassen. Beispielsweise sind bereits existente Modelle zur Kostenanalyse von technischen Änderungen durch den Fokus auf standortverteilte Prozesse hinsichtlich der Bedeutung der integrierten Kostenkomponenten neu zu gewichten bzw. um neue Komponenten zu erweitern.

## 1.3.2 Konzeption und inhaltlicher Aufbau der Arbeit

### 1.3.2.1 Interdisziplinäres Forschungsverständnis

Der Forschungskonzeption dieser Arbeit liegt das Verständnis der Betriebswirtschaftslehre und der Ingenieurwissenschaft als angewandte Wissenschaften zu Grunde. Der Gegenstands-bereich beider Disziplinen überlappt sich derzeit immer mehr, eine Annäherung der wissenschaftlichen Fragestellungen über technisch-organisatorische Zusammenhänge in Unternehmen ist sowohl in den Ingenieurwissenschaften als auch in der Betriebswirtschafts-lehre festzustellen. Eine Vielzahl von Untersuchungsfeldern fordert eine solche integrative Betrachtung[50] geradezu heraus. Eine isolierte Betrachtung aus rein betriebswirtschaftlicher oder ingenieurwissenschaftlicher Sicht würde zu einer unzureichenden Systembeschreibung bzw. zur Ausblendung technisch-organisatorischer Zusammenhänge führen. Vielmehr ist Interdisziplinarität gefordert: Sowohl die Zusammenarbeit unterschiedlicher Fachdisziplinen als auch die fachübergreifende Sicht des Forschers sind betroffen.[51] Ein solches, integratives Forschungsobjekt von Ingenieuren und Betriebswirten bildet der Gegenstandsbereich des Integrierten Änderungsmanagements.

Trotz der nunmehr fast neunjährigen Forschungsarbeit im Rahmen des Sonderforschungs-bereichs 336[52] sowie Arbeiten anderer Forschergruppen[53] verbleiben in diesem Feld eine Fülle von Fragen und Problemen. Gerade durch den Fokus dieser Arbeit auf standortverteilt agierende Akteure ergeben sich spezifische Forschungsfragen, die durch die bisherigen Arbeiten nicht ausreichend ausgeleuchtet wurden (vgl. Kapitel 1.2). Dieser Schwerpunkt verlangt weitergehende spezifische Untersuchungen. Vor dem Hintergrund der Globalisierung, der intensivierten Zusammenarbeit zwischen räumlich verteilten

---

[50] Analog gilt dies auch für andere Disziplinen, wie beispielsweise Betriebswirtschaftslehre und Informatik oder Ingenieurwissenschaften und Psychologie. Ebenso sind Kombinationen denkbar, die die klassischen Untersuchungsfelder von drei und mehr Disziplinen abdecken.

[51] Vgl. Hartmann, Y. E. (1998), S. 2.

[52] Ergänzt und erprobt wurden diese Arbeiten durch Aktivitäten im Transferbereich 2 sowie in zahlreichen Industrieprojekten.

[53] Vgl. Kapitel 1.2.

unternehmensinternen und -externen Organisationseinheiten sowie den Möglichkeiten innovativer Technologien scheinen derartige Untersuchungen dringend geboten zu sein.

### 1.3.2.2 Explorative Untersuchungsmethodik

Neben dem interdisziplinären Charakter der Arbeit ist ihr Aufbau zugleich explorativ. Somit geht es um die Erkundung eines neuen Forschungsfeldes und die Frage, welche Strategien (oder Heuristiken[54]) geeignet sind, Hypothesen[55] in diesem Feld zu entwickeln.[56] „Mit Exploration ist das mehr oder weniger systematische Sammeln von Informationen über einen Untersuchungsgegenstand gemeint, das die Formulierung von Hypothesen und Theorien vorbereitet."[57] Die in Hypothesen formulierten Aussagen über die Realität stellen dabei zunächst nur eine Vermutung dar, die mittels weitergehender Untersuchungen zu erhärten oder zu widerlegen ist.[58]

„Hypothesen, die aufgrund transparenter und wiederholbarer Prüfungen bestätigt werden, können zumindest vorläufig zu dem gesicherten Wissensbestand einer Disziplin gezählt werden. Hypothesen, die an der Realität scheitern, sollen hingegen einen Anstoß für wissenschaftlichen Fortschritt liefern, indem die Ursachen des Scheiterns analysiert und unter Heranziehung des dabei gewonnenen Wissens neue modifizierte Hypothesen formuliert werden."[59] Das heutige Bild des wissenschaftlichen Erkenntnisfortschritts wird häufig allerdings von einer stark vereinfachten Vorgehensweise geprägt. Falsifizierungen und Modifikationen ursprünglich formulierter Hypothesen werden kaum oder gar nicht vorgenommen.[60] Teilweise ist der Eindruck zu gewinnen, eine Ausblendung der nicht bestätigten Hypothesen werde bewusst vorgenommen, um nicht den Anschein einer unökonomischen Forschungsarbeit zu erwecken.

---

[54] griechisch: Such- oder Findestrategie, bei der im Gegensatz zum Algorithmus keine exakte Vorabdefinition aller Lösungsschritte existiert, sondern nur die grobe Richtung vorgegeben ist.

[55] Unter wissenschaftlichen Hypothesen sind Annahmen über reale Sachverhalte zu verstehen, die (meist) in Form von Konditionalsätzen formuliert werden. Ihre Generalisierbarkeit hat dabei über den Einzelfall hinaus zu gehen. Ebenso muss die Möglichkeit zu einer prinzipiellen Widerlegbarkeit (Falsifizierbarkeit) bestehen. Vgl. Bortz, J. / Döring, N. (1995), S. 7. Als weitere Bedingung sollen derartige Aussagen einen möglichst hohen Informationsgehalt aufweisen, d.h. im Rahmen der Konditionalsätze mit möglichst präzisen „Dann-" Komponenten viel über die Realität aussagen. Opp, K.-D. (1976), S. 80; S. 255.

[56] Vgl. Bortz, J. / Döring, N. (1995), S. 327.

[57] Bortz, J. / Döring, N. (1995), S. 330.

[58] Vgl. Seiffert, H: (1983), S. 159.

[59] Kubicek, H. (1977), S. 6.

[60] Witte, Grün und Bronner sehen in dem permanenten Wechselspiel zwischen Entwurf von Hypothesen und deren Prüfung einen selbstverständlichen und notwendigen Bestandteil des Wissenschaftsprozesses. Vgl. Witte, E. / Grün, O. / Bronner, R. (1975), S. 797. Kieser weist in diesem Zusammenhang auf die Schwierigkeit hin, dass eine unmittelbare Konfrontation von Hypothesen mit der Realität in den Sozialwissenschaften nicht möglich sei. Der Versuch, Hypothesen zu bestätigen oder zu falsifizieren ist daher stets subjektiv geprägt und davon abhängig, inwieweit es gelingt, sich der Realität mit geeigneten Methoden möglichst gut zu nähern. Vgl. Kieser, A. (1995a), S. 10.

Stattdessen liegt der vielfach zu beobachtende Hauptfokus explorativer Untersuchungen allem Anschein nach in der Anwendung einer möglichst aufwendigen Methodik. *Kubicek* kritisiert die mit dezidierten methodischem Aufwand betriebene Hypothesenprüfung zu Lasten einer primär inhaltlich geführten Diskussion im Rahmen der Hypothesenentwicklung: „Die Bezugnahme auf aus der Literatur abgeleitete Hypothesen, die Verwendung von Operationalisierungen mit Hilfe anspruchsvoller Skalierungsverfahren, die Auswahl experimenteller oder quasi-experimenteller Erhebungsbedingungen und die Anwendung statistischer Restverfahren verleihen dem Forschungsvorhaben professionellen Charakter sowie den Nimbus großer Objektivität [...]. Die Frage ist nur, ob eine solche, vorwiegend an formal-verfahrenstechnischen Spielregeln orientierte Forschungsstrategie auch einen inhaltlich wissenschaftlichen Fortschritt fördert."[61]

Anstelle einer solch verfahrenstechnischen Orientierung sollte explorative Forschung ihren Schwerpunkt auf die Frage richten, wie innovative Hypothesen zu gewinnen sind. Abgesehen von eher zufallsgeprägten ad hoc-Hypothesen[62] können vier grundsätzliche Explorationsstrategien unterschieden werden, die auch im Verlauf dieser Arbeit Verwendung finden sollen:[63]

- theoriegeleitete Exploration
- methodenbasierte Exploration
- empirisch-quantitative Exploration
- empirisch-qualitative Exploration

Bei der **theoriegeleiteten Exploration** werden neue Hypothesen mittels einer systematischen Durchsicht und Analyse wissenschaftlicher Theorien abgeleitet.[64] Eckpunkte der Vorgehensweise bestehen in der Untersuchung der jeweiligen theoretischen Konstrukte auf Relevanz und Aussagekraft für das Untersuchungsfeld, ggf. einer zur besseren Übersicht durchzuführenden Formalisierung und der Erweiterung um eigene Ideen.[65] In Kapitel 2.2 werden derartige theoretische Ansätze vorgestellt sowie ihre Relevanz für das Untersuchungsfeld herausgearbeitet.

Im Rahmen der **methodenbasierten Exploration** geht es um die Anwendung verschiedener Methoden als Forschungswerkzeuge, den dabei gemachten Erfahrungen und den Erkenntnis-

---

[61] Kubicek, H. (1977), S. 6f.

[62] Diese sind zu verstehen als „...Vermutungen über Zusammenhänge zwischen unmittelbar zu beobachtenden Phänomenen, ohne dass dabei allgemeine Erklärungsprinzipien rekrutiert werden." Tomczak, T. (1992), S. 79. Ihre Anwendung wird im Rahmen zufälliger Entdeckungen aber auch in Situationen vorgenommen, in denen nur eine mangelhafte Theoriebasis vorliegt. Vgl. Bortz, J. / Döring, N. (1995), S. 328f.

[63] Vgl. Bortz, J. / Döring, N. (1995), S. 333ff.

[64] Vgl. Bortz, J. / Döring, N. (1995), S. 334.

[65] Vgl. Küpper, H.-U. (1997), S. 40.

gewinn, der sich durch einen Vergleich oder die gezielte Variation von Methoden ergibt.[66] So könnte beispielsweise im Rahmen der Erhebung kritischer Änderungsursachen durch den Einsatz einer anonymisierten Erhebungsmethode zu Tage treten, dass die ursprüngliche Einschätzung einer im Änderungswesen vorherrschenden Lern- anstelle einer Fehlerkultur nicht zutreffend war.

Gegenstand der **empirisch-quantitativen Exploration** ist die Erhebung, Verdichtung und Interpretation von quantitativen Daten. Ziel ist es, bislang unentdeckte Muster und Regelläufigkeiten sichtbar zu machen um daraus neue Hypothesen abzuleiten.[67] Die Auswahl und Strukturierung der jeweilig zu untersuchenden Variablen ist dabei durch das theoretische Vorverständnis maßgeblich beeinflusst. Dies gilt auch für den Bereich der **empirisch-qualitativen Exploration.** Typische Elemente, die in diesem Zusammenhang zur Erkenntnisgewinnung eingesetzt werden, sind überblicksartig in der nachfolgend dargestellten Abb. 1-1 beschrieben.

| Element | Ziel | Beispiel |
|---|---|---|
| Inventare | Auflistung der wichtigsten Aspekte oder Elemente des Untersuchungsgegenstandes | • Dokumentenanalysen<br>• Ergebnisse von Leitfaden-interviews, Brainstorming etc. |
| Typen | Zusammenfassung von Objekten mit typischen Merkmalskombinationen | • änderungsfreudige versus änderungsablehnende Entwickler |
| Verläufe | Identifizierung von Veränderungen durch interne oder externe Umstände | • Analyse der Implikation bei Einführung eines Entscheiderkreises auf die Änderungseffizienz |
| Ursachen und Gründe | Identifizierung von Einflussfaktoren bzw. Aufstellung von kausalen bzw. finalen Hypothesen | • Ursachenanalyse im Integrierten Änderungsmanagement |
| Systeme | Erklärung der Eigenheiten eines Systems aber auch Beschreibung der Auswirkung von „Systemstörungen" | • Erklärung der Normen, Muster oder Gepflogenheiten<br>• Identifizierung von Regelverstößen oder Kommunikationsmängeln |

*Abb. 1-1: Beispielhafte Übersicht von Elementen der explorativ-qualitativen Datenanalyse (nach Bortz/Döring)[68]*

Die skizzierten vier Dimensionen der Exploration sind nicht als konkurrierende, sondern als sich ergänzende Elemente zu verstehen. Besonderes Gewicht erhält dabei die ständige Prüfung der abgeleiteten Hypothesen an der Realität. Voraussetzung dazu ist, dass die Erkenntnisgewinnung zunächst durch einen ausreichenden Kenntnisstand des Objektbereiches, d.h. der betrieblichen Praxis gekennzeichnet ist.[69] Die Ableitung von Hypothesen

---

[66] Bortz, J. / Döring, N. (1995), S. 341ff.

[67] Dabei können, im Rahmen der quantitativen Exploration einfache Analysen der deskriptiven Statistik aber auch multivariate Explorationstechniken wie Cluster- oder Faktorenanalyse zum Tragen kommen. Vgl. Bortz, J. / Döring, N. (1995), S. 346ff.

[68] Vgl. Bortz, J. / Döring, N. (1995), S. 358ff.

[69] Kubicek, H. (1977), S. 10f.

ist somit als von theoretischen Absichten geleiteter und auf systematisches Erfahrungswissen basierender Lernprozess zu verstehen. Nur durch eine ausreichende Interaktion mit betrieblichen Akteuren ist davon auszugehen, dass überhaupt die relevanten Probleme identifiziert und hinsichtlich ihrer Bedeutung angemessen eingeschätzt werden. Die Fragen an die Realität und ihre theoretische Verarbeitung führen durch das gewonnene Erfahrungswissen zu weiteren Fragen. Dieses Wechselspiel zwischen Untersuchungen der Praxis und der Theorie bezeichnet *Kubicek* auch als iterative Heuristik, deren Bestandteile und Vorgehensweise in Abb. 1-2 grob schematisiert sind.[70]

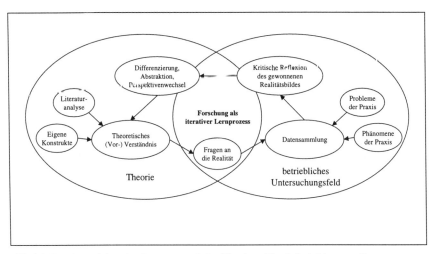

*Abb. 1-2: Forschung als iterativer Lernprozess zwischen Theorie und Praxis (in Anlehnung an Gassmann; Kubicek; Tomczak)[71]*

Die Untersuchung der Phänomene in der Praxis und die Erprobung von Gestaltungsempfehlungen mit dem Ziel, die zu beobachtenden Rückkopplungen als Ausgangspunkt für weitere Aktivitäten zu begreifen, soll auch für die vorliegende Arbeit gelten. Die verwendete wissenschaftliche Methodik ist daher die dargestellte explorative Forschung. Dabei ist die vorliegende Untersuchung und deren Resultate aber auch den Restriktionen unterworfen, die sich im Rahmen der explorativen Forschung ergeben.

### 1.3.2.3 Inhaltliche Vorgehensweise

Im Anschluss an das einführende *Kapitel 1* soll in *Kapitel 2* zunächst ein grundlegendes Verständnis für Begriffe geschaffen werden, die im Rahmen eines standortübergreifenden

---

[70] Vgl. Kubicek, H. (1977), S. 14.

[71] Vgl. Gassmann, O. (1997a), S. 22; Kubicek, H. (1977), S. 14f.; Tomczak, T. (1992), S. 84.

Änderungsmanagements relevant sind. Zum einen ist dazu die begriffliche Vielfalt im Umfeld technischer Änderungen zu erläutern und insbesondere auf die zusätzliche Komplexitätssteigerung hinzuweisen, die sich durch eine über den nationalen Bereich hinausgehende Betrachtung ergibt. Einige Hinweise betreffen überdies auch das Feld der Forschung und Entwicklung, in das technische Änderungen eingebettet sind. Zum anderen ist auch das Phänomen der Standortverteilung zu spezifizieren. Gemeinsamkeiten und Unterschiede sind hinsichtlich der Diskussionen um Internationalisierung und Dezentralisierung herauszuarbeiten.

Im Anschluss sollen die verwendeten Theorieansätze, die im Verlauf der vorliegenden Arbeit zum Einsatz kommen, näher erläutert werden. Schwerpunkte bilden dabei der Situative Ansatz sowie die Neue Institutionenökonomie. Im Rahmen der Neuen Institutionenökonomie wird insbesondere auf die Bedeutung des Reputationsmechanismus sowie auf den Zusammenhang von Informationsasymmetrien und Leistungseigenschaften eingegangen. Anschließend wird die Relevanz der theoretischen Ansätze unter Einbezug der Aufgabe und der Wettbewerbssituation als situationsbestimmende Faktoren konkretisiert.

Mit diesem theoretischen Rüstzeug beleuchtet *Kapitel 3* die Implikationen, die sich auf Grund der aktuellen Markt- und Wettbewerbsbedingungen für Forschung und Entwicklung stellen. Mit dem Fokus der Standortverteilung werden Gestaltungsoptionen im Bereich von F&E aufgezeigt, die die Unternehmen in die Lage versetzen, auf die neuen Herausforderungen angemessen zu reagieren. Die identifizierten Organisationsstrukturen, kulturelle Einflüsse und die in F&E etablierten Methoden und Werkzeuge stellen eine wichtige Einflussgröße für das in *Kapitel 4* erörterte standortverteilte Änderungsmanagement dar.

In diesem für die Arbeit zentralen Kapitel werden zunächst Besonderheiten herausgearbeitet, die sich infolge der Standortverteilung für das Änderungsmanagement ergeben. Im Mittelpunkt der Betrachtungen steht dabei das Aktionsfelderkonzept des Integrierten Änderungsmanagements. Nachfolgend werden dann die empirischen Befunde beschrieben. Dazu werden in Form von Fallbeispielen zunächst Problembereiche herausgearbeitet, die im Rahmen von Expertengesprächen und im Verlauf von Industrieprojekten identifiziert werden konnten. Abschließend werden diese Erkenntnisse um Ergebnisse einer schriftlichen Befragung ergänzt, die am Rande einer Expertentagung zum Thema Änderungsmanagement erhoben werden konnten.

*Kapitel 5* greift die festgestellten Defizite auf und stellt diesen schlaglichtartig Lösungsansätze gegenüber. Diese sind in die Bereiche Organisation und Mensch, Technologie und Instrumente untergliedert. Abgerundet wird die Arbeit mit einer Zusammenfassung sowie mit einem Ausblick.

# 2 Grundlagen standortverteilter Produktentwicklung und Produktänderungen

## 2.1 Begriffsabgrenzungen

> *„Es kommt darauf an, Ungewöhnliches mit
> gewöhnlichen Worten zu sagen, nicht aber
> Gewöhnliches mit ungewöhnlichen Worten."*
>
> Konrad Mellerowicz (1952)[72]

Voraussetzung für eine differenzierte wissenschaftliche Analyse in jedem Untersuchungsfeld ist eine eindeutige Definition und Abgrenzung der verwendeten Begriffe. Während bei den Begriffen des täglichen Lebens der Gebrauch die Bedeutung verstehen lässt, wird für die Termini der Wissenschaft eine ausdrückliche Vereinbarung gefordert.[73] Schon innerhalb einer Wissenschaftsdisziplin ergeben sich aber durch die Bildung unterschiedlicher Schulen und deren Lehrmeinungen häufig Inkonsistenzen.[74] Die Unterschiede sind partiell darauf zurückzuführen, dass die verschiedenen Schulen zum Zweck der Profilsuche vermeintlich neue Begriffe und Erklärungsmuster in die Wissenschaft einführen, die allerdings viele Gemeinsamkeiten zu bereits bestehenden wissenschaftlichen Ansätzen aufweisen. Der Abbau der resultierenden definitorischen Unterschiede steht häufig im Mittelpunkt wissenschaftlicher Diskussionen auf verschiedenen formellen[75] oder informellen Ebenen.

Ungleich ausgeprägter ist das Problem einer inkonsistenten Begriffsverwendung bei deren Nutzung in verschiedenen, oft unabhängig voneinander agierenden Fachdisziplinen. Der Anspruch dieser Arbeit, Änderungen sowohl aus Sicht der Ingenieurwissenschaft als auch aus der Betriebswirtschaftslehre zu betrachten, trifft häufig auf derartige begriffliche

---

[72] Vgl. Mellerowicz, K. (1952), S. 153.

[73] Vgl. Seiffert, H. (1983), S. 43.

[74] *Kubicek* weist auf die damit einhergehende Problematik hin, dass bei Fokussierung der Forschungsarbeit auf die jeweilige Schulmeinung eigene theoretische Konstrukte und Interpretationen richtungskonform erfolgen. „Problematisiert der Forscher diese Einflüsse nicht, indem er sich die Hintergründe, Interessen und Wirkungen dieser Schulen verdeutlicht, so kommt es zwangsläufig zu Vorurteilen, zu Selektionen und Annahmen, die das Denken steuern, ohne dass es dem Forscher bewusst ist." Kubicek, H. (1977), S. 22.

[75] Z.B. in Form von turnusgemäßen Expertentreffen oder im Rahmen von Gremien, die über die Definition von (technischen) Normen befinden.

Unterschiede.[76] Aus diesem Grunde ist gerade für die vorliegende, interdisziplinär angelegte Arbeit eine Begriffsklärung notwendig.

### 2.1.1 Technologie, Innovation, F&E

Die folgende Darstellung ist durch eine nur skizzenhafte definitorische Beschreibung von Begriffen geprägt, die im Umfeld von technischen Änderungen häufig genutzt werden. Weder soll an dieser Stelle eine genaue Herleitung der Definitionen noch die verschiedenen Strukturierungs- und Differenzierungsmöglichkeiten der einzelnen Begriffe erfolgen. Die aufgeführten Begriffsklärungen dienen lediglich als Fundament für die weiteren Diskussion um das hier beleuchtete Untersuchungsobjekt der technischen Änderung. Weiterhin sind die Ausführungen auf das Anwendungsfeld des Maschinen- und Automobilbaus bezogen. Eine Abdeckung und Differenzierung der Ausführungen im Hinblick auf weitere Gebiete, wie beispielsweise der Softwareentwicklung, ist nicht beabsichtigt.

### 2.1.1.1 Technologie und Technik

Die inhaltliche Abgrenzung zwischen Technologie und Technik wird in der Literatur uneinheitlich vorgenommen[77], teilweise wird die Relevanz einer solchen Differenzierung für die betriebliche Praxis sogar in Frage gestellt.[78] In der Literatur hingegen wird diese Unterscheidung umso intensiver diskutiert.

*Bürgel* definiert Technologie als das „[...] gesammelte ingenieurwissenschaftliche / naturwissenschaftliche Expertenwissen, welches allein auf theoretischer Basis aufbaut und dieses in den Kategorien Ursache und Wirkung bzw. Ziel und Mittel versucht, theoretisch weiterzutreiben."[79] *Brockhoff* betont bei der Definition von Technologie die verschiedenen Handlungsmöglichkeiten in einem Anwendungsbereich unter der Voraussetzung einer Zielbezogenheit.[80]

---

[76] Definitionsbeispiele für den Begriff des Produktes vermitteln hierzu einen Eindruck. Eine wiederum zwei untergeordneten Disziplinen genügende betriebswirtschaftliche Definition lautet: „Während aus produktionswirtschaftlicher Sicht das zu erstellende Produkt als die final angestrebte Ausbringungsmenge der Produktion definiert wird, sind aus absatzwirtschaftlicher Sicht Produkte als Ausbringungsgüter dadurch gekennzeichnet, dass sie zur Bedürfnisbefriedigung Dritter geeignet sind". Dagegen fokussiert ein Definitionsansatz der Ingenieurwissenschaft eher die der Produktion und Vermarktung vorgelagerten Prozesse. Produkte sind hier zu verstehen als, „...Erzeugnisse oder Dienstleistungen, die das schöpferische und produktive Ergebnis der Tätigkeiten eines Unternehmens darstellen." Vgl. Corsten, H. (1992), S. 703; Reinhart, G. / Lindemann, U. / Heinzl, J. (1996), S. 9.

[77] Zudem wandelte sich der Technologiebegriff im zeitlichen Verlauf beispielsweise von der Lehre über die Entwicklung der Technik hin zu der einschränkenden Sichtweise als Verfahrenskunde. Unter dem Einfluss des angloamerikanischen Begriffs „technology" identifiziert *Bullinger* einen wiederum erweiterten Blickwinkel. Vgl. Bullinger, H.-J. (1994), S. 33.

[78] Vgl. Gerpott, T. J. (1999), S. 294.

[79] Bürgel, H. D. / Haller, C. / Binder, M. (1996), S. 13.

[80] Vgl. Brockhoff, K. (1992), S. 22.

Technik hingegen setzt die theoretischen Erkenntnisse der Technologie in konkreten Objekten um. Sie „[...] bewirkt eine zweckorientierte Nutzung der Natur durch Entwicklung einer vom Menschen betriebenen Hilfswelt, die solche Produkte erzeugen kann, die uns die Natur nicht liefert. Quelle dieses Prozesses ist die Kreativität des Menschen."[81] Bei der Entwicklung und der Produktion von Produkten oder bei der Nutzung von Herstellungsverfahren können dabei, zahlreiche i.d.r. für den Kunden nicht unmittelbar sichtbare Technologien zum Einsatz kommen.

### 2.1.1.1  Innovation und Invention

Bei einer Invention (Erfindung) handelt es sich um eine Idee am Anfang einer Technologie- oder Technikentstehung mit dem Ziel ein unmittelbar feststellbares oder auch nur vermutetes Erkenntnis- oder Marktbedürfnis zu befriedigen.[82]

Mit der wirtschaftlichen Nutzung einer Erfindung, die sich sowohl auf Produkte als auch Prozesse beziehen kann, wird die Invention zur Innovation. *Hauschildt* betont in diesem Zusammenhang, dass der marktwirtschaftliche Verwertungs- bzw. der innerbetriebliche Nutzungsaspekt für diesen Übergang entscheidend ist. „Eine Erfindung, die die Stufe der betrieblichen Nutzung oder marktlichen Verwertung nicht erreicht, ist letztlich keine Innovation geworden".[83] Diesen Aspekt greift auch *Albach* plakativ auf: „Innovation ist durch Wettbewerb gefilterte Kreativität".[84]

### 2.1.1.2  Forschung und Entwicklung (F&E)

Forschung und Entwicklung sind systematische und durch wissenschaftliche Methoden unterstützte Aktivitäten zur Gewinnung von Wissen, welches im Rahmen von Innovationsvorhaben eingesetzt wird und deren Durchführung zu marktfähigen Produkten bzw. anwendbaren Verfahren führt.[85] Mit zunehmender Wissensgewinnung wird die zu Beginn eines F&E-Vorhabens bestehende Unsicherheit schrittweise verringert.[86]

---

[81] Spur, G. (1998), S. 73.

[82] Vgl. Brockhoff, K. (1992), S. 27; Bürgel, H. D. / Haller, C. / Binder, M. (1996), S. 13.

[83] Hauschildt, J. (1993a), S. 7.

[84] Albach, H. (1989), S. 1338. In einer ausführlicheren Definition bezeichnet *Albach* Innovationen als „...die Einführung von auf Forschung und Entwicklung beruhenden technischen oder organisatorischen Produkten und Prozessen am Markt". Albach, H. (1989), S. 1339.

[85] Vgl. Brockhoff, K. (1992), S. 35; Kern, W. / Schröder, H.-H. (1977), S. 16; Kupsch, P. U. / Marr, R. / Picot, A. (1991), S. 1074. Eine erweiterte Definition findet sich in dem als international Norm konzipierten *Frascati-Handbuch*, welches F&E als „...systematische, schöpferische Arbeit zur Erweiterung des Kenntnisstandes, einschließlich der Erkenntnisse über den Menschen, die Kultur und die Gesellschaft sowie deren Verwendung mit dem Ziel, neue Anwendungsmöglichkeiten zu finden" versteht. Vgl. Bundesminister für Forschung und Technologie (1982), S. 29.

[86] Vgl. Kaufer, E. (1980), S. 150.

Zur Einordnung der nachfolgend zu definierenden technischen Änderungen ist eine Differenzierung von F&E in Grundlagenforschung, angewandte Forschung sowie in Entwicklung zweckmäßig. Während bei der Grundlagenforschung der Erwerb neuer wissenschaftlicher Kenntnisse ohne Bezugnahme auf spezifische Anwendungen im Mittelpunkt steht, fokussiert die angewandte Forschung auf Erkenntnisse mit vornehmlich praktischer, anwendungsorientierter Zielsetzung.[87]

Die Nutzung der durch Forschung erschlossenen, wissenschaftlichen Erkenntnisse mit dem Ziel zu neuen oder wesentlich verbesserten Materialien, Produkten, Verfahren oder Dienstleistungen zu gelangen, wird durch die Entwicklung vorangetrieben.[88] Obwohl die Übergänge der drei skizzierten Bereiche fließend sind, ist unbestritten, dass in Industrieunternehmen überwiegend Entwicklungstätigkeiten ausgeführt werden. Umfang und Gliederung der Entwicklung unterscheiden sich dabei teilweise erheblich. Beispielsweise existieren allein bei einer ablauforganisatorischen Betrachtung in der Praxis eine Vielzahl verschiedener Vorgehenspläne.[89] In einer groben Gliederung unterscheiden *Spur* und *Krause* für die Produktentwicklung die Schritte der Produktplanung, Produktkonstruktion einschließlich Produktvorbereitung und –erprobung.[90] Inhaltlich umfasst die Produktentwicklung den planerischen, gestalterischen und organisatorischen Anteil der Produktentstehung und ist daher Voraussetzung für die nachfolgende Produktherstellung und Vermarktung. Mit dem Untersuchungsobjekt dieser Arbeit, den technischen Änderungen, weist die technische Entwicklung die stärkste Verflechtung auf.[91]

Den Zusammenhang zwischen Technologieentwicklung, Innovationsentstehung und Forschung und Entwicklung sowie der Relevanz technischer Änderungen in diesem Kontext zeigt die nachfolgende Abbildung (vgl. Abb. 2-1).

---

[87] Vgl. Kern, W. / Schröder, H.-H. (1977), S. 23.

[88] Vgl. Bundesminister für Forschung und Technologie (1982), S. 71; Bürgel, H. D. / Haller, C. / Binder, M. (1996), S. 11. Je nach Neuigkeitsgrad der jeweiligen Entwicklung wird in Neu-, Weiter- und Verbesserungsentwicklung unterschieden. Einige Autoren lehnen diese Differenzierung jedoch als willkürlich und für den Erkenntnisprozess als wenig dienlich ab. Vgl. Kern, W. / Schröder, H.-H. (1977), S. 24.

[89] Vgl. Ehrlenspiel, K. (1995), S. 133ff.

[90] Vgl. Spur, G. / Krause, F.-L. (1997), S. 4.

[91] Im Regelfall sind die organisatorischen Festlegungen im klassischen Änderungswesen auf die Entwicklung bezogen. In einer erweiterten Sicht können diese aber auch analog auf Forschungsaktivitäten bezogen werden. Bedeutsam dürfte aber für die Verflechtung zwischen Forschung und Änderungen sein, dass sich aus den Forschungsaktivitäten häufig Impulse für (neuerungsbedingte) Änderungen ergeben.

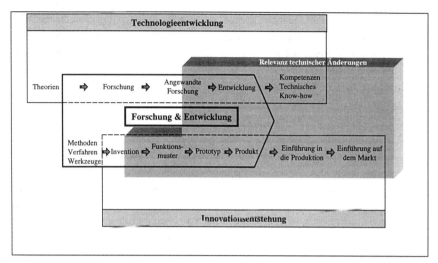

*Abb. 2-1: Relevanz technischer Änderungen im Kontext von Technologieentwicklung, Innovationsentstehung und F&E-Management[92]*

## 2.1.2 Technische Änderungen

### 2.1.2.1 Begriffsabgrenzung in Normen, betrieblicher Praxis und Literatur

Das Verständnis und die Verwendung des Begriffs „technische Änderungen" ist in den Normen, in der betrieblichen Praxis und in der Literatur höchst uneinheitlich. Erschwert wird das Begriffsverständnis zudem durch die in jüngerer Zeit unter den Stichworten Change Management oder Veränderungsmanagement geführte Diskussion um organisatorische Änderungen.[93]

Das in dieser Arbeit verwendete Begriffsverständnis technischer Änderungen fußt maßgeblich auf der in der DIN 6789 festgelegten Definition: „Eine Änderung ist die vereinbarte Festlegung eines neuen anstelle des bisherigen Zustands. [...] Die Änderung betrifft stets ein partiell oder generell freigegebenes technisches Dokument; als Folge kann – aber muss nicht – sich der mit dem Dokument beschriebene Gegenstand ändern".[94] [95] Der Begriff der

---

[92] nach Bürgel, H.-D. / Haller, C. / Binder, M. (1996), S.15.

[93] Diese Ansätze stellen Management-Konzepte und Hilfsmittel in den Mittelpunkt, die aus Sicht der Unternehmen geeignet erscheinen, einen durch die veränderten Marktanforderungen erforderlichen Wandel zu bestreiten. Die Diskussion beschränkt sich dabei nicht nur auf organisatorisch-strukturelle Elemente, sondern bezieht sowohl psychologische und verhaltenswissenschaftliche als auch technologische Elemente mit ein. Vgl. z.B. Reiß, M / Rosenstiel, L. von / Lanz, A. (Hrsg./1997); Ebel, B. (1999); Doppler, K. / Lauterburg, C. (1994).

[94] Vgl. DIN 6789 Teil 3 (1990), S. 1f.

**technischen** Änderung wird in dieser Norm dagegen nicht explizit aufgegriffen. Implizit wird in der DIN 199 Teil 4 durch die eingeführten Definitionen im Kontext von Änderungen eine Präzisierung des Änderungsbegriffs vorgenommen. Das festgelegte Begriffsverständnis, aber auch die erläuternden Anmerkungen – beispielsweise bzgl. Änderungsmaßnahmen oder Änderungsunterlagen – weisen auf die technische Zielrichtung der Norm hin.[96]

### 2.1.2.1.1   Normen und standortübergreifende Änderungsabwicklung

Hinweise auf die Gestaltung einer standortübergreifenden Änderungsabwicklung können den DIN ISO 9000ff. entnommen werden.[97] Neben Ausführungen zum Umgang mit der Änderungsdokumentation[98] ist u.a. eine lieferantenseitig durchzuführende Ursachenanalyse[99] verankert. Insbesondere die DIN ISO 9004 zeigt Gestaltungsprinzipien auf, die auf den konsequenten Einbezug von Kunden[100] und Lieferanten[101] gerichtet ist. Eine ausreichende Transparenz über die Folgen von Fehlern oder Fehlermöglichkeiten – einschließlich der Änderungskonsequenzen – ist dabei Leitgedanke der intendierten Prävention von Qualitätsmängeln.

Wird der Untersuchungsraum nicht nur auf standortverteilt national agierende Organisationen begrenzt, sondern auch eine internationale Zusammenarbeit einbezogen, müssen auch Besonderheiten ausländischer Normen untersucht werden. Allein auf Grund der unterschiedlichen Begriffsbestimmungen[102], Ablaufvorschläge oder exemplarisch vorgestellten Hilfsmittel (z.B. Formblätter) sind Schwierigkeiten für die Abwicklung standortübergreifender Änderungen zu vermuten.

---

[95] Eine ausführliche Diskussion um die Herleitung und im Kontext von technischen Änderungen zu beachtenden Normen findet sich bei *Conrat*. Vgl. Conrat, J.-I. (1997), S. 41ff.

[96] Vgl. DIN 199 Teil 4 (1981), S. 3f.

[97] Diese, primär auf die Gestaltung, Einführung und Betrieb von Qualitätsmanagement-Systemen gerichteten Normen haben insbesondere im Rahmen von Lieferanten-Zertifizierungen in den letzten Jahren eine hohe Bedeutung erlangt. Da ein eingehender Diskurs über die Vorteile aber auch Grenzen der Zertifizierung nicht primärer Untersuchungsgegenstand dieser Arbeit ist, sei auf die Literatur verwiesen. Vgl. VDI (Hrsg./1994); Reinhart, G. / Lindemann, U. / Heinzl, J. (1996), S. 218ff.

[98] Vgl. DIN EN ISO 9002 (1990), S. 8.

[99] Vgl. DIN EN ISO 9002 (1990), S. 15.

[100] Z.B. ist im Rahmen der sogenannten „Kunden-Rückinformation" explizit auf die Möglichkeit kundeninduzierter Änderungen hingewiesen. Vgl. DIN EN ISO 9004 (1990), S. 18.

[101] Dabei steht die Transparenz der verwendeten Methoden im Mittelpunkt. Deren Gestaltung hat sicher zu stellen, dass „...die Forderungen an die Zulieferer klar festgelegt, übermittelt und, was am wichtigsten ist, vom Zulieferanten vollständig verstanden worden sind" Vgl. DIN EN ISO 9004 (1990), S. 25.

[102] Einerseits kollidieren teilweise Begriffe bzw. Abkürzungen in den verschiedenen nationalen Normen. Beispielsweise kann die Abkürzung EN im Kontext der amerikanischen Norm Engineering Notice (vgl. Abb. 2-2) bedeuten. In der DIN steht EN für Europäische Norm. Andererseits fehlen einige der in einer nationalen Norm eingeführten Begriffe wie Änderungsvorlauf oder Historical Annotations.

Aus der Vielfalt existierender nationaler Normen ist am Beispiel der US-amerikanischen Norm ASMY Y14.35M-1997 eine vergleichende Darstellung zu den DIN 199 bzw. 6789 in Abb. 2-2 dargestellt.

| | ASME Y14.35-1997 | DIN 199 Teil 4 | DIN 6789 Teil 3 |
|---|---|---|---|
| Bezeichnung | Revision of Engineering Drawings and Associated Documents | Begriffe im Zeichnungs- und Stücklistenwesen: Änderungen | Dokumentationssystematik – Änderungen von Dokumenten und Gegenständen |
| Änderungs-verständnis | Change: „A specific alteration made to a drawing or associated document as part of a revision."[103] | keine Begriffsdefinition; definiert werden aber Elemente des Änderungswesens wie Änderungsstand, -dienst, -art, -index etc. | „Eine Änderung ist die vereinbarte Festlegung eines neuen anstelle des bisherigen Zustands."[104] |
| Fokus | Hilfsmittel / Arbeitsblätter; Definition auch von übergreifenden Begriffen wie Drawing, Document etc. | Änderungsablauf, Definition von Begriffen des Änderungswesens | Änderungsablauf; Unterscheidung von Änderungsanlässen, Änderungsarten |
| Detaillierungs-grad der dargestellten Regeln | hoch, bzgl. der Vorgaben wie Arbeitsblätter oder Zeichnungen zu bearbeiten sind[105] - enthält aber kaum Hinweise, die einer Entscheidungsunterstützung dienen | niedrig, lediglich im Rahmen der definitorischen Begriffserläuterungen und Ablaufdarstellung | mittel, insbesondere Hinweise zur differenzierten Abwicklung von Änderungen |
| Bandbreite verwendeter Begriffe zur Bezeichnung von Änderungsdokumenten | Alteration Notice (AN), Drawing Change Notice (ADCN), Change in Design (CIN), Engineering Change Notice (ECN), Engineering Change Order (ECO), Engineering Notice (EN), Engineering Order (EO), Notice of Revision (NOR)[106] | Änderungsantrag, Änderungsauftrag, Änderungsbeschreibung | Änderungsunterlagen: Änderungsantrag Änderungsauftrag, Änderungsmitteilung. |

*Abb. 2-2: Synopse amerikanischer und deutscher Normen im Änderungswesen*

Auffällig ist der unterschiedliche Schwerpunkt der deutschen bzw. amerikanischen Normen. Während in der amerikanischen ASMY eine detaillierte methoden- und dokumentenorientierte Beschreibung einzelner Arbeitsschritte erfolgt, zielen die deutschen Normen auf eine Begriffsklärung der Elemente des Änderungswesens, ohne jedoch Arbeitsschritte detailliert zu erläutern. Die Beschreibung des Änderungsablaufs ist eher abstrakt und weist mittels grober Differenzierungsmerkmale auf die Notwendigkeit einer unternehmens- bzw.

---

[103] ASMY Y14.35M-1997 (1997), S. 1.

[104] DIN 6789 Teil 3, S. 36.

[105] Z.B. hinsichtlich des Eintrags von Änderungssymbolen: „The revision symbol may be used to identify an item or area of change on the drawing. The symbol should be placed at or near the location affected by the change." ASMY Y14.35M-1997 (1997), S. 6.

[106] Vgl. ASMY Y14.35M-1997 (1997), S. 2

situationsspezifischen Änderungsabwicklung hin. Insgesamt bleiben die Ausführungen der DIN/ISO aber auch der ASMY-Normen recht abstrakt und können nur einen groben Gestaltungsrahmen für die betriebliche Praxis vorgeben.

### 2.1.2.1.2 Werk-Normen

Die Umsetzung der in den Normen festgelegten Definitionen in die betriebliche Praxis geschieht durch unternehmensindividuelle Werk-Normen, die vielfach Bestandteil übergeordneter Verfahrens- bzw. Organisationsanweisungen sind. Schon bei einer Untersuchung des nationalen Bereiches wird deutlich, dass sich die Konkretisierung der DIN mittels Werk-Normen meist auf ablauf- bzw. aufbauorganisatorische Aspekte beziehen, sowie auf die verwendeten Hilfsmittel wie beispielsweise Änderungsantrag oder Änderungsmitteilung. Eine Definition, was unter technischen Änderungen zu verstehen ist, ist den Werk-Normen häufig nicht zu entnehmen. Verschärft wird dies zudem durch eine fälschlicherweise synonyme Verwendung verwandter Begriffe wie Modifikationen, Richtigstellungen, Anpassungen oder Iterationsschleifen.[107] Auf Grund der recht abstrakten DIN-Vorgaben ist bei den betriebsindividuellen Normen eine sehr hohe Bandbreite differenzierter Ausprägungen entstanden. Die Definition von Funktionsträgern und Gremien sowie die Abgrenzung der durch diese zu erfüllenden Aufgaben ist höchst unterschiedlich. Ebenso werden Abläufe betriebsspezifisch optimiert, selbst grundlegende Begrifflichkeiten individuell verwendet.[108] Insbesondere in einer Situation zunehmender Leistungsverflechtung bringen solch heterogene Strukturen sowohl innerhalb des jeweiligen Unternehmen als auch zwischen verschiedenen Unternehmen erhebliche Nachteile mit sich.

### 2.1.2.1.3 Verständnis technischer Änderungen für den Gang der Untersuchung

Im Spannungsfeld zwischen den einerseits abstrakten DIN bzw. anderen nationalen und internationalen Normen und den andererseits individuell gestalteten Werk-Normen existiert mit den Beiträgen der Fachliteratur ein dritter Bereich, der zur Definition von Begriffen im Umfeld technischer Änderungen beiträgt. Allerdings umfasst auch die Literatur allein für den Begriff der „technischen Änderung" eine Vielzahl verschiedener Definitionen.[109] Komplexitätserhöhend wirkt die teilweise synonyme Verwendung von Begriffen wie Modifikationen, Richtigstellungen, Anpassungen, Iterationen etc.[110]

---

[107] Vgl. Conrat, J.-I. (1997), S. 48f.; Lindemann, U. / Reichwald, R. (1998), S. 325.

[108] Beispielsweise wird in der DIN 199 bemängelt, dass die Begriffe Änderungsantrag und Änderungsmitteilung in der betrieblichen Praxis oft synonym verwendet werden. Vgl. DIN 199 Teil 4, S. 5.

[109] Einen Überblick hierzu bietet z.B. Aßmann, G. (2000), S. 28.

[110] Vgl. Conrat, J.-I. (1997), S. 48ff.; Lindemann, U. / Reichwald, R. (1998), S. 325ff.; Ehrlenspiel, K. (1995), S. 82.

Für den weiteren Gang der Arbeit soll die nachfolgende Definition relevant sein, die weitgehend der Begriffsverwendung der Forschergruppen um *Lindemann* und *Reichwald* entspricht:[111]

Unter technischen Änderungen werden alle nachträglichen Änderungen an bereits freigegebenen Konfigurationen[112] – d.h. an der in Dokumenten oder entsprechenden Datenbasen[113] festgelegten, vollständigen technischen Beschreibung eines Produktes/Systems – verstanden, die benötigt werden, um das Produkt/System über seine gesamte Lebensdauer zu fertigen, zu testen, zu betreiben und zu warten.[114] Derartige Dokumente oder Daten umfassen beispielsweise: Spezifikationen, Lasten- und/oder Pflichtenhefte, Zeichnungen, Fertigungspläne usw.[115]

Die physikalische Repräsentation dieser Dokumente oder der Daten erstreckt sich auf sämtliche Bestandteile des zu produzierenden Produktes sowie Betriebs- und Hilfsmittel. Einen Eindruck von der Bandbreite der durch technische Produktänderungen betroffenen Elemente vermittelt Abb. 2-3.

| Materielle Gegenstände | Betriebs- und Hilfsmittel | Technische Dokumente |
|---|---|---|
| • Rohteile<br>• Halbzeuge<br>• Einzelteile<br>• Baugruppen<br>• Fertigprodukte<br>• Verpackungen<br>• Transporthilfsmittel | • Modelle<br>• Formen<br>• Werkzeuge<br>• Mess-/Prüfmittel<br>• Software (NC, CNC)<br>• Sondermaschinen<br>• Schmierstoffe etc. | • Einzelteilzeichnungen<br>• Zusammenbauzeichnungen<br>• Schalt-/ Stromlaufpläne<br>• Stücklisten<br>• Arbeitspläne<br>• Prüfpläne<br>• Installations-<br>Gebrauchsanleitungen<br>• Spezifikationen; Lasten-/<br>Pflichtenheft |

*Abb. 2-3: Beispiele für betroffene Elemente technischer Produktänderungen*

---

[111] Einen vergleichenden Überblick verschiedener, in der Fachliteratur vorgenommener Änderungsdefinitionen enthält bspw. die Arbeit von *Aßmann*. Vgl. Aßmann, G. (2000), S. 64ff.

[112] Die DIN EN ISO 10007 definiert die Konfiguration als „Funktionelle und physische Merkmale eines Produkts, wie sie in seinen technischen Dokumenten beschrieben und im Produkt verwirklicht sind." Vgl. DIN EN ISO 10007(1996), S. 5.

[113] Die explizite Nennung von Datenbasen als Alternative zu den (meist papierbasierten) Dokumenten trägt der zunehmenden rechnergestützten Erstellung und Verwaltung von Entwicklungsergebnissen Rechnung. Nach Conrat stellen traditionelle Dokumente nur noch eine spezielle Sicht auf die mittlerweile häufig in EDM-bzw. PDM-Systemen hinterlegten Daten dar. Vgl. Conrat, J.-I. (1997), S. 47.

[114] Vgl. Conrat, J.-I. (1997), S. 47; Lindemann, U. / Reichwald, R. (1998), S. 325ff.; DIN 6789 Teil 3 (1990), S. 1.

[115] Vgl. Saynisch, M. (1984), S. 73; Seibert, S. (1998), S. 424.

## 2.1.2.2 Änderungsanlass versus Änderungsursachen

Eine Unterscheidung zwischen Änderungsanlass[116] und den zu Grunde liegenden Änderungsursachen wird in der Praxis, aber auch in der Literatur vielfach nicht vorgenommen. Auf die Notwendigkeit und Bedeutung einer solchen Differenzierung wird in der Arbeit von *Conrat* eingehend hingewiesen.[117]

Während es sich bei dem Änderungsanlass um eine erkennbare Soll-/Ist-Abweichung handelt, die zur Meldung eines Änderungsbedarfs führt, ist unter der Änderungsursache der kausale (und möglicherweise nicht unmittelbar erkennbare) Einflussfaktor zu verstehen, der zur Entstehung des Änderungsbedarfs führt.[118] Beispielsweise kann ein in der Montage als Soll-/Ist-Abweichung auftretendes Fügeproblem durch eine mangelhafte Kollisionsberechung verursacht sein. Eine Analyse der Änderung, die insbesondere die Identifikation der Änderungsursachen umfasst, ist Voraussetzung für die nachhaltige Beseitigung der Soll-/Ist-Abweichung und für ein Lernen im Hinblick auf ähnlich gelagerte Problemfälle in der Zukunft.

In der Praxis wird eine detaillierte Analyse einzelner Änderungsfälle allerdings nur ansatzweise durchgeführt. Ohne eine explizite Differenzierung zwischen Änderungsanlass und –ursachen vorzunehmen, umfassen die in der Praxis durchgeführten Untersuchungen über die Notwendigkeit, Auswirkungen und Hintergründe von Änderungen häufig eine Reihe von Klassifizierungsmerkmalen, wie:[119]

- typische Probleme, die eine Änderung begründen (z.B. „Zeichnungsfehler"),
- Ziele, die mit einer Änderung verfolgt werden (z.B. „Kostensenkung", „Betriebsmitteleinsparung", „Qualitätsverbesserung"),
- inhaltliche Schwerpunkte der Änderung (z.B. „Material"),
- änderungsauslösende Bereiche (z.B. „Kunde", „Produktion").

Zwar lässt sich mit einer solchen Strukturierung nachvollziehen, welche subjektiv empfundene Soll-/Ist-Abweichung zu einer Meldung des Änderungsbedarfs führt. Hinweise auf die ursächlichen Hintergründe dieser Abweichung bleiben allerdings meist verborgen.

## 2.1.2.3 Fehlerbedingte und neuerungsbedingte Änderungen

Eine wichtige Unterscheidung der im vorigen Abschnitt beschriebenen Soll-/Ist-Abweichung besteht darin, ob der Änderungsbedarf auf Grund einer Veränderung des (Ist-) Ergebnisses des Produktentwicklungsprozesses oder auf eine Veränderung der Soll-Vorgaben zurückzuführen ist.

---

[116] Der Begriff Änderungsauslöser sei synonym verwendet. Vgl. Lindemann, U. / Reichwald, R. (1998), S. 326.

[117] Vgl. Conrat, J.-I. (1997), S. 50f.

[118] Vgl. Lindemann, U. / Reichwald, R. (1998), S. 326ff.

[119] Vgl. Conrat, J.-I. (1997), S. 51; Dhen, K. (1963), S. 24.

Tritt ohne eine Veränderung der Vorgaben, d.h. ohne eine Variation des Solls, eine Soll-Ist-Abweichung auf, so ist von einem Fehler im Entwicklungsprozess auszugehen.[120] Wird dieser erkannt und sind bereits Informationen an andere Entwicklungsbeteiligte freigegeben worden, muss zur Erreichung des vorgegebenen Entwicklungsziels eine Änderung vorgenommen werden. Diese Kategorie kann somit folgendermaßen definiert werden: „Als fehlerbedingte Änderungen sollen diejenigen Änderungen bezeichnet werden, die durch Nichterfüllung von expliziten oder impliziten Anforderungen ausgelöst werden und ursächlich auf Fehler im Entwicklungsprozess zurückzuführen sind."[121] Beispiele für typische Auslöser, die zu fehlerbedingten Änderungen führen, sind Nicht-Erreichen von vorgegebenen Qualitätsanforderungen, die sich durch Montageprobleme, nicht bestandene Funktionstests oder Kundenreklamationen äußern können. Ebenso können fehlerbedingte Änderungen aber auch durch Überschreiten eines vorgegebenen Kostenziels ausgelöst werden. Diesen exemplarisch genannten Auslösern können als Ursache interne Fehler im Entwicklungsprozess (z.B. eine mangelhafte Eigenschaftsabsicherung) aber auch Fehler seitens externer Entwicklungspartner (z.B. Missachtung festgelegter Spezifikationen des Lastenheftes) zu Grunde liegen.

Basiert eine Änderung auf der Anpassung von Soll-Vorgaben, die zum Zeitpunkt der Freigabe nicht vorhersehbar waren und sind diese „[...] auf Neuerungen aus dem Bereich Technik, Markt, Normung, Gesetzgebung etc. zurückzuführen [...]"[122], so handelt es sich um eine neuerungsbedingte Änderung. Auslöser können beispielsweise die Verfügbarkeit einer neuen Fertigungstechnologie, neue Kundenwünsche oder veränderte Anforderungen für die Erlangung eines Prüfzeichens (z.B. vde, GS etc.) sein.

Die Unterscheidung zwischen Änderungsauslöser und –ursache erscheint im Falle neuerungsbedingter Änderungen zunächst schwieriger und weniger tragfähig. Dennoch dient eine Untersuchung der kausalen Beziehung zwischen den offensichtlichen Auslösern und den zu Grunde liegenden Ursachen zwei Zielen: Zum einen identifiziert sie die Einflussfaktoren, die zu der neuerungsbedingten Änderung geführt haben. Diese Kenntnis relativiert die Grenze der subjektiven Vorhersehbarkeit der Soll-Veränderung.[123] Zum anderen ist nur durch die Rückverfolgung der Kausalkette – wie auch im Fall fehlerbedingter Änderungen – die eindeutige Bestimmung des Verursachers der Änderung möglich. Dies ist Voraussetzung für eine verursachungsgerechte Zuordnung der mit der Änderungen verbundenen Kosten.

---

[120] Vgl. Gerst, M. (1998), S. 135f.

[121] Lindemann, U. / Reichwald, R. (1998), S. 325.

[122] Lindemann, U. / Reichwald, R. (1998), S. 325.

[123] Beispielsweise dürfte die Kenntnis der Intentionen von Mitgliedern in Normenausschüssen dazu beitragen Veränderungen und Neuaufnahme von Normen eher vorherzusehen.

## 2.1.3 Standortverteilung

### 2.1.3.1 Begriffsverständnis

Gegenstand der Diskussion um eine geeignete Standortverteilung ist die Fragestellung nach der räumlichen Verteilung von Wertschöpfungsaktivitäten und Organisationsstrukturen.[124] Abweichend zu der auf die Totalperiode der unternehmerischen Tätigkeit ausgerichtete Betrachtungsweise der Standortfaktorenlehre[125], ist dieser Aspekt permanent neu zu beleuchten.[126] Standortentscheidungen betreffen demnach nicht nur den langfristigen Handlungsrahmen für die Prozesse der Leistungserstellung, sondern sind – verstärkt durch die veränderten Marktanforderungen aber auch durch die neuen technischen Möglichkeiten – ständig vorzunehmen.[127] Standortverteilte Wertschöpfung kann dabei zwischen verschiedenen (Einzel-) Akteuren, Unternehmensbereichen oder aber auch unterschiedlichen Organisationen stattfinden. Für die standortverteilte Produktentwicklung fällt somit beispielsweise eine räumlich verteilte Abstimmung vermuteter Änderungskonsequenzen zwischen Konstrukteuren des gleichen, aber dislozierten Unternehmensbereichs ebenso in die Betrachtung wie die Verhandlung über zu tragende Änderungskosten zwischen Kunden und Lieferanten.

Das Problem der räumlichen Distanz ist dabei in erster Linie ein Kommunikationsproblem.[128] Insbesondere komplexe Aufgabenstellungen erfordern eine intensive Kommunikation, die bei der Zusammenarbeit standortverteilter Akteure bzw. der standortübergreifenden Wertschöpfung in der Prozesssicht nur eingeschränkt möglich ist. Je besser es gelingt durch organisatorische Maßnahmen oder Technikunterstützung einen ungehinderten Informationsaustausch zu gewährleisten, desto eher wird aus dem Problem der Standortverteilung eine Chance, z.B. durch die Möglichkeit zur Einbindung externer Spezialisten.

### 2.1.3.2 Abgrenzung zu verwandten Phänomenen

Bei der Diskussion um eine standortverteilte, dezentrale bzw. (tele-) kooperative Produktentwicklung oder der Internationalisierung respektive Globalisierung von F&E handelt es sich

---

[124] Vgl. Reichwald, R. et al. (1998), S. 3.

[125] Dieser auf *Weber* zurückgehende Ansatz stellt Bestimmungsfaktoren in den Mittelpunkt, die bei der Wahl eines Unternehmens- oder Betriebsstandortes geeignet sind. Vgl. Weber, A. (1909). Die auf diesen Faktoren fußende Entscheidung für einen bestimmten Standort findet nach *Kappler* und *Rehkugler* im Regelfall bei der Unternehmensgründung statt. Vgl. Kappler, E. / Rehkugler, H. (1991), S. 217. „Die Entscheidung hat konstitutiven Charakter, da sie nur schwer revidierbar ist und für zahlreiche Folgeentscheidungen Rahmenbedingungen setzt." Kappler, E. / Rehkugler, H. (1991), S. 217.

[126] Auf die mangelnde Ausnutzung sowohl zeitlicher als auch räumlicher organisatorischer Gestaltungsmöglichkeiten als laufende Koordinationstätigkeit derartiger Ansätze weist beispielsweise *Möslein* hin: „Fragen der raum-zeitlichen Verteilung spielen [...] für die traditionelle Organisations- und Managementlehre keine nennenswerte Rolle: Organisationstheorien geben heute keine Antwort auf die spezifischen Probleme der Koordination räumlich und zeitlich verteilter Aufgabenbewältigung." Möslein, K. (1999), S. 93.

[127] Vgl. Reichwald, R. et al. (1998), S. 3.

[128] Vgl. Picot, A. / Reichwald, R. / Wigand, R. T. (1996), S. 360.

um Phänomene mit teilweise stark überlappenden, teilweise auch identischen Inhalten.[129] Mit dem Fokus auf einen der genannten Aspekte, werden die übrigen Phänomene in der Literatur häufig undifferenziert eingegliedert. Die Folge sind Missverständnisse und logische Brüche. Dennoch bieten die verschiedenen Phänomene wertvolle Akzentuierungen, die auch im Rahmen der Betrachtung des standortverteilten Änderungsmanagements relevant sind. Daher soll durch einen getrennten Überblick der verschiedenen Erscheinungsformen der jeweilige Schwerpunkt herausgestellt werden. Wohlwissend, dass überdies verschiedene Lehrmeinungen, Differenzierungsmöglichkeiten und unterschiedliche Interpretationen existieren, soll der jeweilige Begriff kurz erläutert und mit Forschung und Entwicklung in Beziehung gesetzt werden.

### 2.1.3.2.1 Telekooperation

Arbeitsteilig erbrachte Leistungserstellung muss koordiniert werden.[130] Daher ist eine Kooperation der beteiligten Akteure erforderlich. Wird die Zusammenarbeit der Akteure durch Telemedien unterstützt, handelt es sich um Telekooperation, welche wie folgt definiert wird: „Telekooperation bezeichnet die mediengestützte arbeitsteilige Leistungserstellung zwischen verteilten Aufgabenträgern, Organisationseinheiten und/oder Organisationen."[131] Die Telekooperation wirkt dabei auf drei Strategieebenen unterschiedlicher Schwerpunktsetzung und Reichweite. Bei diesen handelt es sich um: [132]

- die Arbeitsplatz-Strategie mit dem Schwerpunkt auf der räumlichen Verteilung von Arbeitsplätzen,
- die Wertschöpfungsstrategie, welche neue Verteilungsmöglichkeiten von Wertschöpfungsprozessen in und zwischen Organisationen in den Vordergrund stellt sowie
- die Organisationsstrategie, welche die Restrukturierungsmöglichkeiten von Unternehmen fokussiert.

Für die vorliegende Untersuchung ist insbesondere die Wertschöpfungsstrategie von Bedeutung. Schwerpunktmäßig soll Beobachtungen und Fragestellungen nachgegangen werden, die auf die Verteilung von Entwicklungs- und Änderungsprozessen und auf die Unterstützungsmöglichkeit von Telemedien abzielen. Dennoch werden auch die beiden anderen Strategieebenen nicht vollständig ausgeblendet.[133]

---

[129] In Literaturbeiträgen werden diese Begriffe teilweise auch explizit gleichgesetzt. „Globalisation, that is decentralisation of R&D..." Vgl. Meyer, A. de / Mizushima, A. (1989), S. 135.

[130] Vgl. Kapitel 2.2.1.

[131] Reichwald, R. et al., S. (1998), S. 65.

[132] Vgl. Reichwald, R. et al., S. (1998), S. 73.

[133] Beispielsweise wird im Rahmen der Arbeitsplatz-Strategie die Tätigkeit beim Kunden (On-Site-Telework) oder die enge Vernetzung zwischen verschiedenen Unternehmen auf der Ebene der Organisationsstrategie zu beleuchten sein.

#### 2.1.3.2.2   Internationalisierung

In einem weiten, mehrdimensionalen Begriffsverständnis setzen *Krystek* und *Zur* Internationalisierung gleich mit: „[...] nachhaltiger und für das Unternehmen insgesamt bedeutsamer Auslandstätigkeit".[134] Für *Pausenberger* steht bei der Internationalisierung das unternehmerische Handeln im Mittelpunkt: „Ihr (internationale Unternehmung; Anm. des Verfassers) Spezifikum ist die Präsenz und wirtschaftliche Aktivität in heterogenen, geographisch oft weit voneinander entfernten Umwelten; die Rahmenbedingungen für wirtschaftliches Handeln dieser Unternehmungen sind also in soziokultureller, politisch-rechtlicher, ökonomischer, technologischer und physikalischer Hinsicht mehr oder weniger voneinander verschieden. Die Bewältigung der Umweltheterogenität stellt für die Führung internationaler Unternehmungen das zentrale Gestaltungsproblem dar."[135] [136]

Die skizzierten Gestaltungsfelder weisen auf die Vielschichtigkeit der Handlungsebenen hin, die mit dem Begriff der Internationalisierung in Zusammenhang gebracht werden. Bei der Fokussierung der Internationalisierungsaktivitäten auf das Untersuchungsfeld der Forschung und Entwicklung erfahren die Gestaltungsfelder eine spezifische Gewichtung. Während beispielsweise Aspekte aus dem Bereich der rechtlichen Umweltunterschiede, wie z.B. eine unterschiedliche Besteuerung eher in den Hintergrund treten, erfahren technologische, oder aber auch soziokulturelle Aspekte eine höhere Bedeutung.

#### 2.1.3.2.3   Zentralisation - Dezentralisation

Das Problem der Zentralisation bzw. Dezentralisation organisatorischer Einheiten wurde in der Betriebswirtschaftslehre schon vor Jahrzehnten durch Beiträge namhafter Vertreter, wie *Nordsieck, Kosiol, Gutenberg* im deutschen bzw. *Simon u.a.* im amerikanischen Sprachraum, mit der Fragestellung nach einem geeigneten Maß an Entscheidungsdelegation, aufgegriffen.[137] Mit dieser Diskussion wurden zunehmend Ansätze in Frage gestellt, die mit der Definition einer zentralen Instanz das Koordinationsproblem als weitgehend gelöst ansahen.[138] Die in der Zwischenzeit intensiv geführte Diskussion über das geeignete Maß an Entscheidungsautonomie dezentraler Einheiten lässt dennoch viele Fragen unbeantwortet. Ein Defizit besteht darin, dass bis heute über den Begriffsinhalt von Zentralisation bzw.

---

[134] Krystek, U. / Zur, E. (1997), S. 5.

[135] Pausenberger, E. (1992), Sp. 1052.

[136] Wird der Internationalisierungsgedanke auf den Weltmarkt bezogen, werden die unter Internationalisierungs-strategien diskutierten Ansätze auch unter dem Begriff der Globalisierung zusammengefasst. Nach *Hauschildt* beruht Globalisierung auf der strategischen Entscheidung „...kein Land der Erde von der wirtschaftlichen Betätigung der Unternehmung auszuschließen." Vgl. Hauschildt, J. (1993b), S. 5.

[137] Vgl. Nordsieck, F. (1955), S. 101ff.; Gutenberg, E. (1958), S. 86; Nordsieck-Schröer, H. (1961), S. 27; Kosiol, E. (1976), S. 82ff.; Nordsieck, F. (1964), S. 60f; Simon, H. A. / Guetzkow, H. / Kosmetsky, G. T. (1954).

[138] Vgl. Gutenberg, E. (1958), S. 46.

Dezentralisation keine Einigkeit besteht.[139] Eine logische Konsequenz besteht in dem Mangel eines einheitlich operationalen und methodisch abgesicherten Maßes für das Begriffpaar.[140] Dennoch werden Versuche unternommen, die beiden Extrempositionen der Zentralisation bzw. Dezentralisation inhaltlich durch Zuweisung verschiedener Merkmale zu füllen und auf einem Kontinuum zwischen diesen beiden Extrempositionen Zwischenstufen zu definieren.

*Malone* beispielsweise sieht für den Grad einer unternehmerischen Dezentralisierung drei Stufen: Unabhängige dezentral entscheidende Unternehmenseinheiten, eine streng zentral entscheidende Stammeinheit oder vernetzte, aber dezentral entscheidende Unternehmenseinheiten.[141] Die Wahl einer dieser drei Konstellationen ist im Wesentlichen getrieben durch den Wert der nicht am Standort verfügbaren Information und den Kosten, die zu der Informationsbeschaffung notwendig sind.

Andere Autoren, wie *Kappler* und *Rehkugler*, fokussieren bei der Fragestellung um einen geeigneten Zentralisationsgrad dagegen eine differenzierte Zuweisung von Aufgaben auf Organisationseinheiten: „Zentralisation und Dezentralisation betreffen vor allem Fragen der Zuordnung von Aufgaben zu Stellen."[142] Je nach situativem Kontext können dabei unterschiedliche Strukturierungsprinzipien maßgeblich sein (z.B. verrichtungs-[143], objekt-[144], regionenzentralisiert usw.).[145] Diese unterschiedlichen Schwerpunkte, die mit dem Begriffspaar der Zentralisierung bzw. Dezentralisierung in Zusammenhang gebracht werden, machen deutlich, dass eine ausschließliche Fokussierung nur eines Aspekts dem gegenwärtigen Diskussionsstand nicht gerecht wird. Vielmehr sind im Kontext organisatorischer Gestaltung sowohl die Kompetenz zur Verteilung von Aufgaben, die Verteilung von Weisungs- und Entscheidungsrechten, als auch die Festlegung von Abläufen betroffen.[146] „Es geht also ganz allgemein darum, inwieweit Strukturen und Abläufe zentral – von einer hierarchisch deutlich

---

[139] Vgl. Frese, E. (1998), S. 88.

[140] *Frese* verweist in diesem Zusammenhang auf Ansätze von Whisler bzw. der Aston-Gruppe. Während Whisler den Zentralisationsgrad mit Hilfe der Entlohnungsverteilung entlang der Hierarchie-Ebenen rein monetär beschreiben will, werden im Ansatz der Aston-Gruppe die Entscheidungsbefugnisse auf den verschiedenen Ebenen in einem Längsschnitt untersucht und ordinal kategorisiert. Vgl. Frese, E. (1998), S. 90ff.

[141] Vgl. Malone, T. W. (1997), S.24f.

[142] Kappler, E. / Rehkugler, H. (1991), S.83.

[143] Zusammenfassung gleicher Verrichtungen, wie z.B. Fräsen, Drehen etc. in spezialisierten Werkstätten.

[144] Zusammenfassung gleicher Objekte, bzw. Aufgabengegenstände.

[145] *Kosiol* leitet aus einer differenzierteren Prinzipiendarstellung fünf als idealtypisch bezeichnete Gruppen von Zentralisationsformen ab: Die persönliche, sachliche, formale Zentralisation sowie Mittelzentralisation und Raum- und Zeitzentralisation. Vgl. Kosiol, E. (1976), S. 82. Der Raum- und Zeitzentralisation wird in diesem Ansatz allerdings nur in Ausnahmefällen eine dominierende Rolle zugeschrieben. Vgl. Kosiol, E. (1976), S. 88.

[146] Vgl. Reichwald, R. / Koller, H. (1996), S. 113.

übergeordneten Stelle – festgelegt werden oder inwieweit man diese Festlegung den Ausführenden selbst überlässt."[147]

**Zentralisationsgrad und Produktentwicklung.**

Im Bereich der Produktentwicklung wird die Fragestellung nach dem geeigneten Grad der Dezentralisierung maßgeblich durch die jeweilige Phase eines Entwicklungsprojektes bestimmt (vgl. Abb. 2-4). [148] Während in den frühen Phasen der Produktdefinition und -konzeptionierung eine Zieldefinition der verschiedenen beteiligten Disziplinen gemeinsam erarbeitet werden muss, erscheint ein hoher Zentralisierungsgrad angemessen. Dabei steht im Rahmen der Festlegung von Produktschnittstellen die Objektzentralisation im Vordergrund. In den darauffolgenden Phasen der Planungsdetaillierung tritt eine stärkere Möglichkeit zu einer objektorientierten Dezentralisierung (z.B. durch Definition abgegrenzter Produktmodule) und Parallelisierung der Entwicklungsaktivitäten in den Vordergrund. In diesen Phasen ist auch eine **räumliche** Dezentralisierung der verschiedenen Module möglich. Dagegen ist am Projektende bei der Integration der einzelnen Komponenten, beispielsweise im Rahmen der Integrationstests oder des Zusammenbaus, wiederum ein höheres Maß an Zentralisierung notwendig.[149]

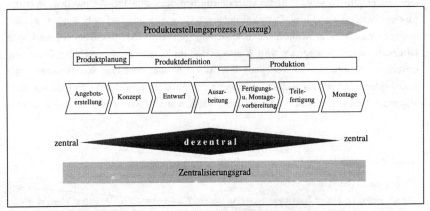

*Abb. 2-4 : Zentralisierungsgrad in Abhängigkeit von der Entwicklungsphase[150]*

---

[147] Reichwald, R. / Koller, H. (1996), S. 113.

[148] Die einzelnen Entwicklungsphasen sind wiederum durch große Unterschiede in den typischerweise durchzuführenden Aufgabeninhalten gekennzeichnet. Vgl. Kapitel 2.2.5.

[149] Vgl. Herten, H.-J. (1987), S. 205. Andere Autoren stellen dagegen einen zweigeteilten Produkterstellungsprozess vor. Während in einer frühen Phase der Produktkonzeption eine hohe Zentralität vorherrscht, findet nach der Konzeptverabschiedung eine Modularisierung der Entwicklungsaktivitäten im Hinblick auf die verschiedenen Absatzsegmente statt. Sind diese nach der Region gegliedert, so steht auch der räumliche Dezentralisationsgedanke im Vordergrund. Vgl. Gassmann, O. (1997a), S. 181.

[150] Phaseneinteilung in Anlehnung an Ehrlenspiel (1995), S. 120.

## 2.2 Ökonomisch-theoretische Erklärungs- und Gestaltungsansätze

> *„Although a general theory of organization will make*
> *provision for ‚all significant factors,' such a general theory*
> *is presently well beyond our reach."*
> *Oliver E. Williamson (1993)[151]*

Wissenschaftliche Tätigkeit dient der Erkenntnisgewinnung. Geleitet von einem bestimmten Erkenntnisinteresse bzw. –ziel kommen in der Betriebswirtschaftslehre verschiedene Erkenntnisinstrumente zur Anwendung, die einen möglichst weitreichenden Beitrag im Hinblick auf zwei Dimensionen leisten sollen.[152] Zum einen sind in der Unternehmenspraxis zu beobachtende Phänomene ökonomisch zu erklären, zum anderen sind Handlungsempfehlungen fundiert zu begründen. Ökonomisch-theoretische Ansätze stellen derartige Instrumente dar, die im Sinne einer angewandten Wissenschaft sowohl ein Erklärungs- als auch ein Gestaltungsziel verfolgen.[153] Die Erklärungskomponente ist dabei nicht als Selbstzweck aufzufassen, sondern ist Voraussetzung der Gestaltung.

### 2.2.1 Das Organisationsproblem als Ausgangspunkt

Ausgangspunkt jeglicher ökonomischer Erklärung und Gestaltung ist das Organisationsproblem.[154] Dabei geht es um die Fragestellung, in welcher Form wirtschaftliche Aktivität wahrzunehmen ist, um das begrenzte Ressourcenangebot optimal einzusetzen bzw. der Knappheit beispielsweise an Arbeitskraft, Produktionsanlagen, Wissen usw. entgegenzuwirken. Der größte Beitrag zur Bewältigung der Knappheit wird durch Arbeitsteilung[155] und Spezialisierung erbracht.[156] Die Bestimmung des Grades an Spezialisierung verbunden mit einer geeigneten Aufgabenteilung und die Koordination der arbeitsteilig zu erbringenden Teilleistungen im Hinblick auf eine ökonomisch sinnvolle Kombination ist Gegenstand der

---

[151] Williamson, O. E. (1993), S. 95.

[152] Vgl. Picot, A. / Dietl, H. / Franck, E. (1997), S. 31.

[153] Vgl. Heinen, E. (1991), S. 4f.; Picot, A. / Dietl, H. / Franck, E. (1997), S. 32.

[154] Zur detaillierten Darstellung über die Entstehung und Bedeutung des Organisationsproblems vgl. Picot, A. / Dietl, H. / Franck, E. (1997), S. 5 ff.

[155] *Weichselbaumer* definiert Arbeitsteilung als: „...das zur Erfüllung einer Unternehmensaufgabe notwendige Zusammenwirken mehrerer Aufgabenträger bzw. organisatorischer Einheiten innerhalb des Unternehmens und über die Unternehmensgrenzen hinaus..., wobei die kooperative Aufgabenerfüllung durch unterschiedliche räumliche und zeitliche Freiheitsgrade gekennzeichnet sein kann." Weichselbaumer, J. S. (1998), S. 27.

[156] Vgl. Picot, A. / Dietl, H. / Franck, E. (1997), S. 1. Die Erkenntnis, dass Arbeitsteilung mit erheblichen Produktivitätsvorteilen verknüpft ist reicht mit den Arbeiten von Adam Smith und Adam Ferguson in die zweite Hälfte des 18. Jahrhunderts zurück. Vgl. Smith, A. (1776). Zuwächse der Geschicklichkeit bei repetitiver Tätigkeit verbunden mit der Reduzierung (geistiger) Rüstzeiten durch möglichst wenig verschiedene Arbeiten waren Kernpunkte der Überlegungen.

Organisation.[157] „Es geht darum, knappe Ressourcen so einzusetzen, dass das angestrebte Ziel erreicht wird (Effektivität) und dabei möglichst wenig Ressourcen verzehrt werden (Effizienz)."[158]

Arbeitsteilung und Spezialisierung sind allerdings auch mit dem Nachteil behaftet, dass Probleme der Abstimmung entstehen bzw. eine geeignete Koordination notwendig wird. Je ausgeprägter die Spezialisierung der einzelnen Akteure ist, desto größer wird die Notwendigkeit zu einem abgestimmten Leistungsaustausch mit anderen spezialisierten Akteuren. Die ökonomische Autarkie des Einzelnen sinkt.[159] Abstimmungs- bzw. Koordinationsprozesse[160] nehmen ihrerseits Ressourcen von erheblichem Umfang in Anspruch.[161] Das zentrale Anliegen von Organisation ist daher „[...] den Nettoeffekt aus dem Produktivitätsanstieg durch Arbeitsteilung / Spezialisierung und dem Ressourcenverbrauch durch Tausch und Abstimmung zu maximieren."[162] Organisation ist in diesem Kontext Mittel zum Zweck der Lösung des Organisationsproblems. Sie nimmt einen **instrumentellen** Charakter ein.

Demgegenüber ist der **institutionelle** Organisationsbegriff abzugrenzen. Dieser umfasst die Organisation als soziales System mit festgelegten Regeln und Normen. Verfahrensanweisungen, Organigramme und Organisationshandbücher schreiben derartige Regeln fest. Mit Hilfe dieses Systems soll dauerhaft das Ziel verfolgt werden, alle betrieblichen Aktivitäten auf den Markterfolg auszurichten.[163] Der Zustand des Systems (institutionelle Organisationsperspektive) kann als eine Momentaufnahme des durch den gestalterischen Prozess (instrumentelle Organisationsperspektive) erreichten Standes aller Regelungen betrachtet werden.[164]

Mannigfaltige Ausprägungsformen und Interdependenzen zwischen den unter beiden Organisationsperspektiven zu diskutierenden Aspekten bestimmen die Unternehmensrealität. Versuche, diese Realität vollständig beschreiben oder Gestaltungshinweise geben zu wollen, ohne dass eine Konzentration auf die jeweils im Vordergrund stehende Fragestellung

---

[157] *Frese* setzt den Koordinationsaspekt in Zusammenhang mit einer adäquaten Zielausrichtung: „Koordination bedeutet das Ausrichten von Einzelaktivitäten in einem arbeitsteiligen System auf ein übergeordnetes Gesamtziel." Vgl. Frese, E. (1998), S. 69.

[158] Reichwald, R. / Möslein, K. (1999), S. 29.

[159] Vgl. Picot, A. / Dietl, H. / Franck, E. (1997), S. 3.

[160] Vordergründig ist die Koordination dabei auf Grundlage eines geeigneten Informationsstandes zu bewältigen. Überlagert wird der Bedarf an Information aber auch durch die Motivation der beteiligten Akteure, im Sinne einer Erbringung der vereinbarten Leistungen im Rahmen der festgelegten (vertraglichen) Regeln. Verfolgen die einzelnen Akteure unterschiedliche Ziele, besteht die Gefahr einer Verletzung getroffener Vereinbarungen durch opportunistisches Handeln. Vgl. Picot, A. / Dietl, H. / Franck, E. (1997), S. 8f.

[161] *Wallis* und *North* (1986) berichten, dass in den USA ca. die Hälfte des Sozialproduktes auf Aktivitäten im sogenannten Transaktionssektor entfallen. Vgl. Picot, A. / Dietl, H. / Franck, E. (1997), S. 3.

[162] Picot, A. / Dietl, H. / Franck, E. (1997), S. 27.

[163] Vgl. Kieser, A. / Kubicek, H. (1992), S. 4; Frese, E. (1998), S. 5.

[164] Vgl. Wöhe, G. (1986), S. 153.

stattfindet, müssen zwangsläufig an einer nicht zu beherrschenden Komplexität scheitern.

*Frese* unterstreicht diese Sicht mittels einer Grundannahme der Organisationstheorie:" Die heuristischen Prinzipien der organisatorischen Gestaltung und damit auch Organisations-strukturen als Gestaltungsergebnis werden aus den kognitiven Grenzen des Individuums abgeleitet."[165] [166]

### 2.2.2 Ansätze der Organisationstheorie

Organisationstheorien bieten eine Orientierungshilfe in dieser komplexen Realität. Sie fokussieren problembezogen bestimmte Faktoren und vernachlässigen andere.[167] In der Organisationstheorie wird daher zuweilen recht plastisch von einer Scheinwerferfunktionalität gesprochen.[168] Aus Gründen der Komplexitätsbeherrschung wird dabei bewusst die Gefahr in Kauf genommen, dass durch den Filter der jeweiligen Organisationstheorie Elemente ausgeblendet werden, die zur Erklärung eines Phänomens in der Unternehmung entscheidend gewesen wären. Werden ökonomische Theorien daher als Instrumente des Erkenntnisgewinns über Organisationen genutzt, ist es möglich, dass ein zufriedenstellender Kenntnisstand erst durch den Einsatz konkurrierender Theorieansätze erzielt werden kann. Dies entspricht dem in der Literatur geforderten **Theoriepluralismus**.[169] [170]

Mit der beständigen Erweiterung der Bandbreite organisationstheoretischer Ansätze ist die Erklärungskraft in den letzten Jahren erheblich erweitert worden. Dies äußert sich in der Fortentwicklung bzw. Detaillierung bereits bestehender, aber gerade auch in der Begründung neuer Ansätze. Insbesondere im Rahmen der zweiten Entwicklungslinie stellen sich aber auch Probleme häufiger Redundanzen zu bereits bestehenden Ansätzen ein. *Albach* kritisiert in diesem Zusammenhang insbesondere die in der Betriebswirtschaftslehre als neue

---

[165] Frese, E. (1998), S. 4.

[166] Die in der Praxis vielfach als bürokratisch empfundenen Strukturen sind häufig von einer solchen Qualität. Neben auch objektiv widersinnig einzuschätzenden Regelungen ist der intendierte Sinn viel häufiger für den einzelnen Mitarbeiter nicht transparent und führt daher zu einer Umgehung der Regelungen. Ein Beispiel stellen die sogenannten „Bypass-Varianten" im Änderungsablauf dar. Vgl. Conrat, J.-I. (1997), S. 109.

[167] Vgl. Picot, A. / Dietl, H. / Franck, E. (1997), S. 28.

[168] Vgl. Kieser, A. / Kubicek, H. (1992), S. 33; Picot, A. / Dietl, H. / Franck, E. (1997), S 28.

[169] Dieser wird beispielsweise von *Kubicek* aufgegriffen: „Ein Bezugsrahmen, der für die Analyse eines Teilzusammenhangs nur eine einzige Theorie zu Grunde legt..., ist in seinem heuristischen Potential von vorneherein begrenzter als ein Bezugsrahmen, dessen Elemente aus mehreren, sich u. U widersprechenden Theorien stammen. Kubicek, H. (1977), S. 20. Allerdings müssen die verwendeten theoretischen Ansätze zumindest hinsichtlich ihrer Ausrichtung Gemeinsamkeiten aufweisen. Sind die Grundannahmen und die Traditionen verschiedener Organisationstheorien unvereinbar, so spricht man von einer Inkommensurabilität. Vgl. Picot, A. / Dietl, H. / Franck, E. (1997), S. 34, Kieser, A. (1995a), S.3.

[170] Die Nutzung alternativer Ansätze darf allerdings nicht dazu führen, dass eine Prüfung der theoretischen Konstrukte an der Realität unterbleibt. *Witte, Grün* und *Bronner* warnen in diesem Zusammenhang vor der Vorstellung den Einbezug alternativer Theorien könnten strenge empirische Tests ersetzen. Durch eine solche Vorgehensweise besteht die „...Gefahr, theoretischen Irrlichtern zu folgen und die Auseinandersetzung mit den realen Gegebenheiten durch die allseits bekannte Rechthaberei von Schulmeinungen zu ersetzen." Witte, E. / Grün, O. / Bronner, R. (1975), S. 798.

„Paradigmen" diskutierten Ansätze, welche vielfach nur unzureichenden Bezug zu Ansätzen einer vorhergehenden Diskussionswelle nehmen.[171] Er schlägt daher vor, dass der Weiterentwicklung und Ergänzung bestehender organisatorischer Ansätze gegenüber einer solchen Paradigmenentwicklung Vorrang einzuräumen ist.

Die Auswahl von und der Umgang mit organisationstheoretischen Ansätzen zum Zweck einer theoretisch geprägten Exploration (vgl. Kapitel 1.3.2.2) muss daher von ausreichender Sachkenntnis begleitet sein. Eine Orientierung an aktuell diskutierten Managementmoden scheint oftmals en vogue und teilweise auf das Untersuchungsgebiet geradezu ideal zugeschnitten zu sein; sie greift aber durch den häufig nur geringen Reifegrad der Ansätze zu kurz.[172]

Ein möglichst weitreichender Überblick über die verschiedenen organisationstheoretischen Ansätze kann und soll nicht Gegenstand dieser Arbeit sein.[173] Dennoch wird eine beschränkte Auswahl der existierenden Entwicklungslinien in der Organisationstheorie vorgestellt.[174] Eine detailliertere Darstellung ausgewählter theoretischer Ansätze soll in Abhängigkeit von der vermuteten Erklärungskraft für das im Rahmen dieser Arbeit zu diskutierende Untersuchungsobjekt, eines Fragestellungen der Standortverteilung in den Mittelpunkt stellenden Änderungsmanagements, erfolgen.

### 2.2.3 Klassische Ansätze

Verfolgt man die Entwicklungshistorie der heute existenten Vielzahl organisatorischer Theorien, lassen sich insbesondere vier Ansätze herausheben, die in den ersten vier Jahrzehnten des 20. Jahrhunderts[175] entstanden sind und heute in der Literatur als klassisch bezeichnet werden.[176]

1. den *Bürokratieansatz Max Webers*, in dem die Organisation als streng hierarchische Herrschaftsform dargestellt wird und Einhaltung des Dienstweges sowie die schriftliche Dokumentation (Aktenmäßigkeit) aller Vorgänge prägend sind,

---

[171] Vgl. Albach, H. (1999), S. 411ff.

[172] Vgl. Kieser, A. / Hegele, C. / Klimmer, M. (1998), S. 24ff.; Reichwald, R. / Riedel, D. (2000), S. 167f.; Zahn, E. (1992), S. 4ff.

[173] Überblicke bieten z.B. Kieser, A. / Kubicek, H. (1992); Kieser, A. (1995); Picot, A. / Dietl, H. / Franck, E. (1997); Frese, E. (1998); Frese, E. (1992).

[174] Eine prägnante Übersicht findet sich bei Reichwald, R. / Möslein, K. (1999). S. 30ff.

[175] Abgesehen von einzelnen, eher von volkswirtschaftlichen Vertretern geprägten Ansätzen, vgl. Turgot, *A.R.J (1766)* oder Smith, A. (1776), lässt sich die systematische Ableitung von Organisationsleitlinien mit der ersten Phase der industriellen Entwicklung in der ersten Hälfte des 19. Jahrhunderts identifizieren. Im deutschsprachigen Raum war dabei die Übernahme von ehemaligen Beamten zur kaufmännischen Unterstützung der primär technisch orientierten Unternehmer prägend. Die Entwicklung erster Managementkonzepte in den USA wurde dagegen insbesondere durch Ingenieure vorangetrieben, die im Zuge der Entwicklung eines flächendeckenden Eisenbahnnetzes erstmalig vor der Organisation von Großunternehmen standen. Vgl. Frese, E. (1992), S. 11-32. Die Verschiedenartigkeit beider Entwicklungslinien ist ein Indiz für den schon früh einsetzenden Pluralismus organisatorischer Gestaltung.

[176] Vgl. Kieser, A. / Kubicek, H. (1992), S. 34.

2. den *Ansatz der Managementlehre* und der betriebswirtschaftlichen Organisationslehre, welcher das technisch-ökonomische Funktionieren von Organisationen durch eine detaillierte Richtlinienvorgabe in den Mittelpunkt stellt,[177]

3. den *Human Relations-Ansatz*, der Einflussfaktoren zur interaktiven und verhaltens-bezogenen Zusammenarbeit zwischen den Organisationsmitgliedern sowie deren Motivation und Zufriedenheit fokussiert,[178]

4. den *Ansatz der verhaltenswissenschaftlichen Entscheidungstheorie*, welcher die Koordination von Entscheidungen unter Unsicherheit der Umwelt und der Prämisse einer begrenzten Informationsverarbeitungskapazität von Individuen sieht sowie darauf ausge-richtet ist, unter welchen Bedingungen Mitarbeiter motiviert sind, für den Organisations-bestand förderliche Leistungsbeiträge zu erbringen.[179]

Denkimpulse aber auch negative Kritik an diesen heterogenen[180] Strömungen haben die in der Folgezeit entstandenen organisationstheoretischen Ansätze vielfach belebt. Insbesondere waren die vielfach generalisierenden und als allgemeingültig aufgefassten Aussagen als Ausgangspunkt und Vergleichsmaßstab für alternative Ansätze geeignet.

### 2.2.4 Situativer Ansatz

Eine wichtige Entwicklung, die im Rahmen dieser Arbeit von besonderer Relevanz ist, stellt der in den 50er Jahren entstandene Situative Ansatz (Kontingenztheoretischer Ansatz[181]) dar. Ausgangspunkt dessen Entwicklung war die Kritik an den idealisiert beschriebenen Vorschlägen des Bürokratiemodells und der Managementlehre (vgl. Kapitel 2.2.3), einen „one best way" organisatorischer Gestaltung vorgeben zu wollen.[182] Diese Leitidee wurde zu Gunsten der Grundannahme des Situativen Ansatzes aufgegeben, dass es keine universell effiziente Organisationsstrukturen geben kann.[183] So forderte *Joan Woodward*, dass

---

[177] Auch der bekannte Ansatz von Taylor, das Scientific Management, fällt für den Funktionsbereich der Produktion unter diesen Ansatz. Auf Basis intensiver Beobachtung in den Betriebsstätten wurde ein „one best way" der Aufgabenerfüllung ermittelt, der zu einer detailgenauen Reglementierung jedes Arbeitsschritts führte. Vgl. Kieser, A. / Kubicek, H. (1992), S. 38.

[178] Eine kritische Auseinandersetzung mit den vielfach als Initialzündung dieser Entwicklungslinie betrachteten Hawthorne-Experimenten, Wechselwirkungen mit der Organisationspsychologie sowie Ergebnisse wichtiger Forschungsprogramme (z.B. Humanisierung der Arbeit, Arbeit und Technik) stellt beispielsweise Kieser vor. Vgl. Kieser, A. (1995c), S. 91ff.

[179] Wesentlicher Bestandteil dieses Ansatzes ist die auf *March* und *Simon* zurückgehende Annahme, dass Individuen nur so lange Beiträge im Sinne der Organisation leisten, wie die angebotenen Anreize (z.B. in Form einer monetären Vergütung) den zu leistenden Beiträgen angemessen erscheinen. Vgl. Berger, U. / Bernhard-Mehlich, I. (1995), S. 124.

[180] Auf der Detailebene werden diese Ansätze häufig als grundsätzlich verschieden und unvereinbar betrachtet. Vgl. Kieser, A. / Kubicek, H. (1992), S. 44.

[181] Einige Literaturquellen arbeiten Unterschiede zwischen dem Kontingenzansatz und dem Situativen Ansatz heraus, vgl. Macharzina, K. (1995), S. 65. Üblicherweise werden beide Ansätze jedoch als synonym betrachtet. Vgl. Kieser, A. (1995b), S. 157.

[182] Vgl. Kieser, A. / Kubicek, H. (1992), S. 47.

[183] Vgl. Kieser, A. (1995b), S. 155.

Gestaltungsvorschläge für eine geeignete Organisationsstruktur auf Basis empirischer Analysen vorzunehmen sind, die die Ausgangslage der Organisation berücksichtigen.[184] Die für die Organisationsgestaltung abgeleitete These des Situativen Ansatzes lautet daher: „Es gibt nicht eine generell gültige, optimale Handlungsalternative, sondern mehrere, situationsbezogen angemessene."[185] Ziel ist es somit zu ermitteln, wie sich bestimmte organisatorische Regelungen unter den Bedingungen der Situation bewähren.[186]

Die daraus ableitbare zentrale Fragestellung besteht darin, zu eruieren, welcher Zusammenhang zwischen der formalen Organisationsstruktur, der spezifischen Ausgangssituation der Organisation und der Organisationseffizienz besteht. Zu deren Beantwortung sind drei Schritte durchzuführen:[187]

• Organisationsstrukturen müssen operationalisiert, d.h. messbar gemacht werden, um Unterschiede zwischen verschiedenen Strukturalternativen beschreiben zu können. Eingeführte Beschreibungsmerkmale sind beispielsweise Art und Umfang der Spezialisierung[188] sowie die eingesetzten Koordinationsmechanismen[189].

• Situative Faktoren bzw. Einflussfaktoren sind herauszuarbeiten und ebenso zu operationalisieren, die die festgestellten Unterschiede zwischen den verschiedenen Organisationsstrukturen erklären können.

• Die Auswirkungen der unterschiedlichen Situations-Struktur-Konstellationen auf das Verhalten der Organisationsmitglieder und der Organisationseffizienz sind zu bestimmen.

Insbesondere bei der Bestimmung relevanter situativer Faktoren für effiziente Organisationsstrukturen haben sich verschiedene Forschungsströmungen entwickelt. Diese zeichnen sich dadurch aus, welche Einflussfaktoren[190] als relevant erachtet und in weitergehende, detaillierende Untersuchungen einbezogen werden.[191] Bei gleichzeitiger Fokussierung des Untersuchungsbereichs auf bestimmte Branchen oder (Teil-) Funktionsbereiche der

---

[184] Vgl. Kieser, A. (1995b), S. 156.

[185] Staehle, W. H. (1987), S. 79.

[186] Vgl. Kieser, A. (1995b), S. 161.

[187] Vgl. Kieser, A. (1995b), S. 157.

[188] Operationalisiert beispielsweise durch den Autonomiegrad einzelner Abteilungen, Leitungsspanne etc. Vgl. Kieser, A. / Kubicek, H. (1992), S. 77ff.

[189] Denkbar sind Instrumente wie Umfang persönlicher Weisungen, Selbstabstimmung etc. Vgl. Kieser, A. (1995b), S. 159.

[190] Am Anfang der Untersuchungen zum Situativen Ansatz stand zumeist nur ein dominierender Einflussfaktor (monovariate Ansätze) wie Organisationsgröße oder Umwelt im Vordergrund. Später erweiterte insbesondere die Forschergruppe um Pugh den Situativen Ansatz durch die simultane Berücksichtigung mehrerer, heterogener Einflussfaktoren (Multivariate Ansätze). Vgl. Pugh, D. S. (1981); Pugh, D. S. / Hickson, D. J. (1976).

[191] Einen umfangreichen Katalog situativer Einflussfaktoren legen beispielsweise Kieser und Kubicek vor. Vgl. Kieser, A. / Kubicek, H. (1992), S. 209.

Unternehmen können so spezifische Einflussfaktoren zum Tragen kommen. Dadurch wird einem am situativen Ansatz geäußerten Kritikpunkt[192] entgegengewirkt, dass die aufgezeigten Zusammenhänge zwischen Situation und Organisationsstruktur nur recht abstrakte und globale Beziehungen aufzeigen, die von geringem Informationsgehalt sind.[193] Aus diesem Grund soll in der weiteren Diskussion (vgl. Kapitel 2.2.6) eine Fokussierung auf zwei für die Arbeit besonders bedeutsame Einflussfaktoren des situativen Ansatzes eingegangen werden: Die Unternehmensaufgabe und die zunehmende standortverteilte Wertschöpfung in der Unternehmensumwelt. Um diese Diskussion mit einem ausreichenden theoretischen Instrumentarium führen zu können, sollen jedoch zunächst ausgewählte Ansätze der Neuen Institutionenökonomik erörtert werden.

Als Fazit für den Situativen Ansatz bleibt festzuhalten, dass auch unter Berücksichtigung der Ausgangssituation keine pauschal gültigen Handlungsanweisungen für die Gestaltung von Organisationsstrukturen zu erwarten sind. Wie auch für andere theoretische Konstrukte gilt ebenso für den Situativen Ansatz: „Es gibt keine Organisationstheorie, aus der präzise abgeleitet werden könnte, wie die Organisationsstruktur eines Unternehmens in einer bestimmten Situation auszusehen hat. Organisationstheorien liefern bestenfalls Tendenzaussagen."[194] Die exemplarisch vorzustellenden Hinweise aus den Feldern der Aufgabenmerkmale sowie der Standortverteilung sollen aber die Bandbreite der zu vermutenden Einflussgrößen andeuten. Obwohl eine Berücksichtigung aller Effekte nie gelingen kann, dienen sie doch zweierlei: Zum einen weisen sie darauf hin, dass aus einer kaum zu beherrschenden Vielfalt theoretisch zu berücksichtigender Effekte immer nur ein Ausschnitt betrachtet werden kann. Zum anderen unterstreichen sie die eingangs erwähnte Warnung vor der Verwendung von Standardlösungen für jegliche Organisationsgestaltung.

---

[192] Die am Situativen Ansatz geäußerte Kritik ist vielschichtig. Sie reicht von einer endogenen Kritik an verschiedenen methodischen Details wie einer mangelnden Vergleichbarkeit von Operationalisierungen bei Studien, die aufeinander Bezug nehmen. Ebenso umfasst sie aber auch eine Fundamentalkritik, die die grundlegenden Annahmen des Situativen Ansatzes in Frage stellt. Beispielsweise wird die Existenz einer einzigen, richtigen Organisationsform (die als festgeschrieben geltenden, anscheinend nicht durch Managementaktivitäten veränderbaren Organisationsstrukturen kritisiert. Vgl. Kieser, A. (1995b), S. 169ff.; Schreyögg, G. (1978), S. 229. Auch der Fokus auf die unternehmensinterne Organisationsstrukturierung, bei Vernachlässigung der Fragestellung, wie Unternehmensgrenzen zustande kommen, wird kritisiert. Vgl. Picot, A. (1991b), S. 157. Beide Kritikebenen sind aber auch Ausgangspunkt für Weiterentwicklungen des Situativen Ansatzes in aktuellen Arbeiten.

[193] Ein Beispiel für einen derartig pauschalen Zusammenhang ist die Abhängigkeit der umso stärker ausgeprägten Entscheidungsdelegation je nach Größe der Organisation. Vgl. Kieser, A. (1995b), S. 170.

[194] Kieser, A. / Hegele, C. / Klimmer, M. (1998), S. 115.

## 2.2.5   Neue Institutionenökonomik

### 2.2.5.1   Einordnung und Abgrenzung zur neoklassischen Mikroökonomik

Die Neue Institutionenökonomik[195] ist ein Teilgebiet der Neuen Theorie der Organisation. Letztere ist Rahmen für eine Fülle theoretischer Ansätze unterschiedlicher Schwerpunktsetzung[196], deren Vertreter sich mit der ökonomischen Analyse von Institutionen befassen. Institutionen können dabei zum einen als Koordinations- und Motivationsinstrumente wie Eigentum, Normen, Gesetze, Verträge etc. betrachtet werden. Zum anderen stellen sie aber auch korporative Gebilde wie Unternehmen, Verbände oder Staat dar, in welche Individuen eingebunden sind.[197] Ihre Funktion besteht im Wesentlichen darin, erwartungsstabilisierende Mechanismen zu entfalten, die beispielsweise die Koordination arbeitsteiliger Leistungserstellung erleichtern.[198] „Institutionen informieren über die eigenen Handlungsmöglichkeiten und –grenzen ebenso wie über die an andere zu stellenden Erwartungen."[199]

Aus diesem Kanon an möglichen Interpretationen von Institution werden in den unterschiedlichen ökonomischen Theorien einzelne Aspekte besonders betont, andere werden ausgeblendet. Im Unterschied zur Neuen Theorie der Organisation wird in der neoklassischen Mikroökonomik der Markt durch das Zusammenwirken von Unternehmen und Haushalten als Elementarinstitution beschrieben.[200] Das Marktgeschehen wird in diesem Modell durch einen Gleichgewichtspreis geprägt, der sich durch die mehrperiodische Marktinteraktion einstellt und dazu führt, dass nachgefragte und angebotene Gütermengen identisch sind.[201] Annahmen dieses Ansatzes sind beispielsweise die Existenz homogener Güter, kostenloser Verfügbarkeit aller Information und einer objektiven Rationalität aller Beteiligten.[202] Zudem existieren keine unternehmerischen Eigenschaften „[...] wie Kreativität, Intuition, Innovationsfreudigkeit...die Neoklassik kennt keine Unternehmer, sondern nur maximierende Reaktionsautomaten."[203]

---

[195] Teilweise werden auch die Begriffe „Neue mikroökonomische Theorie", „Neue Institutionenlehre" oder „Neue institutionelle Mikroökonomie" synonym verwendet. Vgl. Weiber, R. / Adler, J. (1995), S. 44.

[196] Neue politische Ökonomik, Neue Institutionenökonomik, Ökonomische Analyse des Rechts sowie die Neue Österreichische Schule (Neo-Austrian School) sind Forschungsgebiete der Neuen Theorie der Organisation mit primär politischer, rechtlicher, volkswirtschaftlicher oder betriebswirtschaftlicher Ausrichtung. Vgl. Richter, R. (1994), S. 3; Weichselbaumer, J. S. (1998), S. 44f.

[197] Vgl. Picot, A. / Dietl, H. / Franck, E. (1997), S. 11.

[198] Vgl. Picot, A. / Reichwald, R. / Wigand, R. (1996), S. 35.

[199] Picot, A. / Dietl, H. / Franck, E. (1997), S. 11.

[200] Vgl. Ordelheide, D. (1993), Sp. 1840f.

[201] Vgl. Picot, A. / Dietl, H. / Franck, E. (1997), S. 43.

[202] Diese Annahmen erscheinen zunächst realitätsfremd und für weitergehende ökonomische Analysen nicht tragfähig zu sein. *Picot, Dietl* und *Franck* betonen aber den Wert des neoklassischen Ansatzes in der Möglichkeit ökonomische Effekte, die mit diesen Annahmen zusammenhängen, separieren zu können. Vgl. Picot, A. / Dietl, H. / Franck, E. (1997), S. 42. Diese These unterstreicht die in Kapitel 2.2.2 eingeführte Filterfunktionalität ökonomischer Theorien.

[203] Picot, A. / Laub, U. / Schneider, D. (1988), S. 15.

Im Rahmen der Neuen Theorie der Organisation werden derartige Annahmen aufgegeben. Vielmehr liegt diesem Ansatz ein Menschenbild[204] zu Grunde, welches dadurch gekennzeichnet ist, dass „[...] unvollkommene Akteure, Menschen mit begrenzter Rationalität und Moral, in ihrem ökonomischen Handeln aufeinander angewiesen sind."[205] Untersucht werden zudem die Interaktionen der einzelnen Akteure innerhalb der Organisation. Unterstellt wird nicht mehr ein einheitliches Handeln der Unternehmung, sondern betrachtet wird das Handeln der konstituierenden individuellen Entscheidungsträger.[206]

### 2.2.5.2 Grundverständnis und Bestandteile der Neuen Institutionenökonomik

Im Mittelpunkt der Neuen Institutionenökonomik[207] steht die Untersuchung der Auswirkung von Institutionen auf menschliches Verhalten sowie die Suche nach einer effizienten Gestaltung von Institutionen wie beispielsweise durch geeignete Vertrags- und Organisations-formen.[208] Über den Vergleich verschiedener institutioneller Arrangements wird die Institution selbst zur kontrollier- und veränderbaren Variable deklariert und nicht – gemäß des Ansatzes der neoklassischen Mikroökonomik – als unveränderbare Größe aufgefasst.[209]

Die Neue Institutionenökonomik ist keineswegs als ein in sich geschlossen konzipiertes Theoriegebäude zu verstehen. „Vielmehr besteht sie aus mehreren methodologisch verwandten Ansätzen, die sich gegenseitig überlappen, ergänzen und teilweise aufeinander beziehen, teilweise aber auch unterscheiden."[210] Property-Rights-Theorie, Transaktionskosten-theorie und die Principal-Agent-Theorie sind die drei Teilströmungen, in die die Vielfalt der entstandenen Arbeiten zur Neuen Institutionenökonomik eingeordnet werden können.

Im Folgenden sollen die beiden letztgenannten Ansätze kurz dargestellt und Vertiefungen – auch abseits des sonst üblichen Hauptfokus – dort vorgenommen werden, wo spezifische Erklärungs- und Gestaltungsbeiträge für die vorliegende Arbeit zu vermuten sind.

---

[204] Eine eingehende Darstellung bzgl. der wechselseitigen Implikationen von Menschenbild und Organisation zeigt *Hesch* auf. Vgl. Hesch, G. (1997).

[205] Picot, A. / Dietl, H. / Franck, E. (1997), S. 53.

[206] Diese Annahme wird als methodologischer Individualismus bezeichnet. Vgl. Picot, A. / Reichwald, R. / Wigand, R. (1996), S. 38; Weichselbaumer, J. S. (1998), S. 46.

[207] Einzelne Autoren verwenden den Begriff des „Informationsökonomischen Ansatzes" synonym zu der „Neuen Institutionenökonomie". Vgl. Macharzina, K. (1995), S. 51; Weiber, R. / Adler, J. (1995), S. 44.

[208] Vgl. Picot, A. / Dietl, H. / Franck, E. (1997), S. 54.

[209] Vgl. Weichselbaumer, J. S. (1998), S. 47.

[210] Picot, A. / Dietl, H. / Franck, E. (1997), S. 54.

## 2.2.5.3  Transaktionskostentheorie

### 2.2.5.3.1  Grundlagen und Bestimmungsfaktoren

Untersuchungsgegenstand dieses Ansatzes[211] sind die vielfältigen Austauschbeziehungen, die zwischen spezialisierten Wirtschaftssubjekten bestehen. Den Wirtschaftssubjekten wird dabei begrenzte Rationalität zugeschrieben, d.h. sie besitzen nur beschränkte Informationen und Informationsverarbeitungskapazität; ebenso ist die Vermittlung von implizitem bzw. tazitem Wissen[212] gehemmt bzw. unmöglich.[213] Eine zweite wichtige Annahme der Transaktions-kostentheorie ist die Unterstellung von Opportunismus, im Sinne einer individuellen Nutzen-maximierung auch auf Kosten anderer Akteure.[214]

Transaktionskosten umfassen dabei alle Nachteile, die von den Tauschpartnern neben dem eigentlichen Güter- bzw. Dienstleistungsaustausch aufgebracht werden müssen, insbesondere bei der:[215]

* Anbahnung (z.B. Reise-, Kommunikations-, Recherche- und Beratungskosten)

* Vereinbarung (z.B. Verhandlungskosten, Rechtsberatung, Lasten-/Pflichtenhefterstellung)

* Abwicklung (z.B. Steuerung des Tauschprozesses, Managementkosten der Koordination)

* Kontrolle (z.B. Qualitäts-, Kosten- und Terminüberwachung)

* Anpassung (z.B. Zusatzkosten durch nachträgliche Veränderungen von Preis, Menge etc.)

Neben den oben genannten Verhaltensannahmen der Wirtschaftssubjekte wird die Höhe[216] der Transaktionskosten zusätzlich von Umweltmerkmalen und der sogenannten Transaktions-atmosphäre beeinflusst.[217] Wichtige **Umweltmerkmale** sind dabei Unsicherheit, Spezifität, strategische Bedeutung und Häufigkeit der Transaktion. Abb. 2-5 zeigt ihre jeweilige Bedeutung auf, weist auf die Implikation für die Transaktionskosten hin und nennt einige Beispiele für das Untersuchungsfeld von Forschung und Entwicklung.

---

[211] Maßgebliche Arbeiten wurden insbesondere von *Coase, Williamson* und *Picot* vorgelegt. Vgl. Coase, R. H. (1937); Williamson, O. E. (1981); Picot, A. (1982).

[212] Die Begriffe tazites Wissen bzw. implizites Wissen werden synonym (vgl. z.B. Wengenroth, U. (1999), S. 1660) aber auch differenziert verwendet (vgl. z.B. Rüdiger, M. / Vanini, S. (1998), S. 472, die die Auffassung vertreten, dass tacit knowledge nur eine Teilmenge des impliziten Wissens ist.).

[213] Picot, A. / Dietl, H. / Franck, E. (1997), S. 68.

[214] Picot, A. / Reichwald, R. / Wigand, R. (1996), S. 43.

[215] Vgl. Picot, A. / Dietl, H. / Franck, E. (1997), S. 66.

[216] Dabei ist ein weit gefasster Ansatz zu unterstellen. Nicht nur in Kosten exakt bezifferbare Größen, sondern auch andere schwer zu quantifizierende Komponenten sind zu berücksichtigen. Eine differenzierte Darstellung derartiger Größen kann Ansätzen der erweiterten Wirtschaftlichkeitsbetrachtung entnommen werden. Vgl. Reichwald, R. / Höfer, C. / Weichselbaumer, J. (1996).

[217] Picot, A. / Dietl, H. / Franck, E. (1997), S. 68.

| Umweltfaktor | Bedeutung | Implikation / Beispiele |
|---|---|---|
| Unsicherheit | Maß für die Vorhersehbarkeit und Anzahl der notwendigen Anpassungen der Leistungsvereinbarung während einer Transaktion | Je häufiger und unvorhersehbarer ein solcher Anpassungsbedarf eintritt, desto höher sind die Transaktionskosten. Der Eintritt in ein innovatives Technologiefeld, aber auch schlecht definierte Leistungsabsprachen (Lastenheft) tragen zur Unsicherheit bei. |
| Spezifität | je höher die Exklusivität der im Rahmen einer Transaktion zu verwendenden Ressourcen nur für eine bestimmte Verwendung ist, desto spezifischer ist die Leistung | Investitionen in nur für einen Kunden nutzbare Werkzeuge, Qualifizierung von Mitarbeitern oder Aufbau eines spezifisch auf einen Kunden abgestimmten Änderungswesens tragen dazu bei, dass der Leistungsersteller sie u.U. nicht anderweitig verwerten, der –empfänger nicht anderweitig beziehen kann.[218] |
| strategische Bedeutung | Bedeutung der zu koordinierenden Teilaufgaben für einen oder beide Partner einer Leistungsbeziehung | Die Lizenzierung einer strategisch bedeutsamen Technologie kann beispielsweise wesentlich kostenintensivere Kontrollen bei einem lizenznehmenden Partnerunternehmen sinnvoll machen. |
| Häufigkeit | Wiederholung eines bestimmten Transaktionstyps zwischen den Marktpartnern | Der wiederholte Bezug von Prototypen bei dem selben Dienstleister kann z.B. die anfänglich hohen Anbahnungs- und Abwicklungskosten deutlich reduzieren (Auswahl der in Frage kommenden Technologien, Schnittstellenprogrammierung) |

*Abb. 2-5: Einflussgrößen der Umwelt auf die Transaktionskosten[219]*

Über die skizzierten Umweltfaktoren hinaus werden die Transaktionskosten ebenso durch soziokulturelle und technische Faktoren beeinflusst, die durch die unterschiedliche Ausprägung von Koordinations- und Motivationsinstrumenten wie Werte und Normen geprägt sind. Diese Faktoren definieren die sogenannte **Transaktionsatmosphäre**.[220] Die Akzeptanz dieser Regeln und Anschauungen erleichtert die tauschbegleitenden und Transaktionskosten verursachenden Informations- und Kommunikationsprozesse und absorbiert damit Unsicherheit.[221] Die Transaktionsatmosphäre kann durch unterschiedliche Sanktionsmechanismen in verschiedenen Kulturkreisen völlig anders geartet sein. Die kollektivistische Orientierung der japanischen Gesellschaft hat z.B. völlig andere Transaktionskostenstrukturen zur Folge als jene, die im europäischen Kultur- und Wirtschaftsraum vorherrschend sind.[222]

---

[218] Die Spezifität einer Leistung kann sich auch im Verlauf einer Austauschbeziehung verändern. Im Fall einer anfänglich bestehenden Standard-Austauschbeziehung kann beispielsweise durch gezielte Kundenforderungen ein spezifisch auf den jeweiligen Kunden zugeschnittenes Änderungsverfahren durchgesetzt werden. Dies schließt beispielsweise die Nutzung kundenseitig vorgegebener Dokumentationen, Nummernsysteme oder Übergabe von Zeichnungen in einem spezifischen Format ein.

[219] Vgl. Picot, A. / Dietl, H. / Franck, E. (1997), S. 68ff.

[220] Vgl. Picot, A. / Dietl, H. / Franck, E. (1997), S. 71.

[221] Vgl. Picot, A. / Dietl, H. / Franck, E. (1997), S. 71.

[222] Kontrollmechanismen sind in Japan z.B. eher auf größere Einheiten wie Arbeitsgruppen abzustellen, da - historisch bedingt - eine ausgeprägte Gruppen- nicht aber Individualverantwortung festzustellen ist. Vgl. Kieser, A. / Kubicek, H. (1992), S. 260ff.

### 2.2.5.3.2 Erklärungs- und Gestaltungshinweise der Transaktionskostentheorie

Die Erklärungs- und Gestaltungshinweise der Transaktionskostentheorie beziehen sich auf zwei Bereiche: Die Untersuchung von Tausch- und Abstimmungsprozessen sowie von Arbeitsteilung und Spezialisierung. Zentrale Erkenntnis der Analyse von Tausch- und Abstimmungsprozessen ist, dass im Gegensatz zur neoklassischen Mikroökonomik arbeitsteilige Austauschprozesse von Gütern oder Dienstleistungen stets unter Hinnahme von Transaktionskosten erbracht werden.[223] Eine Entscheidung für oder gegen eine bestimmte Form des Leistungsaustauschs muss daher Transaktionskosten einbeziehen. Diese Erkenntnis ist insbesondere auch im Rahmen der Entscheidung relevant, ob eine Leistung intern erstellt oder vom Markt bezogen werden soll. Dies impliziert gleichzeitig die Frage nach der Leistungstiefe und der Struktur des von Unternehmen selbst erstellten Leistungsprogramms.[224] „Unternehmungen als integrierte, in sich arbeitsteilige Gebilde haben demnach nur dann ein Existenzrecht, wenn sie in ihrem Binnenbereich die mit jeder arbeitsteiligen Leistungserstellung verbundenen Koordinations- und Motivationsprobleme besser lösen können, als dies bei einer Abwicklung mit externen Partnern über den Markt der Fall wäre.[225]

Eigenerstellung oder der Bezug über den Markt sind zwei Extrempunkte eines weiten Spektrums, um die Erstellung und den Bezug benötigter Güter oder Dienstleistungen zu koordinieren. Zwischen diesen extremen Ausprägungen liegen verschiedene Hybridformen, die durch eine mittlere vertikale Integration geprägt sind (vgl. Abb. 2-6).

---

[223] *Ronald H. Coase* hat die ursprüngliche Sicht der neoklassischen Mikroökonomik, einer vollkommenen und kostenfrei verfügbaren Information der Akteure, bereits 1937 in Frage gestellt. „The costs of negotiating and concluding a separate contract for each exchange transaction which takes place on a market must also be taken into account. ... There are, however, other disadvantages – or costs – of using the price mechanism." Coase, R. H. (1937 / 1993), S. 21.

[224] *Picot* weist darauf hin, dass eine pauschale Empfehlung einer bestimmten Leistungstiefe zu kurz greift. Vielmehr ist zu untersuchen, ob die „richtigen" Aufgaben im Binnenbereich des Unternehmens abgewickelt werden. Die unternehmerische Basis kann in einer Situation gefährdet werden, falls „...einfache Aufgaben intern gepflegt und selbst erstellt, dagegen zukunftsträchtige, innovative Felder mangels Kapazitäten und Kenntnissen von externen Partnern bearbeitet werden." Picot, A. (1991a), S. 339.

[225] Picot, A. / Dietl, H. / Franck, E. (1997), S. 78.

| Generelle Alternativen der Fertigungstiefe | Ausprägungen für den Bereich von F&E |
|---|---|
| Eigenentwicklung und Eigenerstellung | Unternehmensinterne F&E-Erstellung |
| Kapitalbeteiligung an Lieferanten/Abnehmern | Übernahme von F&E durch Beteiligung an oder Fusion mit Fremdunternehmen |
| Entwicklungskooperation<br>- mit anschließender Eigenerstellung<br>- mit anschließender Fremderstellung | Kooperative F&E<br>- Gemeinschafts-F&E<br>- koordinierte F&E von Einzelprojekten<br>- Erfahrungs- / Ergebnisaustausch |
| Langzeitvereinbarungen<br>- für spezifische, eigenentwickelte Teile<br>- für spezifische, fremdentwickelte Teile<br><br>Jahresverträge<br>- mit offenen Lieferterminen und Mengen<br>- mit festen Lieferterminen und Mengen<br><br>Spontaner Einkauf am Markt | F&E-Bezug auf (einzel-)vertraglicher Basis<br>- Vertrags- und Auftrags-F&E<br>- Lizenznahme |

**abnehmender vertikaler Integrationsgrad**

*Abb. 2-6: Beispiele für Entscheidungsalternativen der Fertigungstiefe (in Anlehnung an Picot[226]; Schneider/Zieringer[227])*

Ein über den Markt abgewickelter Leistungsaustausch wie der Bezug einer Entwicklungs-dienstleistung büßt beispielsweise seine Vorteilhaftigkeit ein, falls Anforderungen ex ante schwer zu definieren, viele Änderungen im Rahmen der Entwicklung zu erwarten oder definierte Meilensteine jeweils mit hohem Kontrollaufwand verbunden sind. In einem solchen Fall sind Formen des Leistungsaustausches effizienter, die durch einen höheren vertikalen Integrationsgrad geprägt sind. Generell gehen die Literaturhinweise davon aus, dass die Tendenz zu einer vertikalen Integration um so höher ist, desto häufiger eine strategisch bedeutsame, spezifische und unsichere Leistung zu erstellen ist.

Wie eingangs erwähnt, kann – neben der Analyse von Tausch- und Abstimmungsprozessen – mit Hilfe der Transaktionskostentheorie ebenso auch die Fragestellung einer geeigneten Arbeitsteilung und Spezialisierung unter theoretischer Sicht beleuchtet werden.[228] Dieser Aspekt führt insbesondere zu Überlegungen inwieweit Interdependenzen zwischen wahr-zunehmenden Teilaufgaben minimiert werden können. Besondere Bedeutung nimmt hierbei die Vermeidung von Know-how Transfer ein. Dieser Aspekt ist umso bedeutender, je mehr

---

[226] Picot, A. (1991a), S. 340.

[227] Schneider, D. / Zieringer, C. (1991), S. 47.

[228] Vgl. insbesondere Weichselbaumer, J. S. (1998).

implizites Wissen für die Erstellung einer bestimmten Leistung notwendig ist.[229] Gerade innovative Aufgaben, die nur zum Teil durch formalisiertes explizites Wissen zu bewältigen sind, verlangen nach *Wengenroth* „[...] the ability to perform some activity in varying and new contexts [...]"[230] Geeignete Zerlegungspunkte für Teilaufgaben sind dann erreicht, wenn ein aufwendiger Wissenstransfer durch einen standardisierten Austausch von betrieblichen Leistungen ersetzt werden kann.[231] Die Diskussion um geeignete Schnittstellen zwischen verschiedenen Organisationseinheiten findet mit dem Konzept der Transaktionskosten einen tragfähigen theoretischen Ansatz.

### 2.2.5.3.3 Bedeutung des Reputationsmechanismus

Als ein Bestimmungsfaktor für die Transaktionskosten wurde in Kapitel 2.2.5.3.1 auf die Bedeutung von Werten und Normen hingewiesen. Wurden diese von den Akteuren in der Vergangenheit beachtet, so wird deren Berücksichtigung auch für die Zukunft angenommen. Die Verlässlichkeit eines Transaktionspartners diese Regeln bisher beachtet zu haben, stellt einen „Wert an sich"[232] dar, der beispielsweise dazu führen kann, dass aufwendige Kontrollen unnötig sind. Dieser Effekt, der Aufbau von Reputation, wird der im genannten Abschnitt dargestellten Transaktionsatmosphäre zugerechnet.[233]

Reputationseffekte sind aber auch im Rahmen von Erfahrungen zwischen Tauschpartnern von Bedeutung, die sich auf die Produktqualität, die Abwicklung des Leistungsaustauschs oder das Verhalten bei der Durchsetzung möglicher Zusatzforderungen (z.B. durch technische Änderungen verursacht) beziehen.[234] In der Erwartung, dass sich die in der Vergangenheit gewonnenen Erfahrungen auch bei Bezug anderer Güter oder Dienstleistungen fortsetzen[235], werden vergleichsweise niedrigere Aufwendungen für Anbahnung oder Kontrollen vorgenommen. Etablierte Geschäftsbeziehungen können daher erhebliche Kostenvorteile bieten. *Saxton* bemerkt dazu: „A positive reputation can lessen fears of ‚moral hazard'[236] and ‚adverse selection'[237] by acting as a surrogate for direct experience with a partner. In the cost-benefit

---

[229] Während explizites Wissen in hohem Maße als mobil einzustufen und durch I.u.K.-Technologien leicht transferiert werden kann, ist implizites Wissen weitgehend personengebunden. Vgl. Reichwald, R. / Möslein, K. (2000), S. 121.

[230] Wengenroth, U. (1999), S. 1660.

[231] Picot, A. / Dietl, H. / Franck, E. (1997), S. 74.

[232] Vgl. Williamson, O. E. (1975), S. 37.

[233] Picot, A. / Dietl, H. / Franck, E. (1997), S. 71.

[234] Voraussetzung ist, dass es sich nicht um neoklassische Güter handelt, bei denen alle Produkteigenschaften ex ante vom Kunden erkannt werden können. Vgl. auch Kapitel 2.2.5.4.4.

[235] Dieser Effekt kann als economies of scope aufgefasst werden. Economies of scope sind als „Realisation von Wirtschaftlichkeitsvorteilen durch steigende Produktvielfalt." zu verstehen. Corsten, H. (1992), S. 192.

[236] Gefahr der opportunistischen Ausnutzung von Verhaltensspielräumen durch den Agenten in einer Principal-Agent-Beziehung (vgl. Kapitel 2.2.5.3.3). Vgl. Picot, A. / Reichwald, R. / Wigand, R. (1996), S. 49.

[237] Gefahr der Auswahl schlechter Vertragspartner. Vgl. Picot, A. / Reichwald, R. / Wigand, R. (1996), S. 49.

analysis, then, a firm can justify avoiding the costs of internalization by lowering the transaction costs associated with partnering with a reputable entity."[238] Die beschriebene Absenkung der aufzubringenden Kontrollkosten hat insbesondere im Rahmen der Durchsetzung neuer betrieblicher Leistungen eine hohe Bedeutung. Lückenlose Planungen in Form von Lasten- und Pflichtenheften sind bei innovativen Leistungen kaum möglich oder mit prohibitiven Kosten[239] verbunden. Reputation trägt damit entscheidend zur Durchsetzung von Produktinnovationen bei. *Weizsäcker* führt in diesem Zusammenhang aus: „Die Diffusionsrate neuer Produkte und damit auch der technische Fortschritt selbst sind also wesentlich dadurch bestimmt, dass die anbietenden Unternehmen einen Anreiz haben, *Goodwill* [synonym zur Reputation verwendet; Anm. d. Verf.] durch gute Qualität und verlässliche Produkte aufzubauen [...]. Es mag paradox erscheinen, dass das konservativ anmutende Prinzip der Extrapolation von der Vergangenheit in die Zukunft ausgerechnet in progressiven Industrien eine so entscheidende Rolle bei der Durchsetzung des Forschritts spielt."[240]

Ferner ist der Reputationseffekt nicht nur im Rahmen einer bilateralen Austauschbeziehung von Bedeutung, sondern entwickelt für den Partner, dem es gelingt Reputation aufzubauen, einen weiteren Vorteil: Je stärker eine Informationsstreuung positiver, bisheriger Erfahrung auch auf andere Marktpartner gelingt, desto höheren Nutzen weist der Aufbau von Reputation auf.

Die offensichtliche Gefahr dieses Mechanismus besteht allerdings in einem opportunistischen Verhalten (moral hazard), das dazu führt, die bisher angebotene Produkt- oder Prozessqualität unangekündigt abzusenken oder Werte bzw. Normen zu verletzen, um kurzfristige Vorteile zu realisieren.[241] Um dieses auch als „fly-by-night strategy"[242] bezeichnete Verhalten zu vermeiden, muss ein entsprechender Anreiz bestehen. Dieser besteht im Wesentlichen in einer Prämie, die auf zweierlei Weisen interpretierbar ist: „This premium can be viewed either as a return to reputation or as an incentive payment to induce quality maintenance"[243] Sie ist dafür zu entrichten, dass eine definierte Produktqualität verlässlich angeboten wird, die oberhalb einer (gesetzlich geforderten) Mindestqualität[244] liegt.

---

[238] Saxton, T. (1997), S. 445.

[239] Damit wären die Produkte auch nur noch zum Prohibitivpreis vermarktbar, d.h. es müsste der Preis erhoben werden, bei dem der Nachfrager gerade nicht mehr bereit ist das angebotene Produkt zu beziehen. Vgl. z.B. Corsten, H. (1992), S. 740.

[240] Weizsäcker, C. C. von (1981), S. 373.

[241] Die Aufrechterhaltung einer positiven Reputation ist daher mit Opportunitätskosten verbunden.

[242] Vgl. Shapiro, C. (1983), S. 660.

[243] Shapiro, C. (1983), S. 661.

[244] Unterstellt wird, dass unterhalb der Mindestqualität keine betrieblichen Leistungen angeboten werden können.

Die Prämie wird allerdings erst mit der Zeit am Markt durchsetzbar sein. Die in Abb. 2-7 dargestellte Reputationsprämie ist erst dann realisierbar, wenn Reputation durch Erfahrungen mit betrieblichen Leistungen in der Vergangenheit etabliert wurde.[245] Ein neu in den Markt eintretender Anbieter wird somit zunächst niedrigere Preise bei gleicher Qualität durchsetzen können als ein etablierter Anbieter, der bereits Reputation aufbauen konnte. Die hinzunehmenden Preisabschläge sind als Investitionen in Reputation zu betrachten.

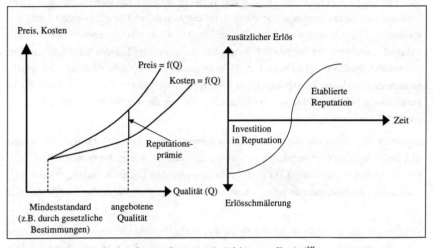

*Abb. 2-7: Erlöszuwachs durch Aufbau von Reputation (in Anlehnung an Shapiro)[246]*

Die skizzierten Effekte des Reputationsmechanismus haben beispielsweise Konsequenzen hinsichtlich der Etablierung strategischer Netzwerke bzw. virtueller Unternehmen. Zum einen spielen für den Zusammenschluss mit Partnern Aspekte eines wechselseitigen Ressourcenzugriffs oder einer komplementären Leistungserstellung eine Rolle. Da die konkrete Ausgestaltung von Leistungsbeziehungen aber mit Unsicherheiten behaftet ist, ermöglicht der Reputationsmechanismus eine Reduzierung der hinzunehmenden Transaktionskosten. „The benefits of a positive reputation would be expected to continue beyond the completion of the transaction and enhance the chances for satisfaction throughout the life of the relationship."[247] Der Aufbau von Reputation hat die Eigenschaft eines Pfandes, welches als Sanktionspotential opportunistisches Verhalten in den genannten überbetrieblichen Organisationsformen

---

[245] Diese ist in der Regel unternehmensspezifisch, jedoch umso ausgeprägter, je nachdem, ob es sich um wiederholt produzierte oder ähnliche Güter bzw. Dienstleistungen handelt. *Jakob* monetarisiert diese Größe als Vertrauenskapital und setzt dieses mit den eingesparten Kontrollkosten gleich. Vgl. Jacob, A.-F. (1991), S. 122.

[246] Vgl. Shapiro, C. (1983), S. 668f. Unterstellt wird bei diesem Modell, dass es sich um eine Situation handelt, in der vollständiger Wettbewerb herrscht, aber nur unvollkommene Nachfrager-Information besteht.

[247] Saxton, T. (1997), S. 445.

vermindert.[248] Informelle Netzwerke aber auch formelle Institutionen[249] tragen ihrerseits zur Verstärkung des Reputationseffektes bei. Bestehende Kommunikationsbeziehungen können genutzt werden, die den Aufwand zur Etablierung von Reputation verringern. „The net effect of these mechanisms [der Kommunikation in informellen Netzwerken und formellen Institutionen; Anm. des Autors] is to reduce the cost of disseminating information about an actor's reputation."[250]

### 2.2.5.4 Principal-Agent-Theorie

#### 2.2.5.4.1 Grundlagen

Ausgangspunkt der Principal-Agent-Theorie ist die asymmetrische Informationsverteilung zwischen zwei voneinander abhängigen Akteuren, einem Auftraggeber (principal) und einem Auftragnehmer (agent), zwischen denen eine ökonomische Leistungsbeziehung besteht.[251] Maßgeblich für eine solche Beziehung ist, dass durch den Auftrag des Principals (z.B. Projektleiter) Handlungen im Sinne dieses Auftraggebers verrichtet werden sollen, wobei eine Entscheidungsdelegation auf den Auftragnehmer (z.B. Projektmitarbeiter) erfolgt, gleichzeitig das Risiko für Fehlentscheidungen beim Principal verbleibt.[252] Die Handlungen des Agents beeinflussen damit das Nutzenniveau des Principals.[253] Der Principal-Agent-Beziehung wird eine vertragliche bzw. vertragsähnliche Eigenschaft unterstellt.[254]

Identische Akteure können in verschiedenen Situationen als Agent oder als Principal auftreten. Beispielsweise kann ein Manager zum einen als Agent den Eigentümern eines Unternehmens verpflichtet sein, als Vorgesetzter seinen Mitarbeitern gegenüber in der Regel aber als Prinzipal auftreten.

Das zentrale Problem in der Principal-Agent-Beziehung besteht darin, dass in einer Welt unvollkommener Information der Agent einen unterstellten Wissensvorsprung opportunistisch für die Verfolgung persönlicher Ziele ausnutzen kann.[255] Als Reaktion darauf kann der Principal die Handlungsspielräume des Agent durch zusätzliche Überwachungs- und

---

[248] Beispielsweise bewertet *Rilling* einen Reputationsverlust im Feld von Produktionsverbünden als wirkungsvolles Sanktionspotential. Vgl. Rilling, G. (1996), S. 54.

[249] Z.B. Handelskammern.

[250] Hill, C. W. L. (1990), S. 510.

[251] Vgl. Picot, A. / Reichwald, R. / Wigand, R. (1996), S. 47. Die abstrakte Zielgröße, die es im Rahmen der Principal-Agent-Theorie zu minimieren gilt, sind die Wohlfahrtsverluste infolge der asymmetrisch vorliegenden Informationen. Vgl. Cezanne, W. / Mayer, A. (1998), S. 1351.

[252] Vgl. Macharzina, K. (1995), S. 57.

[253] Vgl. Picot, A. / Dietl, H. / Franck, E. (1997), S. 82.

[254] Picot, A. / Reichwald, R. / Wigand, R. (1996), S. 47

[255] Vgl. Fischer, M. (1995), S. 320.

Kontrollmechanismen einengen, wodurch allerdings die durch Spezialisierung und Entscheidungsdelegation gewonnenen Vorteile wieder reduziert werden.[256]

### 2.2.5.4.2 Hidden Characteristics, Hidden Action, Hidden Intention

Zur näheren Spezifizierung des Principal-Agent-Problems werden in der Literatur im Allgemeinen drei Formen unterschieden: Hidden Characteristics, Hidden Action bzw. Hidden Information und Hidden Intention.[257]

**Hidden Characteristics** treten vor der Vereinbarung einer Principal-Agent-Beziehung, d.h. vor Vertragsabschluss auf. Das Problem besteht darin, dass der Principal Eigenschaften des Agenten oder der von ihm angebotenen Leistung ex ante nicht kennt.[258] Die Gefahr besteht darin Vertragspartner auszuwählen, die unerwünschte Eigenschaften besitzen (Adverse selection).[259] Bei der Fremdvergabe von Entwicklungsleistung können beispielsweise die Vertragspartner fehlendes Know-how über eine speziell benötigte Technologie verschweigen.

Im Unterschied zu Hidden Characteristics beschreiben **Hidden Action bzw. Hidden Information** Informationsasymmetrien, die erst im Verlauf einer Vertragsbeziehung auftreten. Die Gefahr des opportunistischen Ausnutzens der Informationsasymmetrie wird als Moral Hazard bezeichnet. Hidden Action bedeutet, dass der Principal die Handlungen nicht beobachten oder im Fall von Hidden Information infolge von fehlendem eigenen Fachwissen nicht interpretieren kann. Standortverteilt erbrachte Entwicklungsleistungen können beispielsweise beide Komponenten umfassen. Zum einen ist durch die räumliche Trennung eine direkte Beobachtung der Entwicklungstätigkeit nicht möglich. Zum anderen entziehen sich gerade konzeptionelle Tätigkeiten in einem Spezialgebiet meist jeglicher Wertung durch den Principal.

**Hidden Intention** ist dadurch geprägt, dass der Principal opportunistisches Verhalten des Agenten im Gegensatz zu Hidden Action bzw. Information zwar erkennen, aber nicht verhindern kann.[260] Diese Situation tritt dann ein, falls der Principal eine spezifische nicht mehr anderweitig verwertbare Investition getätigt hat (sunk costs[261]) und durch diese vom Agent abhängig ist (Gefahr des Hold Up). Beispiele für derartige Situationen sind die der Implementierung einer speziellen Software nachfolgenden Systemanpassung und Wartung,

---

[256] Vgl. Picot, A. / Dietl, H. / Franck, E. (1997), S. 83.

[257] Vgl. Picot, A. / Reichwald, R. / Wigand, R. (1996), S. 49.

[258] Picot, A. / Reichwald, R. / Wigand, R. (1996), S. 49.

[259] Vgl. Picot, A. / Dietl, H. / Franck, E. (1997), S. 85.

[260] Vgl. Picot, A. / Dietl, H. / Franck, E. (1997), S. 86.

[261] Sunk Costs werden von Corsten als Kosten angesehen, die „...in der Vergangenheit bereits ursächlich entstanden sind und deren Höhe gegenwärtig oder zukünftig nicht mehr beeinflusst werden kann" Corsten, H. (1992), S. 459.

kundenseitig geforderte Änderungen an eigenfinanzierten Werkzeugen oder Aufbau einer Niederlassung eines Automobilzulieferers am Standort des Automobilherstellers.

### 2.2.5.4.3　Erklärungs- und Gestaltungshinweise

Gestaltungsempfehlungen, die zur Beseitigung bzw. Verminderung der skizzierten negativen Effekte von Hidden Characteristics, Hidden Action und Information sowie Hidden Intention beitragen, sind Gegenstand der normativen Richtung des Principal-Agent-Ansatzes.[262] Die Empfehlungen fokussieren die Definition geeigneter institutioneller Arrangements, um die zu befürchtenden Verhaltensprobleme unter möglichst geringen Kosten zu begrenzen.[263] [264] Die Angleichung der Interessen von Principal und Agent sowie die Verringerung des Informationsgefälles sind derartige Arrangements.

Im ersten Fall soll der Agent ein Eigeninteresse entwickeln, die vom Principal geforderten Leistungen anzubieten. Anreize können in der Verpflichtung bestehen, ein Garantie-versprechen abzugeben, welches der Principal im Fall opportunistischen Verhaltens vom Agent einfordern kann.[265] Beispiele sind Hypotheken, Pönalen oder die Streichung von Leistungsprämien. Eine weitere, gleich wirkende Sanktionsoption des Principals besteht in der Möglichkeit die Reputation[266] des Agenten durch gezielte Information gezielt negativ zu beeinflussen, falls sich letzterer opportunistisch verhält. Die Schaffung beidseitiger Abhängigkeit, beispielsweise durch ein gemeinsames Eigentum von Ressourcen, kann die Gefahr des „Hold Up" vermindern.[267]

Die gezielte Verringerung des Informationsgefälles zwischen Principal und Agent ist die zweite Alternative, die beschriebenen negativen Effekte auf Grund potentiell oppor-tunistischen Verhaltens zu vermeiden. In der Phase vor der Vereinbarung einer Principal-Agent-Beziehung[268] sind Screening und Self Selection[269] Handlungsmöglichkeiten des

---

[262] Vgl. Arrow, K. J. (1985); Fischer, M. (1995), S. 320.

[263] Vgl. Picot, A. / Dietl, H. / Franck, E. (1997), S. 87. *Fischer* nennt als Optimierungskriterium die Pareto-Optimalität. Vgl. Fischer, M. (1995), S. 320. Diese ist dann erreicht, falls eine Änderung der Principal-Agent-Beziehung nicht mehr möglich ist, ohne einen Nutzenverlust von Principal oder Agent in Kauf nehmen zu müssen. Äußern kann sich ein solcher Nutzenverlust in den aufzubringenden Agency-Costs. Diese setzen sich zusammen aus den Signalisierungskosten des Agenten (Anstrengungen des Agenten um Informations-asymmetrien abzubauen), den Kontrollkosten des Prinicipals und dem Nutzenverlust auf Grund opportu-nistischen Verhaltens. Vgl. Jensen, M. C. / Meckling, W. H. (1976), S. 308.

[264] Eine ausführliche Darstellung findet sich bei Wolff, B. (1995), S. 41ff.

[265] Picot, A. / Dietl, H. / Franck, E. (1997), S. 89.

[266] Vgl. Kapitel 2.2.5.3.3.

[267] Vgl. Wolff, B. (1995), S. 73.

[268] vorvertragliche Phase.

Agenten, Screening[270] eine Option des Principals. Die wesentliche Maßnahme zum Abbau der Informationsasymmetrie im Rahmen von Hidden Action und Hidden Intention, sogenannte Monitoring-Aktivitäten, besteht in einem gezielten Einsatz von Planungs- und Kontrollwerkzeugen wie Kostenrechnungs- und Berichtssysteme sowie Dokumentationen, die einen Aufschluss über getroffene Entscheidungen und vorgenommene Handlungen geben.[271]

### 2.2.5.4.4 Informationsasymmetrien und Leistungseigenschaften

Werden die Erklärungs- und Gestaltungshinweise der Principal-Agent-Theorie auf das Feld des betrieblichen Leistungsaustauschs bezogen, so ergibt sich der Bedarf einer Konkretisierung. Die Art der Informationsasymmetrien und die zu deren Verminderung abzuleitenden Gestaltungsoptionen sind in hohem Maße von den Merkmalen des Leistungsobjektes abhängig. Eine Differenzierung umfasst zum einen Austauschgüter, zum anderen Leistungsversprechen, z.B. in Form von noch nicht erstellten Entwicklungsdienstleistungen.[272] Während bei (idealisierten) Austauschgütern unterstellt wird, dass das Leistungsergebnis vor Vertragsabschluss[273] feststeht, wird dieses bei Leistungsversprechen erst nach Vertragsabschluss erstellt.[274] Die bei Leistungsversprechen im Vordergrund stehenden Beurteilungsprobleme durch den Principal stehen im Einklang mit den Ausführungen des vorherigen Abschnitts.

Dagegen sind Austauschgüter (z.B. bezogene fertig erstellte Entwicklungsleistungen oder Funktions-Prototypen) dadurch gekennzeichnet, dass deren Eigenschaften aus Sicht des Anbieters determiniert, möglicherweise aber nur teilweise durch den Leistungsbezieher (Kunden) zu beurteilen sind. Die Informationsdefizite des Kunden als Principal bestehen somit in der Leistungsbeurteilung. Auf Basis der vom Kunden wahrnehmbaren Qualitäts-

---

[269] Unter Signalling ist die Offenlegung von Merkmalen, die die Leistungsqualität des Agenten unter Beweis stellen durch diesen selbst zu verstehen. Self Selection zielt auf eine differenzierte vertragliche Vielfalt ab, aus der der Agent einen möglichst exakt auf ihn zugeschnittenes Angebot auswählt und auf Grund der höheren Regelungstiefe weniger Möglichkeiten hat, sich opportunistisch zu verhalten. Picot, A. / Dietl, H. / Franck, E. (1997), S. 87.

[270] Im Rahmen des Screening beschafft sich der Principal mittels Testverfahren oder Nutzung von Informationen durch Dritte Hinweise über die Leistungsfähigkeit des Agenten. Picot, A. / Reichwald, R. / Wigand, R. T. (1996), S. 50.

[271] Vgl. Fischer, M (1995), S. 322.

[272] Vgl. Weiber, R. / Adler, J. (1995), S. 55. Eine solche Unterscheidung ist allerdings stets idealisiert, Sachleistungen werden im Regelfall durch Dienstleistungen begleitet, die häufig in Form eines Leistungsversprechens bei Vertragsabschluss festgelegt werden. *Engelhardt, Kleinaltenkamp* und *Reckenfelderbäumer* weisen darauf hin, dass stets Leistungsbündel aus beiden Komponenten vorliegen, auch wenn der Anteil einer der beiden Komponenten gering ist: „...keine Leistung lässt sich ohne ein Minimum an integrativen Prozessen vermarkten." Engelhardt, W. H. / Kleinaltenkamp, M. / Reckenfelderbäumer, M. (1993), S. 414.

[273] Wie in Kapitel 2.2.5.4.1 dargestellt, ist der Begriff des Vertrages weit aufzufassen. Entscheidend ist das Eingehen einer Principal-Agent-Beziehung, nicht jedoch der formelle Abschluss eines Vertrages.

[274] Vgl. Weiber, R. / Adler, J. (1995), S. 58.

eigenschaften können Austauschgüter in die in Abb. 2-8 dargestellten Klassen eingeordnet werden.[275] [276]

| vollkommene Information | | | | unvollkommene Information |
|---|---|---|---|---|
| Informationsgrad | | | | |
| Neoklassisches Gut | Inspektionsgut | Erfahrungsgut | Vertrauensgut | Placebo Gut |
| Es besteht vollständige Transparenz ohne das Gut zu inspizieren | Es ist zumindest eine optische Begutachtung notwendig | Erst durch den Gebrauch wird die Qualität des Gutes transparent | Auch nach dem Gebrauch besteht keine vollständige Klarheit | Selbst nach Gebrauch ist der Nutzer vollkommen unwissend |
| Normteil (z.B. Schraube M 8 X 40) | funktionsloses Stylingelement | Handy | Airbag (vor Auslösen) | Ionenfilter |

*Abb. 2-8: Informationsgrad über die Produktqualität in Abhängigkeit vom Gütertyp*

Die dargestellten Klassen machen deutlich, dass Informationsasymmetrien je nach Art des Austauschgutes unterschiedlich zu beurteilen sind. Die Asymmetrien sind bei schlecht beobachtbaren Produkteigenschaften definitionsgemäß deutlicher ausgeprägt. Zu ihrem Abbau erweist sich aber nicht ein Mehr oder Weniger eines bestimmten Mechanismus als zielführend, sondern ein differenzierter Einsatz unterschiedlicher Werkzeuge. Die analoge Anwendung der im vorangegangenen Abschnitt beschriebenen Handlungsmöglichkeiten zeigt, dass beispielsweise bei Inspektionsgütern Screening-Mechanismen, bei Vertrauensgütern ein Aufbau von Reputation geeignet erscheinen.

Wichtig ist, dass ein unterschiedliches Potential zu opportunistischem Verhalten deutlich von der Wahrnehmbarkeit wesentlicher Produkteigenschaften abhängt. In der Produktentwicklung

---

[275] Die Darstellung geht auf eine schrittweise Ergänzung der von Nelson vorgenommenen Differenzierung in „search goods" und „experience goods" zurück. Vgl. Nelson, P. (1970), S. 311f.; Nelson, P. (1974), S. 738; Darby, M. R. / Karni, E. (1973), S. 50; Schellhaaß, H. M. (1991), S. 2.

[276] Ebenso wie die Differenzierung in Leistungsversprechen und Austauschgut eine idealisierte Unterscheidung ist, ist die Einteilung in die aufgeführten Klassen tendenziös. Zum einen wird der Grad des Informationsdefizits zum Kunde unterschiedlich sein, zum anderen stehen bei unterschiedlichen Kunden auch verschiedene Eigenschaften eines realen Gutes im Vordergrund. Ist bei dem Kauf eines PKW-Spoilers ein Kunde an den aerodynamischen Eigenschaften (Erfahrungs-/Vertrauenseigenschaften) primär interessiert, so sind diese wesentlich schlechter zu beurteilen als die optischen Eigenschaften (Inspektionseigenschaften), die für einen anderen Kunden von primärem Interesse sind.

äußert sich dies in dem unterschiedlichen Grad der Produktspezifizierung. Je mehr Freiraum beispielsweise im Rahmen des Bezugs von Zukaufteilen oder bei der Definition von Lasten- und Pflichtenheft verbleibt, desto wichtiger werden Koordinationsmechanismen wie Reputationsaufbau oder wechselseitige Abhängigkeitsverhältnisse.

### 2.2.6 Konsequenzen ausgewählter Einflussfaktoren für die Organisation

#### 2.2.6.1 Aufgabenmerkmale in der Produktentwicklung

Bereits in den 60er Jahren haben verschiedene Autoren auf den Zusammenhang zwischen Aufgabe[277] und der Gestaltung von Organisationen hingewiesen, teilweise sogar auf den Entwicklungsbereich bezogen.[278] In der deutschen Organisationsforschung haben beispielsweise *Hill*, *Fehlbaum* und *Ulrich* bei der Systematisierung der Organisationssituation die Einflüsse der zu erfüllenden Aufgaben und die Eigenschaften der Systemmitglieder, die gleichzeitig Aufgabenträger sind, als entscheidende Situationskomponenten thematisiert.[279] Zahlreiche anwendungsorientierte Arbeiten greifen den aufgabenlogischen Ansatz als die entscheidende Situationsdeterminante auf.[280]

Besondere Bedeutung für die vorliegende Arbeit hat die intensive Diskussion dieses Ansatzes für das Untersuchungsfeld des Forschungs- und Entwicklungsbereichs. Insbesondere lassen sich nach *Picot*, *Reichwald* und *Nippa* folgende Aufgabenmerkmale als wesentliche Situationsdeterminanten für die Produktentwicklung festhalten:[281]

- Der Komplexitätsgrad der Aufgabe: Dieser steigt mit der Anzahl und der Verknüpfung der einzelnen Aufgabenelemente bzw. Teilaufgaben, was sich insbesondere in Strukturierungs- Koordinations- und Transparenzproblemen niederschlägt.
- Der Neuigkeitsgrad der Aufgabe: Dieser ist von der Anzahl, dem Ausmaß und der Unvorhersehbarkeit von Abweichungen gegenüber vorliegenden Erfahrungen und Erkenntnissen abhängig.
- Der Variabilitätsgrad der Aufgabe: Die Variabilität einer Aufgabe kann als Ausmaß der Aufgabenänderung im laufenden Prozess interpretiert werden.
- Der Strukturiertheitsgrad der Aufgabe: Dieser ist durch die sachliche und zeitliche Bestimmbarkeit des Entwicklungsziels (Produkt) und des Entwicklungsprozesses (Problemlösungsweg) determiniert.

---

[277] Aufgaben sind gemäß Kosiol „Zielsetzungen für zweckbezogene menschliche Handlungen." Kosiol, E. 1976, S. 43.

[278] Vgl. Perrow, C. (1967), S. 194. Marshall/Meckling (1961), zitiert bei Nippa, M. / Reichwald, R. (1990), S. 68.

[279] Explizites Ziel der Autoren ist u.a. Situationskomponenten anderer Autoren in ihrem Ansatz zu integrieren, um einen möglichst umfassenden Einbezug relevanter situativer Komponenten zu erreichen. Vgl. Hill, W. / Fehlbaum, R. / Ulrich, P. (1994), S. 322.

[280] Vgl. Nippa, M. / Reichwald, R. (1990), S. 68ff.; Pribilla, P. / Reichwald, R. / Goecke, R. (1996), S. 14ff.; Weichselbaumer, J. S. (1998), S. 41.

[281] Vgl. Picot, A. / Reichwald, R. / Nippa, M. (1988); S. 119.

Diese ursprünglich für den Bürobereich[282] konzipierten Aufgabenmerkmale haben sich in der Anwendung als situationsbeschreibende Determinanten in weiteren Feldern organisatorischer Gestaltung bewährt. So zum Beispiel bei Fragestellungen zur Wahl der geeigneten Kommunikationsform[283], der Optimierung von Forschung- und Entwicklungsprozessen,[284] aber auch im Zusammenhang mit der Gestaltung von Änderungsprozessen[285]. Im Bereich der Produktentwicklung lassen sich anhand der skizzierten Merkmalsausprägungen beispielsweise zwei Extremtypen von Entwicklungsaufgaben unterscheiden (vgl. Abb. 2-9).

| Merkmale \ Aufgabentyp | Entwicklungsaufgaben vom Typ B (z.B. Konzeptions- aufgaben) | Mischtypen (z.B. Entwurfs- aufgaben) | Entwicklungsaufgaben vom Typ A (z.B. Detaillierungs- aufgaben) |
|---|---|---|---|
| Komplexität | hoch | mittel | niedrig |
| Neuigkeit | hoch | mittel | niedrig |
| Variabilität | hoch | mittel | niedrig |
| Strukturiertheit | niedrig | mittel | hoch |

*Abb. 2-9: Merkmale verschiedener Aufgabentypen im Entwicklungsbereich (nach Picot/Reichwald/Nippa)*[286]

Durch die Identifikation des (vorherrschenden) Aufgabentyps ist es möglich, bereits in der Planungsphase eines Entwicklungsprojektes ein präziseres Bild über geeignete Analyse- und Gestaltungsschwerpunkte sowie einzusetzende technische und methodische Hilfsmittel zu erreichen.[287] Im Kontext des Schwerpunktes der vorliegenden Untersuchung interessiert insbesondere die Frage, welche (Teil-) Aufgaben für eine standortverteilte Abwicklung geeignet sind und welche Akteure an einer standortübergreifenden Zusammenarbeit beteiligt sind.

---

[282] Vgl. Picot, A. / Reichwald, R. (1987); Repschlaeger, M. / Riedel, D. (1995), S. 49ff.

[283] Pribilla, P. / Reichwald, R. / Goecke, R. (1996), S. 14ff; Reichwald, R. et al. (1998), S. 59f.

[284] Vgl. Picot, A. / Reichwald, R. / Nippa, M. (1988), S. 121; Nippa, M. / Reichwald, R. (1990), S. 69; Schmelzer, H. J. (1992), S. 19.

[285] Conrat, J.-I. (1997), S. 33ff.; Voigt, P. / Riedel, D. (1998), S. 224f.

[286] Vgl. Picot, A. / Reichwald, R. / Nippa, M. (1988), S. 121.

[287] Vgl. Nippa, M. / Reichwald, R. (1990), S. 75.

In Bezug auf technische Änderungen kann die Typologie auf zwei Ebenen Anwendung finden. Zum einen treten technische Änderungen in einer nicht unerheblichen Bandbreite auf, von einer einfachen Zeichnungsanpassung (Entwicklungsaufgaben vom Typ A) bis hin zu äußerst komplexen Änderungen, z.B. infolge eines umfangreich veränderten Produktkonzeptes (Entwicklungsaufgaben vom Typ B). Zum anderen kann auch ein Zusammenhang zwischen möglichen Änderungsursachen und Ausprägungen von Aufgabenmerkmalen im (Erst-) Entwicklungsprozess hergestellt werden. Conrat hat in seiner Untersuchung auf Basis explorativer Studien differenziert gezeigt, dass insbesondere Entwicklungsaufgaben vom Typ B mit einem deutlich höheren Änderungsrisiko behaftet sind als Aufgaben vom Typ A.[288] Insbesondere wurden als Ursachen für die Änderungen genannt:

- die Vielfalt der zu beachtenden Anforderungen und Gestaltungsparameter der Produktenwicklung, die physikalisch-technische und geometrische Komplexität sowie Interdependenzen zwischen Produktkomponenten als komplexitätsbedingte Ursachen,
- die Neuigkeit von Entwicklungsaufgaben, wobei explizit die relative Neuigkeit der jeweiligen Aufgabe für den einzelnen Mitarbeiter zu berücksichtigen ist,
- die Variabilität von Aufgaben infolge von Veränderungen der beispielsweise im Pflichtenheft festgelegten Vorgaben durch andere Funktionsbereiche, das Management oder den Markt,
- eine geringe Strukturiertheit der Entwicklungsaufgaben, die teilweise auf ein unsystematisches Vorgehen in der Entwicklungsabteilung zurückzuführen ist.

Beide Ebenen machen deutlich, dass die Aufgabentypisierung auch im Zusammenhang mit technischen Änderungen von hoher Relevanz ist. Mit dem Ziel einer situationsgerechten Gestaltung des Änderungsmanagements bzw. der Produktentwicklung wird in der Literatur auf die Einflussgrößen Information- und Kommunikation, Führungs- und Entscheidungsprozesse, Personal, Organisation sowie Hilfsmittel und Methoden verwiesen.[289] Für die weitere Untersuchung sollen insbesondere die Hinweise fokussiert werden, die die Zusammenarbeit von internen und externen Entwicklungspartnern in den Mittelpunkt stellen.

Dabei zeigt sich für den gut strukturierten **Aufgabentyp A** (z.B. Weiter- oder Anpassentwicklung) mit sich wiederholenden und bekannten Entwicklungsschritten prinzipiell nur eine geringe Anforderung an die Schnittstellengestaltung zwischen Entwicklungspartnern. Die Ausprägungen der Aufgabenmerkmale (s.o.) führen zu einem nur geringen Informations- und Kommunikationsbedarf.[290] Ist dennoch ein Informationsaustausch erforderlich, so können auf

---

[288] Vgl. Conrat, J.-I. (1997), S. 185ff.

[289] Vgl. Nippa, M. / Reichwald, R. (1990), S. 75ff.; Conrat, J.-I. (1997), S. 195ff.; Voigt, P. / Riedel, D. (1998), S. 223ff.

[290] Vgl. Nippa, M. / Reichwald, R. (1990), S. 81.

Grund der hohen Strukturiertheit tendenziell auch Medien niedriger „media richness[291]" eingesetzt werden. Durch die gute Determinierbarkeit der Entwicklungsaufgaben vom Typ A lassen sich detaillierte Planungsvorgaben über Bearbeitungs- und Durchlaufzeiten, Kosten und die erwartete Qualität festlegen und nach der Leistungserstellung auch kontrollieren.

Werden Teilaufgaben vom Typ A beispielsweise durch ein externes Konstruktionsbüro oder eine andere interne Entwicklungsabteilung übernommen, sind aus transaktionskosten-theoretischer Sicht[292] nur geringe Zusatzkosten hinzunehmen. Weder sind im Vorfeld der Aufgabenübernahme aufwendig zu bestimmende Leistungsparameter festzulegen, noch ist eine umfangreiche Kontrolle während und nach der Leistungserstellung erforderlich. Diese hohe Transparenz bedeutet gleichzeitig, dass die Möglichkeit, Informationsasymmetrien opportunistisch auszunutzen nur sehr beschränkt besteht. Auch aus Sicht der Principal-Agent-Theorie sind daher keine aufwendigen institutionellen Arrangements für diesen Aufgabentyp zu treffen.

**Entwicklungsaufgaben vom Typ B** sind definitionsgemäß im Vergleich zu den Aufgaben vom Typ A mit den entgegengesetzten Ausprägungen der Aufgabenmerkmale verbunden. Die geringe Planbarkeit und Strukturierungsmöglichkeit bei gleichzeitig hoher Komplexität haben ein hohes Informations- und Kommunikationsbedürfnis zur Folge, wobei der genaue Informationsbedarf meist nicht exakt spezifiziert werden kann.[293] Bei der häufig eher heuristisch geprägten Informationssuche und Informationsbedarfsdeckung sind zu einem hohen Anteil auch dislozierte unternehmensinterne sowie externe Spezialisten einzubeziehen. Auf Grund der nur geringen Strukturierungsmöglichkeit der Entwicklungsaufgaben vom Typ B, sind face-to-face Kontakte nur in eingeschränktem Maße durch Medien[294] zu substituieren. Neuartige Konzepte zur Integration von unternehmensexternen Spezialisten in Entwicklungsteams sind insbesondere in frühen Phasen der Produktentwicklung tragfähig, in denen von einem hohen Anteil an Entwicklungsaufgaben vom Typ B auszugehen ist.[295] Im Mittelpunkt stehen dabei die Abstimmung von funktionalen sowie geometrischen Schnitt-stellen und die Beseitigung technisch ökonomischer Zielkonflikte. Ebenso ist eine kreative Lösungsfindung im Team denkbar.

Müssen andererseits hochspezifische Entwicklungsaufgaben vom Typ B von externen Spezialisten erbracht werden, ohne dass die Möglichkeit zu einer Teamintegration besteht

---

[291] „Reiche" Kommunikationsmedien, wie Videokommunikation bieten eine Vielzahl paralleler Kanäle (Sprache, Tonfall, Gestik, etc.). Bei „armen" Kommunikationsformen stehen nur wenige solcher Kanäle (im nicht-technischen Sinne verstanden) zur Verfügung. Vgl. Reichwald, R. et al. (1998), S. 55ff.

[292] Vgl. Kapitel 2.2.5.3.

[293] Vgl. Nippa, M. / Reichwald, R. (1990), S. 84.

[294] Sofern dies möglich ist, muss jedoch von einer hohen erforderlichen „media richness" ausgegangen werden. Vgl. Fußnote 291.

[295] Vgl. Nippa, M. / Reichwald, R. (1990), S. 85; Vgl. Abb. 3-5.

(z.B. FEM-Analyse oder Optimierungsberechnung zur Schwingungsreduzierung von Montagevorgängen), ist eine notwendige Teilung von Aufgaben derart vorzunehmen, sodass nur ein geringer Transfer impliziten Wissens notwendig ist. Die Teilaufgaben sind so zu bilden und auf die Aufgabenträger zu verteilen, dass „...die spezialisierten Aufgabenträger nur Produkte oder Leistungen austauschen, die zwar implizites Wissen verkörpern, ohne dass aber dieses Wissen bei der Gegenseite für die Weiterverarbeitung der Leistung bzw. des Produktes von Bedeutung wäre."[296]

Eine derartige Aufgabenteilung ist allerdings durch erhebliche Informationsasymmetrien gekennzeichnet und daher durch die in Kapitel 2.2.5.4.2 skizzierten Probleme gefährdet. Je stärker sich beispielsweise die Beurteilung der bezogenen Entwicklungsleistungen durch fehlendes Know-how des Leistungsbeziehers entzieht, eine desto höhere Bedeutung nehmen Mechanismen wie Reputation ein, die geeignet sind ein opportunistisches Verhalten des Leistungserbringers zu verhindern.

### 2.2.6.2 Veränderung der Wettbewerbsbedingungen

Der derzeitige Wettbewerbsdruck, dem die Unternehmen in den meisten Branchen ausgesetzt sind, ist dramatisch. Zum einen wird dieser erzeugt durch eine Kundennachfrage nach immer komplexeren, individuelleren und innovativeren Produkten.[297] Die Befriedigung eines homogenen Marktes mit qualitativ durchschnittlichen Produkten ist in vielen Marktsegmenten endgültig der Vergangenheit zuzuordnen. Außer in temporär bestehenden Marktnischen mit radikalen Produktinnovationen haben sich durchgängig Käufermärkte etabliert. Betriebs-interne Koordinationsprobleme, wie z.B. lange Lieferzeiten, Schnittstellenprobleme zwischen verschiedenen Funktionsbereichen oder eine mangelnde Anpassungsfähigkeit an sich kurz-fristig ändernde Bedürfnisse seitens des Kunden werden nicht mehr akzeptiert.[298]

Einer so mutierten Nachfrage steht ein Angebot gegenüber, welches durch Umsetzung und Kombination eines explosionsartig wachsenden Kenntnisstandes neuer Technologien ständig erweitert wird. Gleichzeitig zwingen hohe Kostenstrukturen in den Industrieländern dazu, das Produktangebot weiter zu differenzieren, um an diesen Standorten auch in Zukunft entwickeln und produzieren zu können.[299] Die Folge ist eine erhöhte Innovationsintensität, die einzelne Unternehmen zunehmend überfordert.

Um die stark differenzierte Nachfrage der Kunden nach den neusten Produkten sowie die Angebotsvielfalt beherrschen zu können, sind neue Wege der betrieblichen Leistungs-

---

[296] Picot, A. / Dietl, H. / Franck, E. (1997), S. 167.

[297] Vgl. Pine, B.J. (1993).

[298] Vgl. Picot, A. / Reichwald, R. / Wigand, R. T. (1996), S. 4.

[299] Die Produktdifferenzierung ist dabei jedoch nicht im Sinne einer Normstrategie anzuwenden. Vielmehr sind Strategien dynamischer und flexibler anzuwenden als dies in der Vergangenheit der Fall war. Vgl. Eisenhardt, K. M.; Brown, S. L. (1998).

erstellung erforderlich. Traditionelle Unternehmensstrukturen, wie die hierarchische Organisation tayloristischer Prägung (vgl. Kapitel 2.2.3), verbunden mit einer hohen Fertigungstiefe, können diese neuen Anforderungen nicht erfüllen.[300] Dies ist insbesondere auf die Eigenschaften der hierarchischen Organisation zurückzuführen, wie weitgehende Arbeitsteilung verbunden mit einer Trennung von dispositiver und ausführender Arbeit, bürokratische Planungs- und Kontrollmethoden sowie ein hohes Maß an Starrheit gegenüber Veränderungseinflüssen.

Lösungsansätze bieten dagegen neuartige Organisationsstrategien, die seit Anfang der 90er Jahre intensiv diskutiert werden.[301] Dazu gehören:

- Die Modularisierung von Geschäftsprozessen und Organisationsstrukturen, bei der eine Schnittstellenoptimierung innerhalb und zwischen den einzelnen Organisationseinheiten angestrebt ist, die mit der Dezentralisierung von Kompetenzen und Verantwortung einhergeht. Module können beispielsweise nach abgrenzbaren Geschäftsbereichen und Produkten, Kernkompetenzen oder auch lokalen Einzelmärkten gebildet werden.[302]

- Die Bildung von Netzwerken, bei denen unternehmensübergreifende Kooperationen bzw. Wertschöpfungsverbünde mit dem Ziel der Ressourcenbündelung zu einer stärkeren Beeinflussung der Unternehmensumwelt insbesondere des Marktes führen können.[303] Bei der Ausgestaltung der Netzwerke spielen insbesondere die in Kapitel 2.2.5.3.2 diskutierten Fragestellungen des geeigneten Grades der Fertigungstiefe eine Rolle.

- Virtuelle Unternehmensstrukturen, bei denen die beiden vorangegangen Strategien verknüpft werden und die dynamische Vernetzung unternehmensinterner wie -externer Organisationseinheiten typisch ist. Die jeweilige Struktur der virtuellen Unternehmung konfiguriert sich dabei problem- bzw. aufgabenbezogen zwischen einzelnen Akteuren, modularen Organisationseinheiten oder ganzen Unternehmen.[304]

Die Fragestellung, welcher der genannten Organisationsstrategien Vorrang einzuräumen ist kann nicht pauschal vorgegeben werden.[305] Hinweise auf die spezifischen Vorteile der jeweiligen Strategie wurden in der o.a. Darstellung nur grob skizziert bzw. angedeutet. In der Literatur werden zudem steigende Marktunsicherheit und Produktkomplexität als maß-

---

[300] Allenfalls in Marktnischen, in denen nach wie vor stabile Marktverhältnisse, langlebige Produkte und eine auf Produktivitätsoptimierung ausgerichtete Strategie vorherrschen, ist die hierarchische Organisation eine zu beachtende Gestaltungsoption.

[301] Vgl. Pribilla, P. / Reichwald, R. / Goecke, R. (1996), S. 4ff.; Picot, A. / Reichwald, R. (1994); Reichwald et al. (1998), S. 41ff.; Picot, A. / Reichwald, R. (1991), S. 292ff.

[302] Vgl. Picot, A. / Reichwald, R. / Wigand, R. T. (1996), S. 218ff; Göpfert, J. (1998).

[303] Vgl. Pribilla, P. / Reichwald, R. / Goecke, R. (1996), S. 7.; Sydow, J. (1992), S. 268.

[304] Vgl. Reichwald, R. / Möslein, K. (1999), S. 44.

[305] Vgl. (Kapitel 2.2.4).

gebliche Einflussfaktoren genannt, unter denen die genannten Organisationsformen gegenüber der hierarchischen Organisation Vorteile bieten.[306] Ein derartiger Fokus kann jedoch lediglich tendenziellen Charakter haben.[307]

Dennoch stehen derartige Veränderungen der gesamten Organisation in enger Wechselwirkung mit organisatorischen Fragestellungen in der Produktentwicklung und damit auch mit dem Änderungsmanagement. Fragestellungen einer kurz- oder langfristigen Zusammenarbeit zwischen Unternehmen, die Abgrenzung von Arbeitsinhalten oder die Übernahme von wirtschaftlichem und technologischem Risiko haben nicht nur Einfluss auf Forschung und Entwicklung, sondern gehen häufig auch von diesen Bereichen aus.

Die Bedeutung der skizzierten Wettbewerbs- und Organisationsveränderungen haben in den Branchen des Maschinen- und Automobilbaus, welche diese Arbeit schwerpunktmäßig behandelt, bereits einen deutlichen Niederschlag gefunden. Die Implementierung weltweit verteilter, unternehmensinterner Standorte, die projektbezogene Kooperation mit Wettbewerbern und insbesondere eine neue Qualität der Zusammenarbeit mit Zulieferern, sind bereits vielfach zu beobachtende Realität. Allein die weltweite Verzweigung innerbetrieblicher Organisationseinheiten und der zuzuordnenden Entwicklungspartner lässt die Komplexität vermuten, mit der einzelne Entscheidungen – wie beispielsweise ein verändertes Produktdesign – in einem solchen Geflecht umgesetzt werden müssen. Einen Eindruck von einer derartigen Verzweigung vermittelt die folgende Abbildung am Beispiel eines Automobilherstellers (vgl. Abb. 2-10).

In den genannten Branchen, der Automobilindustrie und des sonstigen Maschinenbaus, unterscheiden sich Umfang und Ausprägung der zu beobachtenden Phänomene teilweise erheblich. Während der Maschinenbau eher durch mittelständische Unternehmen ohne Ausrichtung eines ganzen Netzwerkes auf einen einzelnen Kunden geprägt ist, sind für den Automobilbau pyramidale Zuliefererstrukturen mit einem Großunternehmen, dem Automobilhersteller, an der Spitze typisch.

---

[306] Vgl. z.B. Pribilla, P. / Reichwald, R. / Goecke, R. (1996), S. 5.

[307] Beispielsweise kann bei hoher Produktkomplexität die in der Literatur angegebene Vorteilhaftigkeit virtueller Organisationen gegenüber Strategischen Netzwerken eingeschränkt sein, sofern eine Modularisierung von Produkt oder Aufgabenstellung (z.B. in Form von Lastenheft- oder Pflichtenheftspezifikationen) nur schlecht möglich ist und der Erfolg der Produkterstellung in hohem Maße von den gegenseitigen Erfahrungen der Akteure abhängig ist.

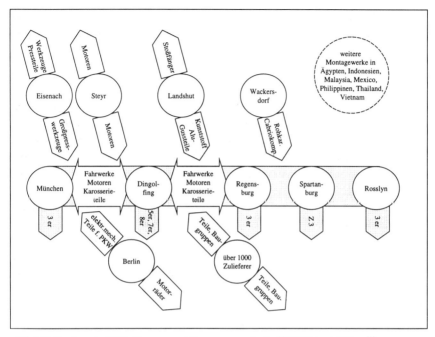

*Abb. 2-10: Standorte der PKW-, Montage-, und Komponentenwerke der BMW AG (nach Milberg[308])*

Die in der Automobilindustrie etablierten Netzwerke zeichnen sich zum einen durch eine hohe wirtschaftliche Abhängigkeit vom, auch als fokales Unternehmen bezeichneten, Automobilhersteller aus.[309] Langfristige Abnahme- und Lieferverträge manifestieren diese Position. Systemlieferanten, Sublieferanten und Zulieferer als nachfolgende Stufen in einem derartigen Verbund sind darüber hinaus häufig sogar hinsichtlich ihrer Koordinations-kompetenz durch Vorgaben der Automobilhersteller beschränkt. Die Verwendung kompatibler oder identischer CAD- oder PPS-Systeme wird häufig vorausgesetzt.[310] Kundenspezifische, über die DIN ISO 9000 ff. hinausgehende Zertifizierungen sind in diesem Bereich üblich.[311] Selbst Prozessabläufe, z.B. auch bei der Abwicklung von technischen Änderungen, unterliegen zum Teil erheblichen Vorgaben und Kontrollen. Die Besetzung von

---

[308] Vgl. Milberg, J. (1998), S. 37. Ausgeblendet sind in der Darstellung projektbezogene Kooperationsstrukturen sowie Organisationseinheiten von Tochterunternehmen.

[309] Vgl. Wildemann, H. (1997), S. 423.

[310] Mit 61% im Durchschnitt bzw. 81% im Fall größerer Automobil-Zulieferer liegt die Möglichkeit zum CAD-Datenaustausch in dieser Branche bereits deutlich höher als im Durchschnitt der restlichen Investitionsgüter-industrie (47%). Vgl. Lay, G. / Wallmeier, W. (1999), S. 5.

[311] Vier Fünftel der Zulieferer (83%) werden derartigen Audits unterzogen. Vgl. Lay, G. / Wallmeier, W. (1999), S. 6.

Gremien des Änderungswesens (Change Control Board), die Art der Darstellung von Änderungsdaten und die Begutachtung lieferantenseitig initiierter Änderungen werden teilweise in erheblichem Maße durch das fokale Unternehmen determiniert.

Dennoch zeigt sich in den letzten Jahren eine Tendenz zu einem eher partnerschaftlich geprägten und qualitativ aufgewerteten Verhältnis zwischen fokalem Unternehmen und dessen Zulieferern. Dieses in Japan schon länger praktizierte kooperative Vorgehen äußert sich durch: Tendenz zum Single oder Dual Sourcing, Beschaffung von Systemen oder Modulen anstelle von Einzelteilen und Einbezug der Systemlieferanten in den Entwicklungsprozess bis hin zur eigenverantwortlichen Übernahme spezifischer Entwicklungsleistungen, die zuvor durch den Automobilhersteller erbracht wurden.[312] Eine in Großbritannien durchgeführte Studie ergab auf der Basis von 88 ausgewerteten Antworten einer Fragbogenerhebung, dass 41% der Zuliefer-Unternehmen für die Entwicklung der jeweils gelieferten Komponente alleinverantwortlich waren.[313] Gefahren und Chancen dieser Entwicklung sind, im Sinne einer wechselseitigen **Principal-Agent-Beziehung**, für beide Partner vielfältig: Beispielsweise bietet einerseits der Hersteller bereits Monate oder Jahre vor dem Marktzutritt dem Zulieferer Einblick in neue Produktkonzepte mit der Gefahr des Wissensabflusses an Wettbewerber.[314] Ebenso besteht bei zunehmender Überwälzung von Entwicklungstätigkeiten eine mangelnde Einflussmöglichkeit auf die Projektsteuerung und die Gefahr eines zu geringen Grades eigener Innovationen. Andererseits gibt der Zulieferer über Lösungskonzepte oder Verbesserungsvorschläge eigenes Wissen preis, welches möglicherweise – nach Weitergabe seitens des Kunden – durch einen anderen (System-) Lieferanten umgesetzt wird.[315]

Vorteile der höherwertigen Beschaffung werden insbesondere in dem niedrigeren eigenen Personalstamm und geringeren Kosten für die Koordination der Entwicklung, Handling und Montage von Subsystemen anstelle von Einzelteilen gesehen. Wesentliches Ergebnis für das fokale Unternehmen ist, dass die Anzahl der Lieferanten und damit der externen Schnittstellen deutlich reduziert ist.[316]

Ein weiteres Phänomen zunehmender Verzahnung von Herstellern und Zulieferern wird im Rahmen der Etablierung neuer Standorte deutlich. Im Zuge der weltweiten Präsenz der

---

[312] Die Unterscheidung zwischen Modul- und Systemlieferant wird in der Literatur nicht einheitlich vorgenommen. Während *Wolters* als Abgrenzung die zusätzliche Entwicklungsleistung des Systemlieferanten definiert, legen *Piller* und *Waringer* eine grundsätzliche Unterscheidung zwischen Modul und System zu Grunde. Danach ist ein Modul eine abgrenzbare und einbaufertige Einheit, während unter einem System die Integration verschiedener Module zu einer funktionalen Gesamtmenge zu verstehen ist, deren Elemente nicht zwingend physisch zusammenhängen müssen. Vgl. Wolters, H. (1995), S. 73; Piller, F. T. / Waringer, D. (1999), S. 39.

[313] Vgl. Leverick, F. /Cooper, R. (1998), S. 74f.

[314] Vgl. Bullinger, H.-J. (1990), S. 20.

[315] Vgl. Wolters, H. (1995), S. 56.

[316] Vgl. Schmoeckel, D. / Liebler, B. C. / Schindele, S. (1995), S. 36.

Hersteller ist zu beobachten, dass die Zulieferer bis in die unmittelbare Nähe der standortverteilten Produktions- und Montagewerke folgen. Mit dem Vorteil einer Optimierung der Schnittstelle zwischen Hersteller und Lieferant ist der Nachteil redundanter und dislozierter Organisationseinheiten auf Seiten des Zulieferers in Kauf zu nehmen.[317] Im Sinne der **Transaktionskostentheorie** handelt es sich um eine **Fundamentaltransformation**, bei der der Zulieferer eine hohe transaktionsspezifische Investition eingeht (Aufbau der eigenen Organisation am Produktionsstandort des Kunden).[318] Durch diese spezifische Investition erhält der Zulieferer gleichzeitig eine monopolartige Verhandlungsposition gegenüber dem Kunden, die gegenüber anderen potentiellen Zulieferern eine erhebliche Barriere darstellt.[319] „Rivals cannot be presumed to operate on a parity, however, once substantial investments in transaction specific assets are put in place."[320] [321]

Im Maschinenbau sind die zu beobachtenden Netzwerkeffekte weniger eindeutig.[322] Zum Teil dürfte dies auf die deutlich heterogenere Struktur dieser Branche zurückzuführen sein. Dennoch ist z.B. die Tendenz zur Reduzierung der Fertigungstiefe unverkennbar: Eine Studie des VDMA zeigt, dass der wertmäßige Anteil von Zukaufteilen von 40 % in 1993 auf 46% in 1996 gesteigert wurde, für 1999 ein Schätzwert von 51% vor.[323] Durchschnittlich bezog ein Unternehmen im Maschinenbau 1996 von 929 Lieferanten Waren oder Dienstleistungen.[324] Enthalten sind dabei auch Dienstleistungen im Bereich Entwicklung und Konstruktion. Neben der Abdeckung von Konstruktionsspitzen durch externe Partner ist der gezielte Zukauf von Know-how zunehmend wichtig.[325] Insbesondere gilt dies für Teilbereiche

---

[317] Vgl. Buxmann, P. / Dirks, C. / Heintz, S. (1998), S. 102; Eversheim, W. et al. (1995), S. 33f.

[318] Vgl. Williamson, O. E. (1993), S. 98f.

[319] Vgl. Sydow, J. (1992), S. 132. Gleichzeitig weist *Sydow* in diesem Zusammenhang auch auf die Grenzen der Erklärungskraft des Transaktionskostenansatzes hin. Insbesondere für den Fall der Automobilzulieferer ist auch eine machttheoretische Sicht der Zulieferer-Kunden-Beziehung notwendig, bei der seitens des Kunden gezielt von dem Ziel möglichst geringer Transaktionskosten abgewichen wird. Von fokalen Unternehmen werden den Lieferanten „....Produkt- und Prozessinnovationen aufgezwungen, Logistikfunktionen übertragen und sogar die Preisgabe detaillierter Informationen über die internen Kostenstrukturen abverlangt. Eine Erhöhung der Transaktionskosten wird manchmal bewusst in Kauf genommen, um die Verhandlungsmacht der Zulieferer zu schwächen." Sydow, J. (1992), S. 158.

[320] Williamson, O. E. (1993), S. 99.

[321] Über die Möglichkeit des „Nachziehens" von Wettbewerbern hinaus, besteht allerdings die Gefahr, dass z.B. infolge wechselnder strategischer Allianzen von Automobilherstellern - mit den damit verbundenen Grundsatzentscheidungen für einen gemeinsamen Lieferanten (Einkaufsgemeinschaft) – eine standortbezogene Investition lokaler F&E-Einheiten eines Zulieferers als sunk costs zu betrachten sind.

[322] Ähnliche Strukturen, wie sie für die Automobilindustrie beschrieben wurden, dürften insbesondere im (Groß-) Anlagenbau zu finden sein. Auch hier werden weitreichende Vorgaben durch die jeweiligen Konsortialführer vorgenommen.

[323] Vgl. VDMA (1999), S. 147.

[324] Vgl. VDMA (1999), S.149.

[325] Nach einer Studie des VDMA im Jahr 1997 zeichnet der gezielte Zukauf von Know-how insbesondere die erfolgreichen Unternehmen aus. Vgl. Bünting, F. / Leyendecker, H.-W. (1997), S. 23.

des Maschinenbaus, die durch komplexe Güter oder Prozesse gekennzeichnet sind.[326] Obwohl die Tendenz zum Abbau der internen Leistungserstellung auch für den Maschinenbau besteht, sind für den Bereich des Serien- und Massengeschäftes kaum Hinweise vorhanden, die auf eine Beeinträchtigung der internen Kooperationsautonomie schließen lassen würden.

Die skizzierten Strukturen im Maschinenbau bzw. in der Automobilindustrie verdeutlichen somit zwei unterschiedliche Entwicklungspfade, die maßgeblichen Einfluss auf die Zusammenarbeit zwischen verschiedenen Organisationseinheiten haben. Neben prognostizierten Veränderungen in Richtung gleichberechtigter Netzwerkpartner, zeichnen sich auch Szenarien ab, die globale Konglomerate als beherrschende Marktstruktur vorhersagen.[327] Diese sind geprägt durch eine beherrschende Holding sowie durch ein permanentes Netz von mehr oder weniger abhängigen Systemlieferanten. Setzt sich dieser Weg durch, ist die Autonomie der einzelnen Netzwerkteilnehmer und damit die Flexibilität derartiger Netzwerke stark eingeschränkt. Beispielhaft sei die Situation in der Automobilindustrie angeführt, die sich durch deutliche Konzentrationsprozesse auf wenige große Anbieter auszeichnet. Lag die Zahl der weltweit unabhängig voneinander agierenden Automobilhersteller 1964 noch bei 51, waren es 1993 noch 16. [328]

Mit diesen Konzentrationsprozessen sind zumeist umfangreiche Restrukturierungsmaßnahmen verbunden. Diese betreffen aber nicht nur die miteinander verbundenen Unternehmen, sondern auch die gesamte Zuliefererkette. Somit wirken sich Maßnahmen zur Produktbereinigung, des Abbaus redundant vorhandener Funktionsbereiche sowie zur Vereinheitlichung von Organisationseinheiten und Prozessen auch auf Kooperationspartner außerhalb der eigenen Unternehmung aus.[329] Hinzu tritt – für beide skizzierte Entwicklungspfade – die beschriebene Tendenz hochwertige und spezifische Leistungen über den Markt oder hybride Organisationsstrukturen zu beziehen. Die daraus für die Produktentwicklung resultierenden Anforderungen und Gestaltungspfade sollen im folgenden Kapitel beschrieben werden.

---

[326] Vgl. Welp, E. G. (1996), S. 319f.

[327] Vgl. Luczak, H. / Eversheim, W. (1999), S. 170.

[328] Vgl. Wolters, H. (1995), S. 24.

[329] Ein treffliches aber meist nicht beachtetes Beispiel derartiger Prozessvereinheitlichungen ist auch bei der Abwicklung technischer Produktänderungen zu beobachten und wird in Kapitel 4.2 thematisiert.

# 3  Standortverteilte Forschung und Entwicklung

## 3.1  Triebkräfte und Hemmnisse standortverteilter Forschung und Entwicklung

> *„Globalisation of R&D is typically accepted more with*
> *resignation than with pleasure."*
> *Arnoud de Meyer und Atsuo Mizushima (1989)*[330]

### 3.1.1  Ausgangssituation

Klassische Ansätze einer zentralen Entwicklung, die Produkte möglichst detailliert plant und diese in derselben, durch eine hohe Leistungstiefe geprägten Unternehmung erprobt und produziert, verlieren zunehmend an Bedeutung. Vielmehr zwingen Produktvielfalt, Zeitdruck, lokal verschiedene Produkt- und Marktanforderungen sowie ein hohes zu erfüllendes Qualitätsniveau zu zeitlich überlappenden Entwicklungsaktivitäten durch spezialisierte Entwickler.[331] Ein unternehmensinterner und standortzentrierter Aufbau von Entwickler-kapazitäten, die diesen Anforderungen gerecht werden, lässt sich in vielen Fällen ökonomisch nicht rechtfertigen.[332]

Bedeutende Veränderungen in der Organisation von Forschung und Entwicklung waren in der Vergangenheit insbesondere auf die Verkürzung der Produktlebenszyklen und dem daraus resultierenden Zwang zur Verkürzung der Entwicklungszeiten zurückzuführen.[333] Parallelisierung, Standardisierung und Integration von Entwicklungstätigkeiten waren schon vor Jahren unter den Stichworten des Simultaneous oder Concurrent Engineerings – unabhängig von der Fragestellung der Standortverteilung – zu beobachtende Reaktionen auf die skizzierten Anforderungen.[334] [335] Die vielfach zu beobachtende Erhöhung der Produkt-komplexität macht zunehmend hochspezifische Entwicklungstätigkeiten erforderlich. Diese werden in steigendem Umfang von inner- als auch außerorganisatorischen Entwicklungs-

---

[330] Meyer, A. de / Mizushima, A. (1989), S. 139.

[331] Dieser Leitgedanke wurde unter den Stichworten des Simultaneous oder Concurrent Engineering zu eigenständigen Konzepten erweitert.

[332] Vgl. Bullinger, H.-J. / Wasserloos, G. (1990), S. 9.

[333] Die Verkürzung der Entwicklungszeit war dabei von einer erhöhten Sensibilität des Entwicklungsprojekt-Erfolges begleitet. *Schmelzer* kommt nach Auswertung verschiedener Literaturhinweise zur Abschätzung, dass bei einer Produktlebensdauer von 5 Jahren eine Verlängerung der Entwicklungszeit um 6 Monate eine Ergebniseinbuße von ca. 30% zur Folge hat. Vgl. Schmelzer, H. J. (1990), S. 29f.

[334] Vgl. Stanke, A. / Berndes, S. (1997), S. 15ff; Eversheim, W. / Laufenberg, L. / Marczinski, G. (1993), S. 5.

[335] Obwohl die Begriffe Simultaneous (SE) und Concurrent Engineering (CE) zumeist synonym verwendet werden, liegt der Unterschied zwischen beiden Termini in einer unterschiedlichen Schwerpunktsetzung. Während SE auf eine Parallelisierung von Produkt- und Produktionsentwicklung abzielt, steht bei CE die interdisziplinäre Zusammenarbeit im Vordergrund. Vgl. Ehrlenspiel, K. (1995), S. 177.

partnern erbracht, die an einem anderen Standort angesiedelt sind. Dabei ermöglichen leistungsfähige I.u.K.-Technologien sowie rechnergestützte methodische Hilfsmittel die Einbindung externer Entwicklungspartner. Die Bedeutung einer kooperativen, standort-verteilten Entwicklung nimmt derzeit stark zu.

Diese Tendenz hat zur Konsequenz, dass – zumindest vordergründig – von der Maxime einer möglichst abgesicherten Entwicklung zusätzlich zu den durch Simultaneous Engineering festgestellten Effekten abgewichen wird. Auf Grund der tendenziell ungünstigeren Möglichkeit Zwischenergebnisse – insbesondere bei Entwicklungsaufgaben vom Typ B[336] – mit den Entwicklungspartnern abzustimmen, wird das schon bei einer parallelen Entwicklungsprojektbearbeitung bestehende Unsicherheitsproblem weiter verschärft.[337] Sind die Ergebnisse der Entwicklungstätigkeit jedoch nicht kompatibel, besteht die Notwendigkeit zu nachträglichen technischen Änderungen mit der Folge erheblicher Zusatzkosten und Zeitverluste. Diese von *Kaufer* als Irrtumskosten bezeichneten ökonomischen Nachteile der Parallelisierung von Entwicklungsaktivitäten steigen bei einer schlechten Möglichkeit der Abstimmung weiter an (vgl. Abb. 3-1).[338] Dennoch ist standortverteilte Forschung und Entwicklung allgegenwärtig. Die Fragestellung nach den Triebkräften aber auch Hemmnissen und möglichen Gestaltungsformen standortverteilter Forschung und Entwicklung wird daher im weiteren Verlauf dieses Kapitels zu thematisieren sein.

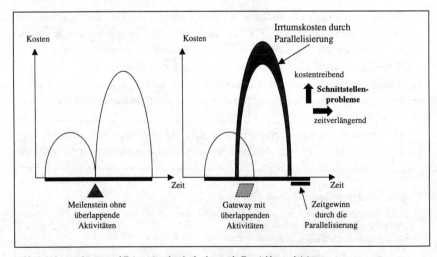

*Abb. 3-1: Irrtumskosten und Zeitgewinn durch überlappende Entwicklungsaktivitäten*

---

[336] Vgl. Kapitel 2.2.6.1.

[337] Die Gründe für derartige Abstimmungsschwierigkeiten sind insbesondere auf die bis heute noch bestehende geringere Media Richness von Kommunikationsmedien im Vergleich zur persönlichen Abstimmung zurückzuführen. Vgl. Reichwald, R. et al. (1998), S. 55ff.

[338] Vgl. Kaufer, E. (1980), S. 153.

## 3.1.2 Triebkräfte

Nähert man sich den Ursprüngen standortverteilter Forschung und Entwicklung, so haben sich erstmals deutliche Aktivitäten in den 50er Jahren im hochtechnologischen Bereich herausgebildet.[339] Um – unter dem Wettbewerbsdruck für damalige Schlüsseltechnologien wie der Luft- und Raumfahrt – den Anschluss an den Entwicklungsstand der Vereinigten Staaten nicht zu verlieren, war die Zusammenarbeit über verschiedene Forschungs- und Entwicklungsstandorte hinweg, geboten. Insbesondere die Anforderung einer Aufteilung des technologischen und ökonomischen[340] Risikos, das in der damaligen Situation eine standortverteilte Zusammenarbeit herausforderte, hat in der Folgezeit keineswegs seine Aktualität eingebüsst.[341] Mittlerweile sind hohe finanzielle Risiken und die Notwendigkeit Entwicklungszeiten drastisch zu reduzieren, in vielen Märkten von hoher Bedeutung. Beispielsweise ist in der Automobilindustrie das Ausgabevolumen für die Einführung einer neuen Produktgeneration dramatisch angestiegen. Während Anfang der 80er Jahre noch mit Entwicklungskosten und Fertigungsinvestitionen in der Größenordnung von etwa 800 Mio. DM zu rechnen war, lag dieses Volumen zehn Jahre später bei ca. 3,2 Mrd. DM.[342] Um dieser Entwicklung entgegenzutreten, besteht eine Maßnahme darin, zunehmend Gemeinschaftsprojekte zwischen den ansonsten im Wettbewerb zueinander stehenden Herstellern zu initiieren. Die Abwicklung derartiger Projekte ist in hohem Maße von Aspekten der Standortverteilung geprägt.

Die Aufteilung technologischer und ökonomischer Risiken ist aber nur ein Gesichtspunkt, der zu einer Standortverteilung der Produktentwicklung führt. Für den Auf- und Ausbau standortverteilter Forschung und Entwicklung werden in der Literatur vielfältige, teilweise stark interdependente Gründe angegeben. Beispiele für derartige Argumente sind:[343]

*1. Kundennähe bzw. Anwendernähe als Mittel der wettbewerblichen Differenzierung:* Insbesondere spielen hierbei die Aufnahme und Umsetzung von kunden-, regional-, oder länderspezifischen Produktanforderungen eine Rolle.[344] [345] Häufig werden diese Anfor-

---

[339] Vgl. Schunk, G. (1982), S. 25.

[340] Dieses besteht zum einen in der Gefahr einer Kostenüberschreitung der ursprünglich budgetierten F&E-Kosten. Zum anderen aber auch in der Gefahr, dass das Produkt durch den Markt nicht akzeptiert wird. Vgl. Schunk, G. (1982), S. 43.

[341] Auf Grund der extrem hohen Kosten sind nationale Alleingänge im Bereich der Luft- und Raumfahrt heute undenkbar. In einer vom Fraunhofer Institut für Systemtechnik und Innovationsforschung durchgeführten Delphi-Studie wird darüber berichtet, dass 75% der deutschen Finanzmittel an die europäische Raumfahrt Agentur (ESA) zur Durchführung gemeinsamer Projekte transferiert werden. Vgl. Fraunhofer Institut für Systemtechnik und Innovationsforschung (1998), S. 99.

[342] Vgl. Henzler, H. A. (1992), S. 84.

[343] Vgl. Gerpott, T. J. (1990), S. 229f.; Meffert, H. (1989), S. 450f.; Meyer, A. de / Mizushima, A. (1989), S. 139; Gunasekaran, A. (1997), S. 639f.

[344] Vgl. Koller, H. / Raithel, U. / Wagner, E. (1998), S. 180; Pearce, R. / Papanastassiou, M. (1996), S. 324.

derungen im Rahmen von Produktanpassungen bestehender Basiskonfigurationen vorgenommen.

2. *Räumliche Nähe zu Produktionsbetrieben:* Im Mittelpunkt steht hierbei die Förderung des Know-how-Transfers zwischen Produktionseinheiten und Produktentwicklung sowie die Vermeidung weiterer Schnittstellendefizite und Vorhaltung redundanter Personalkapazitäten in den indirekten Bereichen.[346] Insbesondere ist dieser Aspekt dann von Interesse, wenn „[...] Produktions- und Verfahrenstechnologien zu starken Impulsen für die Forschung führen und wo hochentwickelte Forschungs- und Testeinrichtungen für die Sicherstellung der Qualität und Leistungsfähigkeit von Zuliefer- und Logistikketten unabdingbar sind."[347]

3. *Präsenz in der Umgebung von Entwicklungszentren neuer Technologiefelder, in denen auch der Aufbau einer „kritischen Masse"[348] an Forschern und Entwicklern möglich ist:* De Meyer und Mizushima sehen hierin für standortverteilte Entwicklungseinheiten einen entscheidenden Vorteil: „One of the reasons why a firm might consider creating R&D capabilities abroad is that the corporate central research is not able to provide the locally needed technology efficiently and effectively."[349] Bedeutsam für diesen technologischen Zugang wird insbesondere die Verbindung zu einer „scientific and technical community" angeführt.[350]

4. *Vorteile bei Lohn- und Gehaltskosten:* Eines der meistgenannten Argumente für die Verlagerung von unternehmerischen Aktivitäten ist die Ausnutzung von Kostenvorteilen in Ländern oder Regionen mit niedrigem Lohnkosten- bzw. Gehaltsniveau. Diesem Aspekt wird im Forschungs- und Entwicklungsbereich allerdings eine weniger hohe Priorität eingeräumt als dies für andere betriebliche Funktionsbereiche der Fall ist.[351] [352]

5. *Frühzeitige Information über Änderungen der gesetzlichen Rahmenbedingungen sowie länderspezifische Normen und Standards:* Lokalen F&E-Einheiten wird teilweise die Eigenschaft eines „Horchpostens" zugeschrieben.[353] Dies bezieht sich nicht nur auf die

---

[345] *Gassmann* begründet die zunehmende Wichtigkeit der Kundennähe mit einer Verschiebung der Bedeutung von überwiegend durch technologische Wissensanwendung geprägte Entwicklungsprozesse zu solchen, in denen Nutzungs- und Anwendungswissen einen höheren Stellenwert einnehmen. Vgl. Gassmann, O. (1997b), S. 151.

[346] Vgl. Meyer, A. de / Mizushima, A. (1989), S. 139.

[347] Gerybadze, A. / Meyer-Krahmer, F. / Schlenker, F. (1997), S. 179.

[348] Insbesondere wird die Bedeutung einer „kritischen Masse" für den Bereich der (Grundlagen-)Forschung konstatiert. Je nach Technologiefeld bzw. Branche werden in diesem Zusammenhang unterschiedliche Größenordnungen angegeben. In der Chemie werden Werte von 25-30, in der pharmazeutischen Industrie von 100-200 genannt. Vgl. Meyer, A. de / Mizushima, A. (1989), S. 139; Caluori, M. / Schips, B. (1991), S. 114ff.

[349] Meyer, A. de / Mizushima, A. (1989), S. 137.

[350] Florida, R.(1997), S. 86; Meffert, H. (1993), S. 32; Pearce, R. / Papanastassiou, M. (1996), S. 316.

[351] *Behrman* und *Fischer* subsumieren dies: „In no instance was saving money on doing research a primary inducement to decentralise R&D in different countries." Vgl. Meyer, A. de / Mizushima, A. (1989), S. 139.

[352] *Albach* stellt den vermeintlichen Vorteil eines regional oder national niedrigen Lohn- bzw. Gehaltsniveaus generell in Frage. Für ihn dominiert in einer solchen Situation die mit niedrigen Löhnen und Gehältern einhergehende geringe Kaufkraft. Mit der Annahme einer hohen Absatzschwäche auf dem lokalen Markt sowie einem hohen Druck zu Lohnerhöhungen ist der temporäre Arbitragevorteil, der ein Engagement in Billiglohnländer rechtfertigen würde, zu gering. Vgl. Albach, H. (1992), S. 11.

[353] Vgl. Boehmer, A. von (1995), S. 67.

Beobachtung von Aktivitäten der Wettbewerber, sondern auch auf Veränderung staatlicher oder sonstiger Rahmenbedingungen.[354]

6. *Nutzung nationalen Protektionismus, z.b. im Rahmen der staatlichen Förderung oder des Schutzes lokaler Hersteller:* Neben tarifären Handelshemmnissen, wie beispielsweise Zölle und Importbeschränkungen, sind auch staatliche Zuschüsse häufig von der Etablierung lokaler Wertschöpfungsaktivitäten abhängig. Mit dem Aufbau lokaler F&E-Einheiten werden zusätzliche Wertschöpfungsanteile an dem jeweiligen Standort erbracht und werden nicht durch die protektionistischen Maßnahmen behindert, sondern häufig gezielt durch politische Entscheidungsträger gefördert.[355]

7. *Vorteile bezüglich der nationalen / lokalen steuerlichen Behandlung, Förderprogrammen und (Umwelt-) Auflagen:* Ähnlich wie Punkt 6 zumeist auf staatlicher Ebene, können auch Fördermaßnahmen oder Auflagen für bestimmte Regionen besondere Anreize bieten, Produktionsstätten und angegliederte Bereiche (z.B. F&E) anzusiedeln. Steuerliche Vorteile zur Förderung strukturschwacher Wirtschaftsregionen, aber auch besondere Umwelt-auflagen zum Schutz belasteter Ballungszentren können indirekt die Ansiedlung von F&E-Einheiten beeinflussen.

8. *Vorzüge in den lokalen Infrastrukturbedingungen:* Standortspezifische Vorteile der Infrastruktur beziehen sich auf Nutzungsmöglichkeiten der I.u.K.-Technogie (z.B. zur Verfügung stehende Telekommunikations-Netze) aber auch auf „klassische" Faktoren wie Bürogebäude, Verkehrsanbindungen etc.

9. *Erweiterte Möglichkeit zur Parallelisierung von F&E-Aktiviäten:* Durch Nutzung verschiedener Zeitzonen ist eine weitere Verkürzung der Produktentwicklungszeiten denkbar.[356] Insbesondere bei komplexen Entwicklungsaufgaben dürften die jeweiligen Übergaben allerdings mit erheblichen Effizienzverlusten („geistige Rüstkosten") belastet sein.

Das Gewicht, welches den dargestellten Aspekten einzuräumen ist, hängt von den jeweiligen situativen Rahmenbedingungen ab (vgl. Kapitel 2.2.4). Dennoch zeichnet sich aus den Beiträgen der Literatur eine Dominanz der unmittelbar absatzfördernden Aspekte ab.[357]

Besondere Bedeutung nimmt dabei die enge Zusammenarbeit zwischen lokalen Entwicklungseinheiten und Kunden ein. Kundeninitiierte Produktdifferenzierungen können lokal zumeist einfacher bestimmt und ggf. vor Ort umgesetzt werden. Um die zu differenzierenden, kundenspezifischen Produktmerkmale identifizieren zu können, kann insbesondere bei erklärungsbedürftigen Produktmerkmalen eine enge Zusammenarbeit mit dem jeweiligen Kunden sinnvoll sein. *Subramaniam, Rosenthal* und *Hatten* sehen in der

---

[354] Analog ist auch eine frühzeitige Information über den Stand erforderlicher Zulassungsverfahren denkbar. Vgl. Caffyn, S. (1997), S. 260.

[355] Vgl. Taggart, J. H. (1998), S. 107.

[356] Von derartigen Parallelisierungen wird insbesondere aus dem Bereich der Softwareentwicklung berichtet. Vgl. Gassmann, O. (1997b), S. 140.

[357] Zum einen geben dies einige Studien direkt wieder. Vgl. Koller, H. / Raithel, U. / Wagner, E. (1998), S. 180. Zum anderen ist dies auch durch die Dominanz und Bedeutung der kundennahen Anpassungsentwicklungen indirekt belegbar. Vgl. Boehmer, A. von (1995), S. 67; Biegel, U. R. (1987), S. 191.

Beschreibbarkeit der jeweiligen Produkteigenschaften den entscheidenden Aspekt, ob eine lokale oder zentrale Produktentwicklung vorteilhaft ist. [358] [359] Bei nicht oder nur schlecht beschreibbaren Produktanforderungen, die von Kunden auf lokalen Märkten beispielsweise in Abweichung von einem Standardprodukt gewünscht werden, gehen die Autoren davon aus, dass das Problemverständnis und eine direkte Umsetzung der gewünschten Anforderungen seitens einer zentralen Entwicklungsabteilung[360] kaum geleistet werden kann.[361] Die standortverteilte Einheit nimmt hierbei eine wichtige Rolle ein, Probleme nach Möglichkeit lokal zu lösen und / oder kundenspezifische Anforderungen in eine für die zentrale Einheit verständliche Form zu transferieren.

Liegen die divergierenden Produkteigenschaften dagegen generell im Bereich von gut beschreib- und transferierbaren Eigenschaften, wie einfachen Geometrieänderungen (Entwicklungsaufgabe vom Typ A), wird ein relativer Vorteil der zentralen Produktentwicklung unterstellt. Die Mittlerrolle der peripheren F&E-Einheit ist in diesem Fall eher von untergeordneter Bedeutung.

Für beide Gestaltungsformen ist entscheidend, dass vom Kunden formulierte Probleme bzw. Produktanforderungen möglichst schnell und korrekt aufgenommen werden. *Eric von Hippel* weist in diesem Zusammenhang darauf hin, dass „The selling opportunity – mesured as starting when the customer first develops the need for the new product and ending when the customer selects an initial supplier – is brief [...]"[362]

Neben der bislang angenommenen bilateralen Zusammenarbeit zwischen lokalen Entwicklungseinheiten und Kunden, können Produktanpassungen für regionale Märkte aber auch stellvertretend über die Zusammenarbeit mit sogenannten Schlüsselkunden (Lead User) erfolgen.[363] Mit dem Vorteil eher kleinere lokale F&E-Einheiten etablieren zu können (da nur zu einem Teil der lokalen Kunden bilaterale Verbindungen aufgebaut werden), lassen sich dennoch spezifische Anforderungen einzelner Märkte identifizieren, wie beispielsweise

---

[358] Vgl. Subramaniam, M. / Rosenthal, S. R. / Hatten, K. J. (1998), S. 788.

[359] Die Kenntnis derartiger Produkteigenschaften entspricht dem Verständnis des sogenannten impliziten oder taziten Wissen. Derartiges Wissen ist kaum übertrag- bzw. vermittelbar und ergibt sich überwiegend auf Grund der Erfahrungen im Umgang mit dem jeweiligen Produkt bzw. kann nur durch das genaue Verständnis des jeweiligen Kundenproblems gewonnen werden. Vgl. Rüdiger, M. / Vanini, S. (1998); Hoopes, D. G. / Postrel, S. (1999); Wengenroth, U. (1999).

[360] Aus Sicht der zentralen Entwicklungsabteilung sind die Entwicklungsaufgaben stärker mit den Ausprägungen des Aufgabentyps B (vgl. Kapitel 2.2.6.1) behaftet als dies für lokale F&E-Einheit der Fall ist.

[361] *Raghuram, Wiesenfeld* und *Garud* sprechen in diesem Zusammenhang von einer hohen Informationsdistanz. Gerade implizite Information (tacit information) ist für verteilte Kooperationspartner, z.B. in Form der zentralen Entwicklungsabteilung kaum zugänglich. Vgl. Raghuram, S. / Wiesenfeld, B. / Garud, R. (1996) zitiert in Sachenbacher, H. C. (2000), S. 68f.

[362] Hippel, E. von (1982), S. 419.

[363] Vgl. Herstatt, C. / Hippel, E. von (1997), S. 376-384.Gassmann, O. / Zedtwitz, M. von (1996), S. 11.

landestypische Kundenpräferenzen oder frühzeitige Information über beabsichtigte nationale Normenänderungen.

Ein eher indirekter aber häufig zu beobachtender Weg, der zum Aufbau von standortverteilten F&E-Einheiten führt, besteht im Rahmen von Unternehmensaufkäufen oder –zusammenschlüssen. Von einem gewünschten Ausbau der standortverteilten F&E-Aktivität ist in diesem Fall nur dann auszugehen, sofern die primäre Motivation zur Übernahme oder zum Zusammenschluss darauf basiert, eine leistungsfähigere Technologie in das eigene Unternehmen zu integrieren.

Im Regelfall werden temporär redundant vorhandene F&E-Kapazitäten über Restrukturierungsmaßnahmen abgebaut werden. Entscheidend für die Auswahl der abzubauenden Einheiten sollte in erster Linie die höhere Leistungsfähigkeit sein. Allerdings spielen bei dieser Entscheidung vielfach unternehmenspolitische Gründe eine entscheidende Rolle, wobei dann häufig F&E-Einheiten bestehen bleiben, die der dominierenden Unternehmung zugeordnet sind. Häufig wird dieses indirekt dadurch praktiziert, indem bei der Übernahme von Unternehmen die Investitionen in F&E des übernommenen Unternehmens zu Gunsten des übernehmenden zurückgehen.[364]

### 3.1.3 Hemmnisse und Probleme

Den zuvor skizzierten Triebkräften für eine Standortverteilung von F&E stehen einige, im Folgenden kurz skizzierte Problemfelder gegenüber. Von grundlegender Bedeutung ist dabei die Frage nach dem geeigneten Zentralisierungsgrad (vgl. Kapitel 2.1.3.2.3), bzw. der Autonomie der standortverteilten Einheiten. Stark eingeschränkte Vorgaben und Kontrollen durch eine zentrale Einheit können zu einer Reihe von **Principal-Agent-Problemen** führen.[365] Beispiele sind die Auswahl von Entwicklungsprojekten unter Optimierungsgesichtspunkten der lokalen Einheit oder die Reduzierung von Transferleistungen an die Zentrale wie Horchpostenaktivitäten, die zu Gunsten der Gesamtunternehmung vorgesehen sind. Wird andererseits die dezentrale Autonomie stark beschnitten, so werden einige der im vorigen Abschnitt dargestellten Triebkräfte für standortverteilte F&E minimiert, z.B. die Möglichkeit individuelle Kundenlösungen umzusetzen.

Insbesondere besteht bei standortverteilter F&E aber die Gefahr von unbeabsichtigten Doppelentwicklungen sowohl im Rahmen von Erstentwicklungen als auch bei der Suche nach Lösungsalternativen für technische Produktänderungen. Auch die unter dem Begriff des „Not-Invented-Here"-Syndroms bekannte, ablehnende Einstellung gegenüber bereits existierenden Entwicklungen anderer F&E-Einheiten führt zu Doppelentwicklungen mit erheblichen

---

[364] Vgl. Hitt, M. R. et al. (1991).

[365] Vgl. Gunasekaran, A. (1997), S. 641f.

negativen ökonomischen Konsequenzen. [366] Basieren die Aktivitäten der lokalen Einheiten auf Anpassungen eines Standardproduktes, kann zudem eine unkontrollierte Variantenvielfalt die Folge mangelnder Abstimmung zwischen den einzelnen standortverteilten F&E-Einheiten sein.

Weiterhin wird der Verlust von „economies of scale" durch die Aufteilung der Gesamtkapazität in kleinere periphere F&E-Einheiten in der Literatur genannt. [367] In der gleichen Situation kommen auch Synergieeffekte durch einen informellen ad-hoc-Austausch zwischen Entwicklern aus unterschiedlichen Bereichen kaum noch zum Tragen. Schnittstellenverluste, die durch die lokale Präsenz zu den Kunden abgebaut werden, entstehen damit wiederum zu der eigenen F&E(-Zentrale).

Gestört ist die Zusammenarbeit mit der F&E-Zentrale oder anderen standortverteilten F&E-Einheiten auch dann, wenn die formalen Strukturen – z.B. hinsichtlich der etablierten Änderungsabläufe oder Besetzung der Änderungsgremien (Change Control Board) – stark voneinander abweichen. Nach *Kieser/Kubicek* ist unter einer solchen formalen Struktur einer Unternehmung ein „[...] System von geltenden Regelungen für die Steuerung von Leistung und Verhalten der Organisationsmitglieder" zu verstehen. [368] Bestehen zwischen den Regelungen der beteiligten Standorte prägnante Unterschiede oder widersprechen sie sich, ist auf Grundlage dieser strukturellen Komponente die Zusammenarbeit deutlich erschwert.

Derartige strukturelle Divergenzen zeigen sich beispielsweise im Entwicklungsbereich bei den festgelegten Prozessabläufen. Studien in den USA haben ein derartig problematisches Bild bestätigt: Während im Produktionsbereich eine hohe Übereinstimmung der Abläufe zwischen zentralen und standortverteilten Einheiten festzustellen war, konnte dies im Entwicklungsbereich kaum beobachtet werden. [369]

Divergente Organisationsstrukturen können aber dazu beitragen, dass die Abwicklung von gemeinsamen, über mehrere Standorte hinweg betriebenen F&E-Projekten erheblich behindert wird. Eine Untersuchung, die in Kooperation zwischen dem Lehrstuhl für Produktentwicklung der TU München und der IBM Unternehmungsberatung GmbH entstanden ist, zeigt, dass ein möglichst identisches Bild über verschiedene Parameter – so auch der Organisationsstrukturen – bei den einzelnen Beteiligten wesentlich für den Erfolg eines Entwicklungsprojektes ist. [370] Die Qualität der eingesetzten I.u.K.-Technologie und die Güte der Kommunikationsprozesse wurden in der Untersuchung als maßgebliche Einflussfaktoren zum Erreichen eines gemeinsamen „Projekt-Bildes" angesehen.

---

[366] Vgl. Gassmann, O. (1997b), S. 139.

[367] Meyer, A. de / Mizushima, A. (1989), S. 139.

[368] Kieser, A. / Kubicek, H. (1992), S. 23.

[369] Vgl. Florida, R.(1997), S. 100.

[370] Vgl. Hauser, J. et al. (1998), S. 326.

Anhand von acht Kriterien[371] wurde an verschiedenen Standorten von insgesamt sieben Unternehmen die Relevanz beider Einflussfaktoren untersucht. Mittels einer Mitarbeiterbefragung wurde die relative Bedeutung der acht Kriterien durch eine Punktebewertung sowie der Beitrag der eingesetzten I.u.K.-Technologie und der etablierten Kommunikationsprozesse im Hinblick auf eine möglichst gute Zielerfüllung der Kriterien ermittelt. Ergänzend wurden zu den einzelnen Kriterien konkrete Defizite erhoben. Beispielsweise wurde für den Aspekt „understanding of process" die ungenaue Prozessdefinition sowie heterogen definierte Prozesse bzw. Vorgehensweisen an den unterschiedlichen Standorten als kritisch eingeschätzt.

Auf Grundlage einer Gegenüberstellung der untersuchten Unternehmen zeigte sich, dass insbesondere bei Unternehmen, die über autarke Standorte verfügten ein Defizit im Bereich gemeinsamer Strategien und Werte bemängelt wurde. Die Art des Einsatzes von I.u.K.-Technologien sowie die etablierten Kommunikationsprozesse wurden im Hinblick auf die genannten Zielkriterien zudem als nicht zielführend eingeschätzt. Insgesamt wurde in dieser Studie der Nutzen, den standortverteilte Entwicklungsprojekte entfalten können, im Verhältnis zu den spezifischen Nachteilen negativ bewertet.[372]

Auch *De Meyer* und *Mizushima* räumen den Hemmnissen standortverteilter F&E ein deutliches Gewicht ein: „[...] internationalisation was almost described as an unavoidable nightmare, closer to a marketing gimmick than to an effectively contributing R&D outlet."[373] Dieses Fazit wird z.B. durch Aussagen von Headquarter-Managern unterstrichen, nach deren Einschätzung mehr als 10 % des F&E-Auslandsbudgets ineffizient eingesetzt werden.[374] Zwar dürfte diese Einschätzung teilweise auf Grund unternehmensinterner Verteilungsaspekte (F&E-Budget) zu relativieren sein, dennoch unterstreicht sie eine skeptische Grundhaltung gegenüber standortverteilter F&E aus Sicht der zentralen Einheiten. Nicht zuletzt dürfte auch diese negative Einschätzung dazu beigetragen haben, dass eine Reihe von Unternehmen durch die Etablierung sogenannter „Competence Center" gezielte Re-Dezentralisierung betreiben.[375]

Den vielfach euphorisch dargestellten Triebkräften, die für standortverteilte Forschung und Entwicklung angeführt werden, muss auf Grund der dargestellten und von der Praxis als schwerwiegend eingeschätzten Hemmnisse und Probleme ein deutliches Gegengewicht eingeräumt werden. Dennoch dürfen sie nicht als unlösbare Barrieren angesehen werden, sondern sind bei der organisatorischen Gestaltung standortverteilter F&E als wichtige Aktionsvariable zu verstehen.

---

[371] technical understanding; understanding of project status; understanding of processes; common measurement and compensation systems; understanding of organizational hierarchy; values; common visions, strategy and objectives; understanding of markets and customers

[372] Vgl. Hauser, J. et al. (1998), S. 335.

[373] Meyer, A. de / Mizushima, A. (1989), S. 139.

[374] Vgl. Boehmer, A. von (1995), S. 108.

[375] Vgl. Gassmann, O. / Zedtwitz, M. (1998), S. 152.

## 3.2  Strukturen standortverteilter F&E

> *„Die Menschen haben eine weitgehend vorrationale*
> *Gewohnheit, das zukünftige Verhalten anderer aus dem in*
> *der Vergangenheit beobachteten Verhalten zu extrapolieren,*
> *das heißt, die relative Konstanz des Verhaltens anderer*
> *vorauszusetzen"*
> *Carl Christian von Weizsäcker (1981)*[376]

Wird Forschung und Entwicklung in einem Unternehmen oder Unternehmensverbund über verschiedene Standorte hinweg betrieben, findet die Wissensgenerierung bzw. Wissensnutzung in unterschiedlichem Ausmaß disloziert statt. Der Umfang und die Qualität des transferierten Wissens wird dabei maßgeblich von den etablierten Organisationsstrukturen, deren Entwicklungspfad und von der mitarbeiterbezogenen Akzeptanz bzw. Einsicht in die Notwendigkeit einer standortverteilten Zusammenarbeit beeinflusst.

### 3.2.1  Grundformen standortverteilter F&E

Die Qualität der Wissensgenerierung an einem Standort und die Interaktionsbeziehungen zum Austausch dieses Wissens zwischen verschieden Standorten kann sich in Forschung und Entwicklung deutlich unterscheiden. Diese Qualität der an den jeweiligen Standorten betriebenen Forschungs- und Entwicklungsleistungen sowie ihr Austausch zu bzw. mit den anderen Standorten kann für eine strukturelle Typologie herangezogen werden.[377]

Ein maßgeblich von *Barlett* und *Ghoshal* geprägtes Modell unterscheidet für das Untersuchungsfeld internationaler Innovationsprozesse vier Formen der Interaktion zwischen einer zentralen F&E-Einheit und peripheren, lokalen Märkten zugeordneten Einheiten (vgl. Abb. 3-2).[378] Die Betrachtung ist dabei unabhängig davon, ob innerbetriebliche oder überbetriebliche Organisationseinheiten die jeweilige Entwicklungstätigkeiten wahrnehmen.

---

[376] Vgl. Weizsäcker, C. C. von (1981), S. 372.

[377] Alternative Typologisierungen fokussieren eher die jeweiligen Motive, die zur Errichtung der jeweiligen F&E-Einheit geführt haben, wie beispielsweise production support units, market oriented units, research units, politically motivated units. Vgl. Håkanson, L. / Nobel, R. (1993).

[378] Vgl. Barlett, C. A. / Ghoshal, S. (1997), S. 452ff; Gassmann, O. / Zedtwitz, M. v. (1996), S. 10.

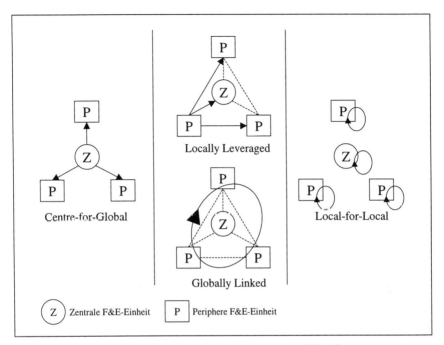

*Abb. 3-2: Typologie standortverteilter F&E-Prozesse (in Anlehnung an Barlett/Ghoshal.; Gassmann/Zedtwitz[379])*

Die beiden Extremformen, der Centre-for-Global und der Local-for-Local werden von *Barlett* und *Ghoshal* als traditionelle Ansätze bezeichnet.[380] Sie werden in dem o.a. Modell um die beiden Mischformen: Locally Leveraged und Globally Linked ergänzt. Entsprechend dem situativen Ansatz der betriebswirtschaftlichen Organisationstheorie wird den dargestellten Ausprägungsformen keine eindeutige Rangfolge zugeordnet, welche vorgibt einen „one best way" für eine weltweite F&E determinieren zu können. Vielmehr betonen *Barlett* und *Ghashal*: „In a competitive environment in which the ability to innovate is becoming the critical differentiating capability between winners and losers, companies are recognizing the need to maximize the number of ways in which they can develop innovative products and processes".[381]

Die Wahl des jeweilig geeigneten Prinzips muss somit situationsabhängig bestimmt werden. Daher erscheint es zweckmäßig, in Abhängigkeit von der jeweiligen Situation und der diese

---

[379] Vgl. Barlett, C. A. / Ghoshal, S. (1997), S. 452ff.; Gassmann, O. / Zedtwitz, M. 1996, S. 10.

[380] Vgl. Barlett, C. A. / Ghoshal, S. (1997), S. 453.

[381] Vgl. Barlett, C. A. / Ghoshal, S. (1997), S. 454.

bestimmenden Variablen die Vor- und Nachteile der vier Ausprägungsformen zu spiegeln
(vgl. Abb. 3-3).

| Grundtyp | Spezifikum | Vorteile | Nachteile |
|---|---|---|---|
| Centre-for-Global | Traditionelle Zentralentwicklung | • Geheimhaltung von Kernkompetenzen <br> • hohe Effizienz | • geringe Markt-sensibilität <br> • Widerstand gegen zentrale Vorgaben |
| Local-for-Local | Lokale kundenzentrierte Entwicklung | • hohe Kunden-akzeptanz <br> • Transparenz über Nachfrage | • Doppelentwicklungen <br> • Variantenvielfalt <br> • globale Ineffizienz |
| Locally Leveraged | Lokale Entwicklung für standortübergreifende Vermarktung | • Ausnutzen lokaler Stärken <br> • frühzeitige Streuung lokal erkannter Markttrends | • Not-Invented-Here-Syndrom (NIH)[382] <br> • lokale Nachfrage-spezifika bleiben unbeachtet |
| Globally Linked | Standortübergreifende Entwicklung | • Einsatz komplemen-tärer Ressourcen <br> • Nutzung standort-verteilter Synergien | • hohe Koordinations-kosten <br> • Kompetenz-überschneidungen |

*Abb. 3-3: Vor- und Nachteile standortübergreifender Entwicklungsprozesstypen[383]*

Die skizzierten Grundformen stecken mit ihren spezifischen Vor- und Nachteilen somit
Rahmenbedingungen für die Gestaltung standortverteilter Entwicklungsprozesse – wie z.B.
der Abwicklung technischer Produktänderungen – ab.[384] Beispielsweise ist im Fall der Local-
for-Local-Entwicklungen bei der Planung notwendiger technischer Änderungen davon
auszugehen, dass bei identischer Problemstellung und identischem Ausgangsbauteil
verschiedene, unabhängig voneinander operierende Entwicklungsstandorte andere Lösungs-
wege einschlagen. Wie auch für den Fall nicht abgestimmter Erstentwicklungsprozesse sind
die Folgen Effizienzverluste auf Grund von Doppelarbeit und die Erhöhung der Varianten-
anzahl. Letztere wird dabei nicht auf Grundlage einer kundenindividuellen Produktdifferenzierung, sondern lediglich zufallsgetrieben erzeugt. Eine bei Local-for-Local-
Entwicklungen zu unterstellende, getrennte Änderungsverwaltung kann daher – selbst im Fall
technisch identischer Änderungslösungen – eine Bestandsführung unter verschiedenen Teilenummern zur Folge haben.

---

[382] Ablehnung außerhalb der eigenen Organisationseinheit (Abteilung, Standort, Unternehmen) entwickelter
Entwicklungsergebnisse. Vgl. Hauschildt, J. (1993a), S. 81.

[383] Vgl. Barlett, C. A. / Ghoshal, S. (1997), S. 454; Gassmann, O. (1997a), S. 34.

[384] In einzelnen Studien wird allerdings die statische Rolle der lokalen F&E-Einheiten im Modell von Ghoshal
und Barlett kritisiert. *Birkinshaw* weist beispielsweise darauf hin, dass ein Wechsel von einem Grundtyp zu
einem anderen oder einer Mischform auch durch eine lokale Einheit aus Gründen der Prozesseffizienz oder auf
Grund eines zunehmenden Autonomiestrebens selbst angestoßen werden kann. Vgl. Birkinshaw, J. (1997),
S. 225.

Auf Grund des vereinfachenden Charakters des skizzierten Modells sind kaum direkte Angaben über die relative Bedeutung der vier dargestellten Grundtypen in der Praxis möglich. Insbesondere besteht bei den beiden Mischtypen das Problem einer eindeutigen Zuordnung realer standortübergreifender Entwicklungsprozesse.

Vielmehr werden dislozierte F&E-Einheiten die dargestellten Entwicklungsprozesstypen kombinieren. Hinweise über die relative Bedeutung der vier Typen liefert aber beispielsweise *von Boehmer* mit einer Studie, die u.a. die Verwertung von F&E-Ergebnissen aus 228 ausländischen F&E-Niederlassungen untersucht.[385] Die Empfänger der F&E-Leistungen sind dabei direkt mit der lokalen F&E-Einheit in Verbindung stehende Organisationseinheiten, welche sowohl nach der funktionalen Zugehörigkeit als auch danach unterschieden werden, ob es sich um interne Bereiche oder externe Entwicklungspartner handelt.

| Empfänger | relative Bedeutung * |
|---|---|
| lokale Produktionsstätte | 81,1 % |
| andere Produktionsstätten des Unternehmens | 40,4 % |
| F&E Zentraleinheit | 41,7 % |
| andere dezentrale F&E-Einheit | 39,9 % |
| Kunden | 30,7 % |
| Lieferanten | 8,8 % |
| Wettbewerber | 0 % |
| *(mehrere Antworten möglich, n = 228) | |

*Abb. 3-4: Empfänger von dezentral generierten F&E-Ergebnissen (nach von Boehmer)[386]*

Auffällig an diesem Ergebnis ist der hohe Anteil an den Entwicklungsergebnissen, die von den peripheren F&E-Einheiten für lokale Produktionsstätten erbracht werden. Zum einen wird daraus deutlich, dass die Unternehmen an den Standorten, an denen sie F&E-Aktivitäten durchführen, zu einem überwiegenden Anteil auch über Produktionsstätten verfügen. Zum anderen kann aber auch vermutet werden, dass dislozierte Produktion F&E-Aktivitäten in zumindest geringem Umfang vor Ort notwendig macht. Anpassungsentwicklungen, Serienbetreuung (Entwicklungsaufgaben vom Typ A)[387], aber auch die Erkennung und Umsetzung von (komplexeren) Änderungen (Entwicklungsaufgaben vom Typ B), können derartige Aktivitäten sein. Gestützt wird diese Annahme auch dadurch, dass es sich bei dem überwiegenden Anteil (65,9 %) der lokalen Aktivitäten um Entwicklungstätigkeiten einschließlich technischen Supports handelt, nicht jedoch um Forschungs- oder Horchpostenaktivitäten.

---

[385] Vgl. Boehmer, A. von (1995), S.67f. Die in dieser Studie untersuchte Unternehmensstichprobe setzte sich zu 41,7% aus Betrieben im Bereich Maschinenbau und Elektrotechnik und zu 49,1 % aus Unternehmen der Chemie und Pharmabranche zusammen. Die restlichen 21 (= 9,1%) einbezogenen Unternehmen kamen aus dem Lebensmittel- bzw. Agrarsektor.

[386] Vgl. Boehmer, A. von (1995), S.68. Überwiegend lagen die Aktivitäten der untersuchten F&E-Einheiten dabei im Bereich der Entwicklung (65,9 %) bzw. der Angewandten Forschung (20,2 %). Die restlichen Aktivitäten entfielen auf Grundlagenforschung, Horchpostenaktivitäten und Akquisitionsberatung.

[387] Vgl. Kapitel 2.2.6.1.

Auffällig ist auch der relativ hohe Anteil der Entwicklungsleistungen, die unmittelbar für den Kunden erbracht werden und einem allgemeinen Trend zu höheren Dienstleistungsanteilen an der betrieblichen Leistungserstellung entspricht. [388] Eine Begründung könnte darin liegen, dass zur Wahrnehmung der für die Produktentwicklung typischen komplexen Aufgabenstellungen Aufgabenträger mit hoher Expertise notwendig sind. Der Aufbau eigenen Wissens stellt sich häufig als zu langwierig dar. Durch die Einbindung von Mitarbeitern lokaler F&E-Einheiten des Zulieferers wird die erforderliche Kompetenz temporär zur Verfügung gestellt. Mit einer solchen Integration werden Schnittstellenverluste abgebaut, die im Normalfall durch die Organisationsgrenze Kunde – Lieferant bestehen.[389] Es findet damit eine **Integration** des Mitarbeiters am Standort des Kunden **bei gleichzeitiger Standortverteilung** zum eigenen Unternehmen statt.[390]

Dieses Vorgehen erweitert den in der Praxis vielfach bereits etablierten Ansatz, die Expertise der verschiedenen betrieblichen Funktionsbereiche in Entwicklungsvorhaben zu integrieren.[391] Insbesondere in der Automobilindustrie wurden beispielsweise bereits in der Produktentwicklung Büroräume geschaffen, in denen Mitarbeiter des Zulieferers und des Kunden in unmittelbarer Nähe arbeiten. Entwicklungsprojekte werden daher zunehmend in gemischten Teamstrukturen sowohl funktions- als auch unternehmensübergreifend gestaltet. Neben der Einbindung des Know-hows der Entwicklungspartner wird insbesondere auch ein höheres Maß gemeinsamer Verantwortung im Sinne eines „shared ownership" implementiert.[392] Ein Beispiel für eine derartige Organisationsstruktur in der Praxis zeigt die folgende Abbildung (vgl. Abb. 3-5).

---

[388] Vgl. Engelhardt, W. H. / Kleinaltenkamp, M. / Reckenfelderbäumer, M. (1993); Dango, R. / Sontow, K. (1999).

[389] Vgl. Clark, K. B. / Fujimoto, T. (1992), S. 166.

[390] Dabei kann die Abkopplung vom eigenen Unternehmen mit deutlichen Nachteilen behaftet sein wie beispielsweise einer mangelnden Weiterqualifizierung aus Sicht des Mitarbeiters oder einer stärkeren Loyalitätsbindung an den Kunden anstelle an den eigenen Arbeitgeber.

[391] Die Bedeutung einer funktionsbereichsübergreifenden Zusammenarbeit in der Produktentwicklung wurde bereits vielfach in der Ingenieurwissenschaft herausgestellt. Vgl. insbes. Ehrlenspiel, K. (1995), S. 148ff. Mittlerweile wird dieser Aspekt aber auch von betriebswirtschaftlichen Beiträgen aufgegriffen. Vgl. Höfer, C. E. (1997), S. 193.

[392] Vgl. Johne, F. A. / Snelson, P. A. (1989), S. 118. Als Nachteil derartiger Organisationsformen wird die stärker ausgeprägte Schnittstelle zu der eigenen Zentralentwicklung einschließlich „multipler Loyalitäts-anforderungen" diskutiert. Vgl. Ortmann, G. / Sydow, J. (1999), S. 206.

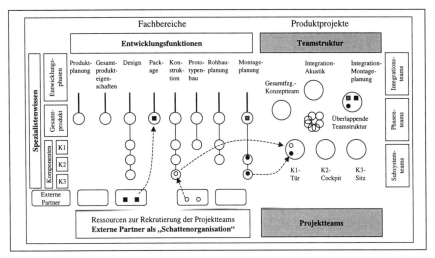

*Abb. 3-5: Einbezug externer Ressourcen in Projektteams am Beispiel der Automobilentwicklung (nach Meier-Kortwig)[393]*

Allerdings kann die Schnittstellenproblematik durch derartige Maßnahmen nicht vollständig gelöst werden. Durch die Abkopplung vom eigenen Unternehmen entstehen für die bei den jeweiligen Kunden angesiedelten Mitarbeiter neue Probleme der Standortverteilung.[394] Dies äußert sich beispielsweise in der Problematik multipler, teilweise konfliktbehafteter Loyalitätsanforderungen, die der betroffene Mitarbeiter zu erfüllen hat.[395] Der unmittelbare Informationsfluss zum Kunden ist zwar verbessert, innerhalb der eigenen Organisation ist dieser allerdings gehemmt, was indirekt auch eine Verschlechterung für den Kunden bedeutet.

Implizit machen derartige Strukturen auch deutlich, dass die standortübergreifende Produktentwicklung nicht zwangsläufig bedeutet, lediglich Mechanismen zur Kopplung von Organisationen in einer bestehenden Zusammensetzung zu entwickeln. Ein derartiges Vorgehen reduziert sich allzu oft lediglich auf Fragestellungen, inwieweit mittels geeigneter Medien bestehende Strukturen unterstützt werden können. Vielmehr sind aber auch innovative bzw. hybride Formen der Leistungserstellung abzuwägen, für die Abb. 3-5 nur ein einzelnes, konkretes Beispiel darstellt.[396]

Erschwerend für die Umsetzung derartiger hybrider Strukturen ist allerdings, dass ein direkter ökonomischer Zusammenhang zwischen beispielsweise unternehmensübergreifenden Team-

---

[393] Vgl. Meier-Kortwig, K. (1998), S. 76.

[394] Vgl. Luczak, H. / Eversheim, W. (1999), S. 157.

[395] Vgl. Ortmann, G. / Sydow, J. (1999), S 206.

[396] Zur Bedeutung hybrider Formen der vertikalen Integration vgl. auch Kapitel 2.2.5.3.2 .

strukturen (wie z.B. die im skizzierten Beispiel) und Unternehmenserfolg kaum nachgewiesen werden kann. Die Transaktionskostentheorie kann in diesem Zusammenhang zwar Hinweise über einzubeziehende Kostengrößen, Umweltfaktoren und Transaktionsatmosphäre geben (vgl. Kapitel 2.2.5.3), eine genaue Bestimmung bleibt meist jedoch schwierig oder unmöglich. Eine exakte Bestimmung inwieweit die Einbindung eines Entwicklers bei einem Kunden bei gleichzeitiger Standortverteilung zum eigenen Unternehmen zu einer Erhöhung oder Verminderung des F&E-Erfolgs[397] geführt hat, bleibt zwangsläufig Spekulation.

Dies wurde in einer Studie von *Kahn* und *McDonough* bestätigt, indem der Erfolg von funktions- und unternehmensübergreifenden Teams untersucht wurde. Der Einfluss einer zeitweisen Leistungserbringung am Ort des Kunden, von den Autoren als co-location bezeichnet, wurde im Hinblick auf Unternehmensleistung, Zusammenarbeit und Zufriedenheit untersucht.[398] Während hinsichtlich der Unternehmensleistung kein signifikanter Unterschied bei räumlicher Zusammenarbeit nachweisbar war, konnte in Bezug auf die Güte der Zusammenarbeit und der Zufriedenheit jedoch ein signifikanter, positiver Zusammenhang festgestellt werden. *Smith* und *Eppinger* konkretisieren diesen Vorteil, indem sie ausführen, dass „...co-location of team members responsible for tightly coupled activities, allowing faster and more frequent information exchanges and faster resolution of conflicting issues...".[399]

### 3.2.2   Pfade standortverteilter F&E

Die in Kapitel 3.1.1 beschriebenen Triebkräfte für eine standortverteilte Forschung und Entwicklung führen in den Unternehmen über die Formulierung von Globalisierungs-strategien mittels der Implementierung verteilter F&E-Strukturen zu deren operativer Umsetzung. Infolge von monetären Restriktionen, hoher Komplexität und der gezielten Nutzung von bereits gewonnenen Erfahrungen erfolgt der Aufbau dieser Strukturen häufig schrittweise. *Meffert* identifiziert im Rahmen der Internationalisierung von Unternehmungen drei Evolutionsstufen:[400]

1. Sicherung der Aktivität am angestammten Markt durch Wahrnehmung attraktiver Auslandsgeschäfte ohne Berücksichtigung standortspezifischer Besonderheiten. Das Ziel der Geschäftsausdehnung besteht in der Sicherung des inländischen Unternehmens-bestands.

---

[397] Schon die Bestimmung des kausalen Zusammenhangs zwischen F&E-Aktivität und Markterfolg ist kaum eindeutig. Anstelle eines in Geldeinheiten bestimmbaren Erfolgsmaßstabs werden eine Fülle von individuell gewichteten Erfolgsindikatoren verwendet. Vgl. z.B. Schmelzer, H. J. (1992), S. 74f.

[398] In dieser Studie wurden im Bereich der Elektronikbranche insgesamt 514 Fragebögen ausgewertet, die an die Marketing, Produktions- und F&E-Abteilungen gerichtet waren. Vgl. Kahn, K. B. / McDonough, E. F. (1997), S. 161ff.

[399] Smith, R. P. / Eppinger, S. D. (1997), S. 290.

[400] Vgl. Meffert, H. (1989), S. 446.

2. Länderspezifische Gewinnoptimierung durch weitgehend autonome Organisationseinheiten mittels eines standortspezifischen Angebots. Der Wettbewerb wird nach lokalen Gegebenheiten ausgerichtet und optimiert.

3. Realisierung eines globalen Gesamtoptimums durch Umsetzung einer einheitlichen Strategie. Im Mittelpunkt steht die standortübergreifende, globale Optimierung der Wettbewerbsaktivitäten (geozentrische Orientierung).

Eine differenziertere, auf die gesamte Wertschöpfungskette erweiterte Betrachtung dieser Evolution findet sich bei *Henzler*.[401] In seinem Ansatz werden sechs Schritte unterschieden (vgl. Abb. 3-6), deren sequentielles Durchlaufen nicht zwingend erforderlich ist. Ebenso sind die Übergänge zwischen den einzelnen Stufen fließend zu verstehen. Teilelemente einer nachfolgenden Stufe, wie z.B. erste Fertigungsschritte parallel zu Montagetätigkeiten, können schon in früheren Evolutionsstufen durchgeführt werden.

Auch bei Fokussierung von Forschung und Entwicklung ist bei dem Aufbau eigener Kapazitäten von einer evolutionären Einführung auszugehen. Erste Aktivitäten einer standortverteilten Forschung und Entwicklung werden schon in einer frühen Evolutionsstufe, z.B. produktionsbegleitend einsetzen. Abb. 3-6 zeigt ein mögliches Szenario dieser Ausbaustufen im F&E-Bereich.

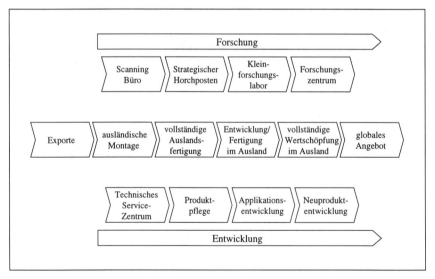

*Abb. 3-6: Evolutorische Betrachtung von Auslandsaktivitäten (in Anlehnung an Gassmann/Zedtwitz; Henzler[402])*

---

[401] Vgl. Henzler, H. A. (1992), S 85ff.

[402] Vgl. Gassmann, O. / Zedtwitz, M. von (1996); S. 9; Henzler, H. A. (1992), S 85.

Die ökonomische Vorteilhaftigkeit einer schrittweisen Erweiterung der Wertschöpfungs-aktivitäten im Bereich von Forschung und Entwicklung liegt insbesondere in der Möglichkeit Erfahrungen zu sammeln, bevor weitere spezifische Investitionen getätigt werden, die bei einem Scheitern der Auslandsaktivitäten als „sunk costs" zu betrachten sind. *Koller, Raithel* und *Wagner* identifizieren die ökonomische Vorteilhaftigkeit einer sequentiellen Ausdehnung von Auslandsaktivitäten in der Möglichkeit Unsicherheit bzw. Informationsasymmetrien abzubauen, z.B. durch:[403]

• die schrittweise Integration vorhandenen Wissens über den Zielmarkt,
• den schrittweisen Ausbau von Kooperationsbeziehungen zu Partnern auf dem jeweiligen Zielmarkt,
• die Sammlung von Erfahrungen über die sonstigen Schwierigkeiten dislozierter Wertschöpfung, von denen die Ausweitung der Ressourcenbindung auf dem Zielmarkt und damit das Verlustpotential abhängt.

Die Erweiterung der jeweiligen Aktivitäten kann dabei sowohl von der Zentrale als auch von der jeweiligen lokalen Unternehmenseinheit ausgehen. Die Initiative der lokalen Organi-sationseinheit kann dabei durch einen unternehmensinternen Wettbewerb um Erweiterungs-investitionen oder durch die Erweiterung des Produktangebotes geprägt sein.[404]

Ein begleitendes Phänomen bei der schrittweisen Einführung betrifft auch einen wichtigen Koordinationsaspekt. Während in den ersten Phasen des Aufbaus der standortverteilten F&E-Aktivitäten zumeist nur geringe formelle Vorgaben aus der Zentrale vorgenommen werden, entwickeln sich eigene von der lokalen Einheit entworfene Mechanismen. Mit zunehmendem Ausbau der lokalen Aktivitäten versucht die Zentrale jedoch unternehmensweit gültige Koordinationsmechanismen durchzusetzen. Ein beispielsweise lokal definierter Änderungs-prozess kann dann in erheblichem Widerspruch zu dem von der Zentrale vorgegebenen Vorgehen stehen. Die im vorherigen Abschnitt diskutierten Nachteile gelten analog.

Der schrittweisen, evolutionären Vorgehensweise wird aber auch insgesamt Kritik entgegen-gebracht.[405] Der zentrale Nachteil einer sequentiellen Entwicklung wird im hohen Zeitbedarf gesehen.[406] Vor dem Hintergrund der heutigen Marktdynamik erscheint zum einen eine streng sukzessive Vorgehensweise kaum realistisch. Vielmehr würden F&E-Einheiten anhand der jeweiligen Aufgabenstellung direkt und nicht über ein sequentielles Vorgehen implementiert, wobei das Verlustpotential durch die spezifische Ressourcenbindung – ohne dass zunächst Erfahrungen gesammelt werden können – erheblich sein kann.

---

[403] Vgl. Koller, H. / Raithel, U. / Wagner, E. (1998), S. 189.

[404] Vgl. Birkinshaw, J. / Fry, N. (1999), S. 52ff.

[405] Vgl. Boehmer, A. von (1995), S. 16; Henzler, H. A. (1992), S. 87.

[406] Vgl. Koller, H. / Raithel, U. / Wagner, E. (1998), S. 190.

Zum anderen ist auch das Ziel, die letzte Evolutionsstufe zu erreichen, in Frage zu stellen. Situative Bedingungen hinsichtlich der Branche, Marktstruktur und –attraktivität, aber auch interne Restriktionen sind für die anzustrebende Stufe entscheidend.

### 3.2.3 Kulturspezifische Einflüsse auf die Struktur

Standortverteilte Forschung und Entwicklung ist in hohem Maße von kulturellen Unterschieden beeinflusst.[407] Gleichzeitig ist kaum ein Aspekt derartig diffus und sensibel wie die Frage nach den kulturellen Einflüssen auf Organisationen. Selbst kulturelle Divergenzen können weder pauschal positiv noch pauschal negativ eingeschätzt werden. Zum einen können sie zu extremen Prozessverzögerungen beitragen, zum anderen aber auch den entscheidenden Vorteil für einen Innovationserfolg darstellen.

Um im Hinblick auf die Gestaltung von Organisationen bewusst mit kulturellen Aspekten umgehen zu können, ist zunächst ausreichende Transparenz über die kulturbestimmenden Faktoren notwendig. Unabhängig davon, ob diese Faktoren einer Unternehmenskultur[408] direkt zugeschrieben werden oder indirekt durch den individuellen und regionaltypischen Kontext auf das Unternehmen wirken – Kultur drückt sich zum einen immer über Elemente aus wie Symbole, Verhaltensvorbilder, Rituale und Wertvorstellungen (vgl. Abb. 3-7).

|   | **Bedeutung** | **Beispiele auf Organisationsebene** |
|---|---|---|
| Symbole und Sprachregelung | Worte, Objekte und Gesten, deren Bedeutung auf Konventionen zurückgeführt werden | • Verwendung von Abkürzungen <br> • Anredeformen <br> • Kleidungsvorschriften <br> • Statussymbole |
| Verhaltensvorbilder | Tatsächliche oder erfundene Idealbilder von Menschen, die kulturkonform agieren | • „ideale Mitarbeiter" <br> • „ideale Manager" |
| Rituale | Kollektive Aktivitäten, die in der Regel zwar überflüssig, aber innerhalb der jeweiligen Kultur aus sozialen Gründen notwendig sind (z.B. Begrüßungsfloskeln) | • Verspätungen bei Besprechungen durch den Hierarchiehöchsten <br> • div. formale Aktivitäten, die tradiert aber nicht mehr notwendig sind (z.B. tägliche Aktennotiz) |
| Wertvorstellungen | Breitgefächerte Gefühle, derer die Menschen sich kaum bewusst sind und sie nur eingeschränkt beschreiben können (z.B. Einschätzungen, was gut oder schlecht, erstrebenswert etc. ist) | • partnerschaftlicher vs. opportunistischer Umgang mit Kunden / Lieferanten <br> • Technische Änderungen als Hinweis des Versagens vs. Änderungen als Lernoption |

*Abb. 3-7: Übersicht verschiedener Kulturelemente (nach Hofstede; Ulich)[409]*

---

[407] Vgl. Jones, G. K. / Davis, H. J. (2000).

[408] *Hahn* fasst den Begriff der Unternehmenskultur beispielsweise weit auf: „In Verbindung mit spezifischen Werthaltungen bilden gewachsene Verhaltens- und Orientierungsmuster der Führung das, was man heute auch als Führungskultur oder weitergefasst als Unternehmenskultur bezeichnet."

[409] Vgl. Hofstede, G. (1993), S. 127ff; Ulich, E. (1994), S. 441.

Zum anderen kann Kultur aber auch hinsichtlich verschiedener Kulturdimensionen differenziert werden (vgl. Abb. 3-8), z.B. in Bezug auf die Frage nach der Bedeutung von Macht. Eine derartige Strukturierung bildet einen wichtigen Orientierungsrahmen welche kulturellen Aspekte bei der Implementierung von Organisationsstrukturen, dem Aufstellen von Richtlinien oder bei der Anpassung von Methoden und Werkzeugen berücksichtigt werden müssen. Unter dem in einer Kulturdimension beschriebenen Blickwinkel und der jeweiligen realen Ausprägung (situative Bedingung) erhalten die in Abb. 3-7 skizzierten Kulturelemente unterschiedliche Bedeutungen.[410]

Die in Abb. 3-8 exemplarisch aufgeführten Kulturdimensionen sind bipolar beschrieben. Reale Phänomene werden in einem Kontinuum zwischen den beiden dargestellten Extrempunkten zu verorten sein. Auch die Zuordnung der einzelnen Effekte auf Ebene der Organisation versus Ebene des regionalen bzw. individuellen Kontextes muss fließend verstanden werden. In der Literatur wird bei der Unterscheidung zwischen Unternehmens- und Landeskultur auf zwei gegensätzliche Ansätze hingewiesen.[411] Zum einen existieren Meinungen, dass es sich bei beiden Kulturformen um konkurrierende und damit isolierbare Einflussmuster handelt. Zum anderen sind in der sogenannten kulturalistischen Management-forschung aber auch Ansichten verbreitet, die Unternehmenskultur nur als geringfügige Abweichung von der Landeskultur einschätzen.[412] Die zweite Sichtweise wird allerdings durch eine Reihe von Unternehmensbeispielen konterkariert, die zeigen, dass durchaus eine Dominanz der Unternehmenskultur über die jeweilige Landeskultur möglich ist.[413] Die dargestellten Dimensionen eignen sich, kulturspezifische Unterschiede in den Unternehmen zu beschreiben sowie Maßnahmen zu ergreifen, die je nach Zielsetzung kulturelle Divergenzen ausgleichen oder bewusst bewahren.[414] Dabei ist festzustellen, dass sowohl die Philosophie des kulturellen Ausgleichs als auch des Bewahrens in der Praxis Niederschlag gefunden haben.[415]

---

[410] Während beispielsweise bei einer hohen Machtdistanz (hohe Bedeutung der Machtposition) eine Parkplatzordnung erheblichen Einfluss und Bedeutung für die Mitarbeiter besitzt, ist ein solches Symbol bei niedriger Machtdistanz von untergeordneter Bedeutung.

[411] Vgl. Schreyögg, G. (1993), S. 152.

[412] *Schreyögg* beschreibt diese Eigenschaft der Unternehmenskultur plastisch als „...Charakter peripherer Oszillationen um die jeweilige Landeskultur." Schreyögg, G. (1993), S. 152.

[413] Vgl. Schreyögg, G. (1993), S. 153,162f; Meffert, H. (1989), S. 455. Diese Sicht kommt auch dem von *Prahalad* und *Hamel* propagierten ressourcenbasiertem Ansatz nahe, der davon ausgeht, dass die Wettbewerbsstärke eines Unternehmens weniger auf Umweltbedingungen als auf interne Ressourcen und Kernkompetenzen zurückzuführen ist. Vgl. Prahalad, C. K. / Hamel, G. (1990); Welge, M. / Holtbrügge, D. (1997), S. 1057.

[414] Vgl. auch Jones, G. K. / Davis, J. (2000), S. 24ff.

[415] Gassmann, O. (1997a), S. 215.

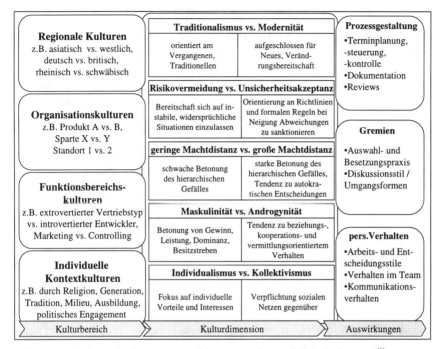

| Kulturbereich | Kulturdimension | | Auswirkungen |
|---|---|---|---|

**Regionale Kulturen**
z.b. asiatisch vs. westlich,
deutsch vs. britisch,
rheinisch vs. schwäbisch

**Traditionalismus vs. Modernität**

| orientiert am Vergangenen, Traditionellen | aufgeschlossen für Neues, Veränd- rungsbereitschaft |
|---|---|

**Risikovermeidung vs. Unsicherheitsakzeptanz**

**Organisationskulturen**
z.b. Produkt A vs. B,
Sparte X vs. Y
Standort 1 vs. 2

| Bereitschaft sich auf in- stabile, widersprüchliche Situationen einzulassen | Orientierung an Richtlinien und formalen Regeln bei Neigung Abweichungen zu sanktionieren |
|---|---|

**geringe Machtdistanz vs. große Machtdistanz**

| schwache Betonung des hierarchischen Gefälles | starke Betonung des hierarchischen Gefälles, Tendenz zu autokra- tischen Entscheidungen |
|---|---|

**Funktionsbereichs-kulturen**
z.b. extrovertierter Vertriebstyp
vs. introvertierter Entwickler,
Marketing vs. Controlling

**Maskulinität vs. Androgynität**

| Betonung von Gewinn, Leistung, Dominanz, Besitzstreben | Tendenz zu beziehungs-, kooperations- und vermittlungsorientiertem Verhalten |
|---|---|

**Individuelle Kontextkulturen**
z.b. durch Religion, Generation,
Tradition, Milieu, Ausbildung,
politisches Engagement

**Individualismus vs. Kollektivismus**

| Fokus auf individuelle Vorteile und Interessen | Verpflichtung sozialen Netzen gegenüber |
|---|---|

**Prozessgestaltung**
•Terminplanung,
-steuerung,
-kontrolle
•Dokumentation
•Reviews

**Gremien**
•Auswahl- und Besetzungspraxis
•Diskussionsstil / Umgangsformen

**pers.Verhalten**
•Arbeits- und Ent- scheidungsstile
•Verhalten im Team
•Kommunikations- verhalten

*Abb. 3-8: Verschiedene Kulturdimensionen (in Anlehnung an von Rosenstiel, Hofstede, Gassmann)[416]*

Problematisch sind Bestrebungen, kulturelle Unterschiede auszugleichen. Insbesondere im Rahmen von Unternehmensübernahmen bzw. –zusammenschlüssen. Die Organisationskultur des dominierenden Unternehmens wird dabei häufig normativ als die überlegene festgelegt und auf alle Einheiten übertragen. Nur in Einzelfällen fordern Praktiker ex ante von einer „Gleichwertigkeit kultureller Unterschiede" auszugehen und unvoreingenommen die jeweiligen Stärken zu nutzen.[417]

Die Auswirkungen der kulturellen Einflüsse in Organisationen sind allgegenwärtig. In der Abb. 3-8 sind beispielhaft derartige Auswirkungen auf Organisationsstruktur, Prozess-gestaltung sowie Individualebene dargestellt. Für den Bereich der Konstruktion bestätigt *Eder* beispielsweise die bekannten Unterschiede bei der Zusammenarbeit von Gruppen zwischen westlichen und japanischen Unternehmen.[418] Während der in den USA und Kanada für weite Lebensbereiche zu identifizierende Individualismus auch die betriebliche Tätigkeit in der Konstruktion prägt, ist die Zusammenarbeit in Gruppen in Japan von deutlich höherem

---

[416] Vgl. Rosenstiel, L. von (1993), S. 180; Hofstede, G. (1993), S. 129ff.; Gassmann, O. (1997), S. 216.

[417] Vgl. Schrempp, J. (1997), S. VI.

[418] Vgl. Eder, W. E. (1994).

Stellenwert. Dieses Verhalten setzt sich bis auf die Ebene der Methodenverwendung durch: Der Einsatz von Methoden in der Konstruktion ist in den USA insbesondere mit der Frage nach Effizienz verbunden. „Typisch für die USA ist die Einzelanwendung einer bestimmten (meist neuen) Methodik und ihre Verwerfung (oder mindestens Ablösung), sobald festgestellt wird, dass sie nicht so wirksam ist, wie man erwartet hatte."[419] Ein derartiges Verhalten kann ein Einflussfaktor sein, dass in westlichen Unternehmen – auch im Änderungsmanagement – häufig ein „Methodenwildwuchs" sowie die Umgehung festgelegter Verfahren über sogenannte „Bypass-Lösungen" stattfindet.[420] Problematisch ist bei einer solch individuellen Entwicklung von Methoden und Instrumenten sowie hinsichtlich ihres Einsatzes insbesondere, dass damit häufig isolierte Insellösungen entstehen. *Zanker* weist beispielsweise auf den vielfach beklagten Missstand hin, dass individuell entstandene Methoden in der Produktentwicklung kaum dem Anspruch einer durchgängigen Informations-dokumentation entsprechen können.[421]

In Japan ist dagegen eine Abstimmung über die Verwendung, Ausgestaltung oder Ablösung von Methoden stärker verbreitet.[422] Der Vorteil einer gemeinsamen und konsistenten Methodennutzung wird damit über die persönliche Präferenz gestellt, der kreative Freiraum allerdings beschnitten.

Auch bei der Verwertung externer Entwicklungsergebnisse ist diese kulturelle Differenz festzustellen. Auf Grund der individualistischeren Einstellung ist der „Not-Invented-Here-Effekt" (vgl. Kapitel 3.1.3) in westlichen Ländern im Vergleich zu Japan deutlich ausgeprägter. *Albach, de Pay* und *Rojas* stellen beispielsweise fest: „Die Ursachen für den NIH-Effekt sind vor allem in der individualistisch geprägten Kultur Deutschlands zu suchen, in der hauptsächlich die eigene Leistung zählt. Da in deutschen Unternehmen die Karrierechancen bei eigenen Entwicklungen höher sind, führen FuE-Mitarbeiter nur wider-willig fremde Entwicklungen zu Ende."[423]

### 3.2.4  Mechanismen zur Koordination standortverteilter Strukturen

Standortverteilte Forschung und Entwicklung macht Koordination notwendig, auf deren grundsätzliche Bedeutung im Rahmen arbeitsteiliger Prozesse bereits in Kapitel 2.2.1 eingegangen wurde. Koordinationsmechanismen bzw. Koordinationsinstrumente dienen z.B.

---

[419] Vgl. Eder, W. E. (1994), S. 190.

[420] Vgl. Conrat, J.-I. (1997), S. 108.

[421] Vgl. Zanker, W. (1999), S. 116.

[422] Vgl. Eder, W. E. (1994), S. 190.

[423] Albach, H. / de Pay, D. / Rojas, R. (1991), S. 318.

in Form von Plänen oder persönlichen Weisungen als organisatorische Regelungen zur Koordination zwischen organisatorischen Einheiten.[424]

Dabei hängt ihre Güte entscheidend davon ab, inwieweit sie für das jeweilige Koordinationsproblem adäquate Unterstützung bieten. Die Bedingung der Standortverteilung sowie der Fokus auf das Feld von Forschung und Entwicklung beeinflusst die Gestaltung derartiger Instrumente. In Abhängigkeit vom Grad der Standortverteilung beispielsweise sieht *Welp* für die Produktentwicklung tendenziell steigende Anforderungen hinsichtlich der notwendigen Koordinationsumfänge, z.B. speziell an den Schnittstellen der standortverteilten F&E-Einheiten.[425]

Vorgeschlagen wird für den Kontext standortübergreifender bzw. internationaler F&E-Aktivitäten eine große Bandbreite an Koordinations- und Integrationsinstrumenten, wobei es sich überwiegend um Anpassungen der auch in anderen Funktionsbereichen eingesetzten Mechanismen handelt (vgl. Abb. 3-9).[426]

---

[424] Vgl. Kieser, A. / Kubicek, H. (1992), S. 103.

[425] Offen bleibt allerdings, wie *Welp* einen unterschiedlichen Grad spezifizieren will. Vgl. Welp, E. G. (1996), S. 320.

[426] Vgl. Kieser, A. / Kubicek, H. (1992), S. 281.

---

**Strukturale Mechanismen**

• *Abteilungs- Bereichsbildung:* Diese Strukturierung lenkt die Aufmerksamkeit der Entscheider auf bestimmte Aspekte der Koordination und veranlasst sie, andere zu vernachlässigen: Gebietsdivisionen fokussieren Spezifika von Ländern oder Regionen; weltweit operierende Produktdivisionen lassen eher die Besonderheiten der Produkte in den Vordergrund treten.

• *Zentralisierung/Dezentralisierung:* Die Zentrale kann sich bestimmte Entscheidungen vorbehalten oder auch Entscheidungen fallbezogen an sich ziehen. Durch zentrale Entscheidungen wird eher die Strategie der Konzernleitung verfolgt; dezentral zu treffende Entscheidungen lassen Raum für lokale Anpassungen. Teilweise wird im Rahmen von F&E-Projekten die Überlagerung der standortverteilten Einheiten durch ein temporär einzurichtendes Kontrollgremium empfohlen.[427]

• *Programme:* Verfahrensrichtlinien, Regeln, Handbücher, Stellenbeschreibungen

• *Planung:* Strategische Planung, Zielvereinbarung über Mengen und Preise, Budgetierung, Produkt-/ Technologieportfolios; Verwendung von „Master-Pflichtenheften", welche ein gemeinsames Projektverständnis schaffen sollen und den Rahmen für die individuell abzuleitenden Pflichtenhefte der beteiligten Unternehmen vorgibt[428]

• *Ergebniskontrolle:* Erfahrungs- und Ergebnisberichte von z.b. standortverteilten F&E-Einheiten oder Profit Centern. Zu beachten ist, dass bereits die Vorgabe von Kontrollkriterien das Verhalten der standortverteilten Einheiten beeinflusst

• *Strukturierte Selbstabstimmung:* fest eingerichtete Komitees, Projektgruppen, Ausschüsse usw., die mit Repräsentanten der Zentrale und der peripheren Einheiten besetzt sind.

**Nicht-strukturale Mechanismen**

• *Persönliche Kontakte:* Face-to-Face Besuche, Kommunikation mittels Kommunikationsmedien adäquater „media richness"[429]

• *Lenkpreissysteme:* Unternehmensinterne Verrechnung ausgetauschter (Entwicklungs-)Leistungen

• *Sozialisation:* Schaffung und Pflege einer übergreifenden Organisationskultur, Transfer von Mitarbeitern, geplante Job Rotation von F&E-Mitarbeitern z.B. in den Produktions- oder Marketingbereich

*Abb. 3-9: Maßnahmen zur Koordination standortübergreifender Aktivitäten (in Anlehnung an Kieser/Kubicek; Meffert; Reger[430])*

Über die Anpassung der skizzierten Mechanismen an die Anforderungen standortverteilter F&E-Aktivitäten hinaus wird auch eine Verschiebung der Bedeutung der Instrumente untereinander bei Anwendung im Forschungs- und Entwicklungsbereich diskutiert. Dabei wird zunehmend eine Verlagerung der eher technokratischen Mechanismen zu Gunsten der informalen und kulturorientierten Instrumente postuliert.[431]

Die eingeschränkte Anwendungsmöglichkeit der strukturalen Mechanismen wird am Beispiel der Planung und Ergebniskontrolle deutlich: Entwicklungsvorhaben sind naturgemäß mit technologischen Unsicherheiten sowie mit ökonomischen Verwertungsrisiken behaftet.

---

[427] Vgl. Funk berichtet für die Abwicklung von Projektaufträgen in einem Großkonzern, dass eine Aufteilung der Aktivitäten auf standortverteilte Organisationseinheiten nur dann erfolgreich ist, wenn zu der Abwicklung des Projektes diesen Einheiten temporär eine übergeordnete Instanz überlagert wird. Funk, J. (1998), S. 195.

[428] Vgl. Welp, E. G. (1996), S. 325.

[429] „Reiche" Kommunikationsmedien, wie Videokommunikation bieten eine Vielzahl paralleler Kanäle (Sprache, Tonfall, Gestik, etc.), bei „armen" Kommunikationsformen stehen nur wenige solcher Kanäle (im nichttechnischen Sinne verstanden) zur Verfügung. Vgl. Reichwald, R. et al. (1998), S. 55ff.

[430] Vgl. Kieser, A. / Kubicek, H. (1992), S. 281; Reger, G. (1997), S. 86; Meffert, H. (1993), S. 33.

[431] Vgl. Meffert, H. (1993), S. 28; Macharzina, K. (1993), S. 77.

Letztere werden zum einen teilweise erst Jahre nachdem die Entwicklung abgeschlossen ist sichtbar und sind zudem auch durch andere Funktionsbereiche (z.b. Vertrieb) mit zu verantworten.[432] Aus diesem Grund wird häufig die Kenngröße der Forschungs- und Entwicklungsaufwendungen als Maß für die F&E-Intensität ersatzweise genutzt. Eine solche inputorientierte Größe eignet sich zur Koordination standortverteilter F&E-Einheiten aus den dargestellten Gründen aber nur sehr eingeschränkt. Auch die alternativ vorgeschlagenen eher outputorientierten und beispielsweise in den USA verstärkt angewendeten Indikatoren wie Patentanmeldungen oder Fachveröffentlichungen stellen kaum einen wirksamen Koordinationsmechanismus dar.[433] Verschärft wird diese Situation zudem dadurch, je stärker die wahrzunehmende Entwicklungsaufgabe als komplex, von hohem Neuigkeitsgrad, schlecht strukturiert und variabel einzuschätzen ist (Entwicklungsaufgabe vom Typ B).[434]

Insgesamt ist die Anwendung und die konkrete Ausgestaltung der in Abb. 3-9 skizzierten Instrumente von der jeweiligen Koordinationsaufgabe abhängig. *Reger* sieht beispielsweise strukturale Mechanismen als geeignet an, eine Integration von F&E und übergreifenden Unternehmensstrategien herzustellen.[435] Nicht-strukturale Sozialisationsprozesse eignen sich wiederum zum Zweck des Abbaus von Funktionsbereichs- oder Standortegoismen.

Die spezifische Ausgestaltung der Instrumente steckt aber gleichzeitig auch den Rahmen für Teil- oder Querschnittsbereiche ab, die mit der Forschung und Entwicklung in enger Wechselwirkung stehen oder in diesem Bereich integriert sind. Für die Gestaltung eines Änderungsmanagements ergeben sich hieraus beispielsweise erhebliche Restriktionen. Beispielsweise können

- übergeordnete Verfahrensanweisungen oder Richtlinien den Gestaltungsspielraum im Änderungsmanagement erheblich beeinflussen,
- etablierte Gremien möglicherweise die Besetzung eines Change Control Boards beeinflussen oder
- Standortkulturen in F&E auch maßgeblichen Einfluss darauf nehmen, ob Änderungen eher als zu sanktionierender Fehler oder als Lernchance aufgefasst werden.

---

[432] Vgl. z.B. Gierl, H. / Kotzbauer, N. (1992), S. 974-989.

[433] Vgl. Werner, B. M. / Souder, W. E. (1997), S. 29ff.

[434] Vgl. Kapitel 2.2.6.1.

[435] Vgl. Reger, G. (1997), S. 131.

# 4 Ergebnisse zum Änderungsmanagement in standortverteilten Strukturen

## 4.1 Vom traditionellen Änderungswesen zum Integrierten Änderungsmanagement im Kontext der Standortverteilung

> *„An ECO spent most of its lifetime ˋsitting on someone's desk,ˋ waiting for further processing."*
> *Christoph H. Loch und Christian Terwiesch (1999)*[436]

### 4.1.1 Traditionelles Änderungswesen

In der industriellen Praxis sind bis heute vielfach Strukturen eines als traditionell zu bezeichnenden Änderungswesens zu beobachten, welches sich seit den 60er bzw. 70er Jahren nur geringfügig geändert hat. Kennzeichnend sind dabei aufbau- und ablauforganisatorische Regelungen, die im Rahmen von betriebsspezifischen Verfahrensanweisungen oder Werk-Normen[437] zumeist starre Vorgaben über die Einlastung und Durchführung von Änderungen vorgeben. Änderungsspezifische Differenzierungen auf Basis von Klassifikationen werden nur vereinzelt vorgeschlagen.[438] Der Änderungsvorgang in deutschen Unternehmen ist häufig an dem in der DIN 199 – Teil 4 dargestellten Schema orientiert (vgl. Abb. 4-1). Hauptschritte sind dabei der Änderungsvorlauf mit der Formulierung, Begutachtung und Genehmigung des Änderungsantrages sowie die Änderungsdurchführung mit der Umsetzung der genehmigten Änderungsmaßnahmen.

---

[436] Vgl. Loch, C. H. / Terwiesch, C. (1999), S. 146.

[437] Vgl. Kapitel 2.1.2.1.2.

[438] *Wolff* unterscheidet beispielsweise drei Arten der Änderungsabwicklung: Änderungsdurchführung ohne formale Antragsstellung, formale Antragsstellung mit der Folge eines verkürzten bzw. vollständigen Änderungsdurchlaufs. Vgl. Wolff, P. (1973), S. 324.

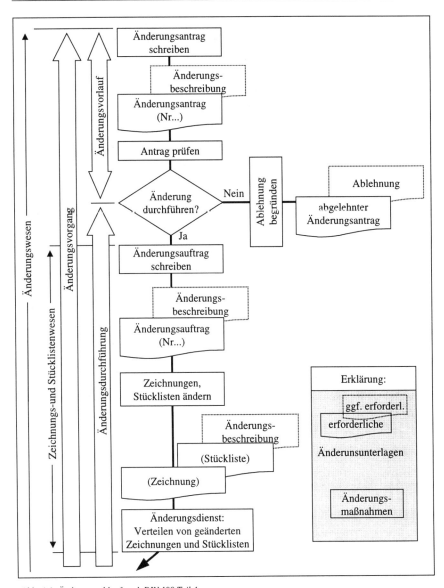

*Abb. 4-1: Änderungsablauf nach DIN 199 Teil 4*

Typisch für das traditionelle Änderungswesen ist weiterhin, dass sowohl die zu ändernden Entwicklungsdokumente[439], insbesondere Zeichnungen, als auch die zur Durchführung und

---

[439] Vgl. zur Übersicht Abb. 2-3.

Steuerung der Änderung selbst benötigten Unterlagen papierbasiert sind. Der Einsatz von Rechnerwerkzeugen ist im traditionellen Änderungswesen nur in Einzelfällen wie in der Produktdatenverwaltung durch PPS-Systeme realisiert. Als Hilfsmittel finden zumeist Formulare wie der bereits genannte Änderungsantrag im Rahmen des Änderungsvorlaufs und der Änderungsauftrag[440] bei der Änderungsdurchführung Verwendung. Beide Dokumente werden den betroffenen Organisationsbereichen zumeist sequentiell zugestellt.[441] [442]

Schon in der Analyse von *Conrat* wurde deutlich, dass der als zentrales Koordinationsinstrument eingesetzte **Änderungsantrag** zumeist betriebsindividuell konzipiert ist.[443] Als Gemeinsamkeit ist jedoch die Verwendung der folgenden Felder festzustellen:[444]

• Änderungsstammdaten (z.B. Identnummer, Bezeichnung),
• Änderungsbeschreibung, die häufig eine Änderungslösung umfasst[445],
• Stellungnahmen und Genehmigung von verschiedenen, meist fest vordefinierten Fachabteilungen.

Fallweise sind darüber hinaus Angaben hinsichtlich der weiteren Verwendung bereits produzierter Bauteile, Angaben über die Dringlichkeit sowie Hinweise auf den Kreis der Organisationseinheiten enthalten, die von der Änderung betroffen sind.[446] Der letztgenannte Aspekt schließt in Einzelfällen auch Organisationseinheiten jenseits der eigenen Unternehmensgrenze ein. Eher selten finden sich Angaben bzgl. der Änderungen zu Grunde liegenden Ursachen, der mit Änderungen verbundenen Kosten- und Zeitkonsequenzen oder der durch Checklisten unterstützten Ablaufunterscheidungen des Änderungsdurchlaufs.[447]

Neben der Verwendung des Änderungsantrages als Koordinationsinstrument des Änderungsvorlaufes wird nach der Änderungsgenehmigung häufig ein sogenannter **Änderungsauftrag**[448] erstellt. Dieser enthält die Beschreibung der vorzunehmenden Maßnahmen und legt das genaue Vorgehen der Änderungsdurchführung fest.[449]

---

[440] Neben dem Begriff des Änderungsauftrags wird häufig auch noch der Begriff der Änderungsmitteilung verwendet. Letzterer ist jedoch gemäß der DIN 199 Teil 4 möglichst zu vermeiden. Vgl. DIN 199 Teil 4 (1981), S. 3.

[441] Sowohl nach Angaben der Literatur als auch gemäß eigener Praxisuntersuchungen ist der Änderungsauftrag bzw. die Änderungsmitteilung häufig mit dem Änderungsantrag in einem Formular zusammengeführt. Vgl. Tschauder, W. (1977), S. 132f.

[442] Teilweise wird aber auch eine Parallelisierung durch die Verwendung von Durchschlägen erreicht.

[443] Vgl. Conrat, J.-I. (1997), S. 79.

[444] Vgl. Pflicht, W. (1989), S. 29.

[445] Häufig ist festzustellen, dass weder eine logisch voranzustellende Problembeschreibung noch alternative Lösungsvorschläge in den Änderungsanträgen aufgeführt werden.

[446] Vgl. Bernhardt, R. (1977), S. 147; Fremges, G.-J. (1975), S. 404f.

[447] Auf diesen Missstand weist beispielsweise Dörr schon 1977 hin. Vgl. Dörr, R. (1977), S. 35.

[448] Ein Beispiel findet sich in Fremges, G.-J. (1975), S. 408.

[449] Vgl. Lindemann, U. / Reichwald, R. (1998), S. 326; DIN 199 Teil 4 (1981).

Insbesondere bei komplexen Entwicklungsprojekten, die durch eine hohe Produktkomplexität, eine große Teilevielfalt sowie viele Entwicklungsbeteiligte gekennzeichnet sind, wird die Einbettung des Änderungswesens in ein umfassendes **Konfigurationsmanagement** empfohlen.[450] Ziel des Konfigurationsmanagements ist die Konsistenzsicherung des Endproduktes durch eine versionsgenaue Definition und Dokumentation von (Produkt-) Konfigurationen während der Produktentwicklung. Der gesicherte Übergang zwischen einzelnen Konfigurationsständen wird dabei mit Hilfe der Hauptfunktionen des Konfigurationsmanagements erzielt (vgl. Abb. 4-2). Dabei handelt es sich um:[451]

- die Konfigurationsbestimmung als Benennung und fortlaufende Offenlegung des Inhalts sowie der Eigenschaften einer Konfiguration,
- die Konfigurationsbuchführung als Dokumentation der freigegebenen und eindeutig identifizierten Konfigurationen, um z.B. eine Rückverfolgbarkeit von Änderungen auf die Bezugskonfiguration zu ermöglichen,
- die Änderungssteuerung im Sinne eines geregelten Vorgehens bei der Änderungs-bearbeitung analog der Regelungen des Änderungswesens und
- um die Änderungsüberwachung als Kontrolle der Umsetzung beschlossener Änderungs-lösungen sowie der Zurückweisung nicht genehmigter Änderungen.

Neben den beiden, im traditionellen Änderungswesen nicht explizit verankerten Grund-funktionen, der Konfigurationsbestimmung und –buchführung, ist das Konfigurations-management auch insgesamt umfassender konzipiert.[452] Dies äußert sich beispielsweise in der Verwaltung aller Dokumente über den gesamten Produktlebenszyklus. Über die o.a. Änderungsdokumente hinaus handelt es sich dabei um alle Arbeitsergebnisse, die in einem Entwicklungsablauf entstehen. Dazu gehören beispielsweise Spezifikationen, Entwurfs-anforderungen oder andere Planungs- und Entscheidungsdokumente.[453]

Ebenso ist für das Konfigurationsmanagement typisch, dass die vorgeschlagenen Maßnahmen sehr detailliert konzipiert sind. Insbesondere haben die, unter Berücksichtigung der anderen Grundfunktionen entstandenen detaillierten Regelungen der Änderungssteuerung zu einer Erweiterung des traditionellen Änderungswesens geführt. Auf Grund der vornehmlich auf Großprojekte zugeschnittenen Konzeption des Konfigurationsmanagements wurden in der Industrie häufig allerdings nur Teile der Regelungen umgesetzt.

---

[450] Vgl. Burghard, M. (1993), S. 420; Saynisch, M. (1998), S. 90.

[451] Vgl. Burghard, M. (1993), S. 422ff.; DIN EN ISO 10007 (1996), S. 5f.; Hiller, F. (1997), S. 26ff.; Kolks, U. (1987), S. 250f.; Saynisch, M. (1984), S. 81ff.

[452] Ein detaillierter Vergleich zwischen traditionellem Änderungswesen und Konfigurationsmanagement findet sich bei *Conrat*. Vgl. Conrat, J.-I. (1997), S. 84.

[453] Vgl. Burghard, M. (1993), S. 421.

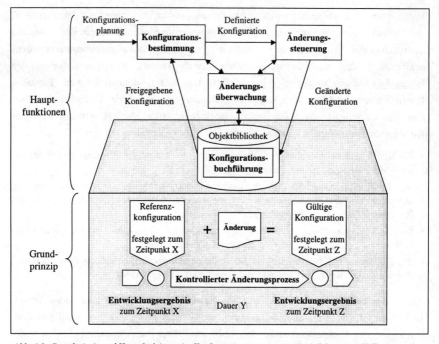

*Abb. 4-2: Grundprinzip und Hauptfunktionen im Konfigurationsmanagement (in Anlehnung an Kolks, Saynisch)[454]*

Aber auch bei isolierter Betrachtung des traditionellen Änderungswesens zeigt sich, dass die Spannbreite der in der Praxis umgesetzten und bis heute tradierten Regelungen sich teilweise erheblich unterscheiden. Neben dem unterschiedlichen Umfang der Information, die in den Änderungsformularen aufgeführt wird, und den individuellen Abläufen ist häufig auch eine uneinheitliche Begriffsverwendung festzustellen.[455] Die genannten Aspekte führen insbesondere bei der Zusammenarbeit mit Entwicklungspartnern zu Schwierigkeiten, die ein eigenes separates Änderungswesen verwenden und sind daher Gegenstand weitergehender Untersuchungen (vgl. Kapitel 4.2.2.1).

### 4.1.2   Wandel des Änderungsverständnisses

Die im traditionellen Änderungswesen verankerten Anforderungen an die Abwicklung von Änderungen zielen auf eine möglichst detaillierte Vorgabe des organisatorischen Ablaufs ab.

---

[454] Vgl. Kolks, U. (1987), S. 252; Saynisch, M. (1984), S. 85.

[455] Über die Hinweise der DIN 199 Teil 4 bzgl. einer unzulässigen synonymen Verwendung von Änderungsmitteilung und Änderungsauftrag hinaus werden teilweise auch Inhalte des Änderungsvorlaufs im Rahmen der Änderungsmitteilungen aufgeführt.

Als Folge haben sich in der Praxis bürokratisch geprägte Prozesse herausgebildet, die häufig ein identisches Verfahren für sämtliche anfallenden Änderungen definieren. Ein derart undifferenziertes Verfahren gilt dann sowohl für Änderungen, die aufwendige Änderungskonstruktionen als auch einfache Zeichnungsanpassungen zur Folge haben. Darüber hinaus sind die Änderungsprozesse in der Praxis teilweise durch einen erheblichen verwaltungstechnischen Aufwand gekennzeichnet. Beispielsweise berichteten *Clark* und *Fujimoto* davon, dass für die Abwicklung einer einzelnen Änderung eine Vielzahl von Unterschriften notwendig ist.[456]

Derartig strikt definierte Verfahrensanweisungen lassen den Prozessbeteiligten nur wenig Handlungsspielraum und haben erhebliche Akzeptanzprobleme zur Folge.[457] Eine Umfrage von *Gemmerich* zeigt, dass Mitarbeiter in 44% der befragten Unternehmen sich nicht an die definierten Abläufe halten, 48% der Unternehmen geben an, sich teilweise daran zu orientieren und lediglich 8% sind der Meinung, sich gemäß der definierten Abläufe zu verhalten.[458]

### 4.1.2.1 Änderungen als Wegbereiter von Innovationen

Neben Akzeptanzbarrieren im Bereich des Prozesses weist das traditionelle Änderungswesen ein weiteres maßgebliches Defizit auf: Die ursprüngliche Konzeption war primär auf fehlerbedingte Änderungen gerichtet. Neuere Ansätze schreiben einem innovativen Änderungsmanagement jedoch eine bedeutende Rolle im Rahmen der Umsetzung inkrementeller Innovationen zu.[459] Beispielsweise führen *Aßmann* und *Conrat* aus: „Betrachtet man jedoch den Änderungsprozess aus Sicht der ‚kreativen' Entwickler und Techniker, so stellt man fest, dass es ohne Änderungen nur wenige Innovationen gibt. Ein Entwicklungsprozess ohne Änderungen existiert nur in der Theorie, denn Änderungen bieten ein Potential zur Weiterentwicklung des unternehmensspezifischen Know-hows."[460] *Brockhoff* stellt in diesem Zusammenhang die Bedeutung von Änderungen zur Generierung von Erfahrungswissen heraus: „Erfahrungswissen ist auch dann leichter zu erwerben und weiter zu

---

[456] Vgl. Clark, K. B. / Fujimoto, T. (1991), S. 121; Clark, K. B. / Fujimoto, T. (1992), S. 124.

[457] Lullies, V. / Bollinger, H. / Weltz, F. (1993), S. 231.

[458] Vgl. Gemmerich, M. (1995), S. 134. Zu ähnlichen Ergebnissen kommen auch *Lullies, Bollinger, Weltz*, die in einem standardisiertem Regelwerk insbesondere eine Barriere für einen bereichs- und prozessübergreifenden Wissenstransfer sehen, der gerade auch für die Abwicklung von Änderungen bedeutend ist. Vgl. Lullies, V. / Bollinger, H. / Weltz, F. (1993), S. 231.

[459] Auch *Wildemann* führt dazu aus: „ Die Grenze zwischen einer Änderung und einer Innovation im Sinne eines neuen Produktes oder Prozesses ist dabei fließend und kann in Grenzfällen nur über die einzelfallbezogene Beurteilung des Grades der Veränderung angegeben werden." Wildemann, H. (1993b), S. 75.

[460] Aßmann, G. / Conrat, J.-I. (1998), S. 49.

verwenden, wenn in rascher Folge kleine Änderungen an Produkten und Prozessen vorzunehmen sind, als wenn große Innovationsschritte nötig werden."[461]

In der anglo-amerikanischen Literatur werden derartige Änderungen als ein Teilbereich des Old Product Developments (OPD) bezeichnet.[462] Mit diesem Zweig der Produktentwicklung werden im Allgemeinen geringere Innovationsrisiken verbunden, die darauf zurückgeführt werden, dass sich die Entwicklungsaktivitäten auf bestehende Technologien, bisherige Produktlinien und/oder existierende Kundensegmente beziehen.[463] Diesen Aspekt bestätigt beispielsweise auch *Gemünden*, indem er darauf hinweist, dass „Produkte, die keinerlei Synergien zu bisherigen Technologien oder Kunden aufweisen, ein sehr hohes Fehlschlagsrisiko aufweisen".[464] Insbesondere im Fall einer kundeninduzierten Änderung ist von einem reduzierten Risiko hinsichtlich des Erreichens des Innovationszieles auszugehen. Werden Änderungen vom Kunden initiiert und der Hersteller zur Umsetzung beauftragt, so ist das Absatzrisiko weitestgehend ausgeräumt. Darüber hinaus wird in einzelnen Fällen auch das technologische Risiko reduziert, indem seitens des Kunden konkrete Lösungsvorschläge unterbreitet werden. *Eric von Hippel* betont die Bedeutung einer derartigen Kundeneinbindung. „Conceptually, it is important to recognize that any statement of a need or problem contains information about what a responsive *solution* should look like as well."[465] Auf Grundlage von Kundenvorschlägen kann damit auch ein Teil der sonst notwendigen Kosten, die für die Lösungsentwicklung bzw. Produktdefinition erforderlich sind, eingespart werden. Allerdings darf bei Nutzung dieser kundenseitigen Lösungsvorschläge die methodische Vorgehensweise im Rahmen der Produktentwicklung nicht umgangen werden: Eine vorschnelle Lösungsauswahl ohne die Betrachtung von möglichen Alternativen oder der durch die Produktentwicklung verfolgten Ziele und den daraus abzuleitenden Aufgaben ist zu vermeiden.[466]

Die Umsetzung einer kundeninduzierten Änderung ist im Regelfall dadurch gekennzeichnet, dass die für einen bestimmten Kunden (exklusiv) in der Entwicklung befindliche Produktspezifikation auf Wunsch des Kunden verändert wird. Die ursprüngliche Konfiguration wird durch eine neue ersetzt. Der Entwicklungsablauf wird insbesondere dadurch beeinträchtigt, dass beispielsweise Planungen angepasst werden müssen und bereits erreichte Entwicklungsergebnisse (partiell) entwertet werden. Kann die Verursachung der Änderung eindeutig auf

---

[461] Vgl. Brockhoff, K. (1990), S. 4.

[462] „Old product development (OPD) involves modification, upgrading and extensions to existing brands or product lines. " Johne, F. A. / Snelson, P. A. (1989), S. 114.

[463] Vgl. Johne, F. A. / Snelson, P. A. (1989), S. 114.

[464] Gemünden, H. G. (1993), S. 77. Diese Einschätzung wird durch zahlreiche Befunde gestützt. Vgl. Cooper, R. (1979), S. 124-135; Specht, G. / Perillieux, R. (1988), S. 204-226.

[465] Hippel, E. von (1978), S. 253 (Hervorhebung im Original).

[466] Vgl. Ehrlenspiel, K. (1995), S. 114f.

den Kunden zurückgeführt werden, ist eine Überwälzung der auftretenden Änderungskosten anzustreben. Voraussetzung dazu ist eine detaillierte Differenzierung der einzubeziehenden Kostenfaktoren (vgl. Kapitel 4.1.3.6).

Zudem bergen kundeninduzierte Änderungen die Gefahr in sich, dass im Fall des nachträglichen Änderungswunsches eines Standardproduktes, eine zusätzliche Produktvariante entsteht.[467] Die von *Johne* und *Snelson* beobachtete unreflektierte Durchführung: „Firms fall into the trap of producing a product variant each time a customer suggests one [...]" ist in diesem Fall in das ökonomische Kalkül einzubeziehen.[468] Aspekte, die im Rahmen des Variantenmanagements[469] diskutiert werden, müssen dann auch im Rahmen des Änderungsmanagements betrachtet werden. Dazu gehören beispielsweise die teilweise erheblichen Folgekosten durch die notwendige Teile-Verwaltung. *Ehrlenspiel* nennt für das Beispiel einer zweistündigen Konstruktionsanpassung, die bei Bezug eines Konstruktionsbüros Kosten in Höhe von DM 200,- verursacht hat, verwaltungstechnische Folgekosten von DM 1200,-.[470] Wird die Betrachtung zusätzlich auf die Verwaltung über eine Produktlebenszeit von zehn Jahren ausgedehnt, erhöht sich der Wert typischerweise auf DM 4000,- bis DM 7000,-.[471]

Als einfache Entscheidungshilfe, ob eine derartige kundeninduzierte Änderung durchgeführt werden soll oder nicht, schlägt *Ehrlenspiel* die Definition[472] eines „Malus" vor. Dieser muss – außer bei Änderungen aus Qualitätsgründen – überwunden werden.[473]

Über die direkt von Kunden initiierten Änderungen hinaus können neuerungsinduzierte Änderungen auch auf Grund der nachfolgend exemplarisch genannten Gründe notwendig werden:

---

[467] Ehrlenspiel, K. / Kiewert, A. / Lindemann, U. (1998); Kundenseitig gewünschte Produktvarianten werden häufig jedoch nicht durch eine kundeninduzierte Änderung, sondern durch eine standardmäßige Anfrage vor Beginn der Entwicklungstätigkeiten initiiert. Dieser Fall entspricht dann dem normaler Erstentwicklungsprozesse und ist nicht Gegenstand der Diskussion um das Änderungsmanagement. Vgl. Conrat, J.-I. (1997), S. 49f.

[468] Johne, F. A. / Snelson, P. A. (1989), S. 119.

[469] Z.B. ökonomisch relevante Konsequenzen, die sich aus der Erhöhung des Umlaufvermögens, Reduzierung von Losgrößen oder zunehmenden Fehlteilsituationen ergeben. Vgl. Lingnau, V. (1994b), S. 196f.; Lingnau, V. (1994a); Schulte, C. (1989); Coenenberg, A. G. / Prillmann, M. (1995).

[470] Vgl. Ehrlenspiel, K. (1995), S. 610.

[471] Ähnliche Angaben macht auch *Schulte*, der davon berichtet, dass Kosten für die Eröffnung und Pflege einer Sachnummer in Höhe von durchschnittlich DM 10000,- während einer Lebensdauer des betroffenen Bauteils von fünf Jahren unabhängig von der produzierten Stückzahl zu veranschlagen sind. Vgl. Schulte, C. (1989), S. 63. Mit der Entscheidung eine zusätzliche Variante zu entwickeln und zu produzieren, werden daher umfangreiche Folgekosten induziert. Vgl. auch Keller, W. / Teichert, K. (1991), S. 236.

[472] Dieser soll sich nach der Höhe der verwaltungstechnischen Einführungskosten richten.

[473] Vgl. Ehrlenspiel, K. (1995), S. 616. Einen analogen Vorschlag unterbreitet auch *Wildemann* im Zusammenhang mit Änderungskonstruktionen infolge von wertanalytischen Untersuchungen. Vgl. Wildemann, H. (1993b), S. 20.

- Analog zu Änderungen, die auf einer direkten Kundenbeziehung basieren, wird insbesondere auf Massenmärkten die Initiierung von Änderungen durch den Vertrieb bzw. das Marketing vorgenommen. Wird beispielsweise erst nach Beginn eines Entwicklungsprojektes die Gefahr ersichtlich, dass bei einer laufenden Entwicklung kein entscheidender Marktvorteil (Kosten- oder Produktmerkmalvorteil) gegenüber Wettbewerbern realisiert werden kann, so kann eine technische Änderung erforderlich sein.

- Auch im Zusammenhang mit der Anmeldung eigener bzw. Umgehung fremder Patente können Änderungen sinnvoll oder notwendig sein. Im ersten Fall können beispielsweise interne Geheimhaltungsgründe an einer Baugruppe zu nachträglichen Änderungen von angrenzenden Produktmodulen führen. Die Notwendigkeit der Umgehung eines fremden Patentes ist in der Regel auf die erst während der Entwicklung eingehende Information über ein Wettbewerber-Patent zurückzuführen.

- Analog wirkt auch die Einführung von Normen, die zu Beginn der Entwicklertätigkeit noch nicht wirksam oder intern nicht bekannt waren. Insbesondere bei komplexen Produkten mit einer hohen Sicherheitsrelevanz existieren vielfältige, teilweise nur schwer zu übersehende Normen.[474] Erschwerend kommt hierbei die Vielfalt weltweit existierender Normen und insbesondere die Existenz sich widersprechender nationaler Unterschiede hinzu (vgl. auch Kap. 4.2.2.1).

Obwohl die skizzierten, im Umfeld der Unternehmen begründeten Änderungen z.T. mit erheblichem internen Zusatzaufwand verbunden sind, kann deren Umsetzung dennoch ökonomisch sinnvoll sein. Basieren die Änderungen auf einem konkreten Kundenwunsch, lassen sich in der Regel – bei ausreichender Detaillierung der Kostenbasis – Zusatzkosten auf den Kunden als Verursacher überwälzen. Hinzu tritt ein weiterer, nicht zu vernachlässigender Aspekt: Mit der Bereitschaft Kundenwünsche, aber auch sich ändernde Normen oder neue Patente möglichst frühzeitig zu berücksichtigen, kann ein eigenständiges Differenzierungsmerkmal etabliert werden. Ein derartiges, als **Änderungsflexibilität** zu bezeichnendes Merkmal kann bei der Auswahl von Entwicklungspartnern den entscheidenden Ausschlag geben und zu einer langfristigen Kundenbindung beitragen.

Die nachträgliche Umsetzung von Änderungen ist allerdings für einen Kunden auch mit Gefahren verbunden. Neben den beschriebenen Lieferantennachforderungen infolge von neuen Kundenwünschen werden Änderungen zum Teil auch dazu instrumentalisiert, überhöhte Deckungsbeiträge zu erzielen. In stark umkämpften Märkten neigen Lieferanten teilweise dazu unter Selbstkosten Angebote abzugeben, um den jeweiligen Auftragszuschlag zu erhalten. Nach Vertragsabschluss werden die Anfangsverluste durch überhöhte Änderungskosten, vornehmlich bei Werkzeuganpassungen kompensiert. *Picot* nennt dies in Anlehnung

---

[474] Die Einhaltung sicherheitsrelevanter Normen ist in der Regel gesetzlich verpflichtend und nicht dispositiv, wie beispielsweise im Fall diverser Zertifizierungen.

an Williamson eine „fundamentale Transformation" einer arbeitsteiligen Leistungsbeziehung von einer ex ante bestehenden Standardsituation hin zu einer ex post als spezifisch einzuschätzenden Beziehung.[475]

### 4.1.2.2  Fehlerbedingte Änderungen: Sanktions- versus Lernorientierung

Trotz der im vorigen Abschnitt beschriebenen stärkeren Verankerung neuerungsinduzierter Änderungen in einem zeitgemäßen Änderungsmanagement, sind fehlerbedingte Änderungen nach wie vor von großer Bedeutung. Dennoch vollzieht sich auch bei dieser Änderungsart ein tiefgreifender Wandel des Verständnisses hin zu einer verstärkten Lernorientierung. Eine derartige Neubewertung darf allerdings nicht den Blick dafür verstellen, dass Fehler in der Regel mit Ineffizienzen verbunden sind. Alternative Formen der Wissens- und Erfahrungserweiterung werden daher nicht an Bedeutung verlieren

Die Bandbreite fehlerbedingter Änderungen ist vielfältig. Beispiele reichen von im Lastenheft festgelegten Konflikten bei den Produktanforderungen,[476] Fehlern bei der Auslegungsrechnung oder Zeichnungserstellung bis hin zu Übertragungsfehlern der sonstigen begleitenden Dokumentationsunterlagen.[477] Im Umgang mit derartigen Abweichungen dominierte in der Vergangenheit eine eher sanktionsorientierte Sicht. Fehler wurden unterschwellig mit Unfähigkeit und Schuld identifiziert; der Fehlerverursacher hatte meist mit negativen Konsequenzen zu rechnen. Demzufolge waren notwendigerweise durchzuführende Änderungen mit einer erheblichen Vertuschungsquote belastet.[478]

Neben der Folge einer erheblichen Unsicherheit im Änderungsprozess bleibt in einem derartigen Umfeld insbesondere die Chance verwehrt, aus Fehlern zu lernen. Erst in jüngerer Zeit setzt sich schrittweise eine Sichtweise durch, in der Änderungen nicht per se als Störung begriffen werden, sondern die Möglichkeit Lerneffekte zu erzielen im Mittelpunkt steht.[479] Eine solche Sicht ist im Rahmen des iterativen Vorgehens in der Produktentwicklung selbstverständlich. Lernen wird hierbei als schrittweises Anheben des Informationsniveaus verstanden.[480] Die Übertragung dieser Sichtweise auf fehlerbedingte Änderungen, d.h. dass Entwicklungsergebnisse nach einer Freigabe von Fehlern betroffen sind , fällt schwer. Dies ist insbesondere darauf zurückzuführen, dass andere Bereiche mit den freigegebenen Entwicklungsergebnissen weitergearbeitet haben und diese Ergebnisse (partiell) durch Fehler

---

[475] Vgl. Picot, A. (1991a), S. 342.

[476] Vgl. Ehrlenspiel, K. (1995), S. 316.

[477] Eine Beispielsammlung von 48 fehlerbedingten Änderungen sowie die jeweiligen ursächlichen Bestimmungsfaktoren findet sich bei *Conrat*. Vgl. Conrat, J.-I. (1997), S. 183.

[478] Dörr, R. (1977), S. 35.

[479] Vgl. Wildemann, H. (1995), S. 200.

[480] Vgl. Ehrlenspiel, K. (1995), S. 82.

entwertet werden. Im Fall des Überschreitens von Organisationsgrenzen sind damit in der Regel auch ausgabewirksame Konsequenzen verbunden.

Dennoch ist ein offener Umgang mit Fehlern und das Vermeiden jeglicher Vertuschung sinnvoll. Gerade für Entwicklungspartnerschaften ist entscheidend, dass ein wechselseitiges Verständnis für die Folgewirkungen von Fehlern entwickelt wird. Lerneffekte können so nicht nur bei dem jeweiligen Fehlerverursacher, sondern auch bei den Betroffenen erzielt werden, indem beispielsweise im Rahmen einer präziseren Definition der Anforderungen ein Beitrag zur Fehlerprävention geleistet wird.

### 4.1.3 Gestaltungsfelder des Integrierten Änderungsmanagements und ihre Bedeutung für die standortübergreifende Produktentwicklung

Zahlreiche Analysen von Entwicklungs- und Änderungsprozessen in der Praxis und Literatur und daraus abgeleitete typische Defizite, von denen einige in den vorangegangenen Kapiteln skizziert wurden, bilden die empirische Grundlage für das entwickelte Konzept des Integrierten Änderungsmanagements. Typische Probleme in der Praxis sind beispielsweise die Wiederholung von Fehlern, z. B. auf Grund geringer Erfahrungsweitergabe und der mangelhaften Auswertung der Dokumentation. Auch folgt aus dem unzureichenden Einsatz einer adäquaten Konstruktionsmethodik, dass das Potential zur Änderungsvermeidung nicht ausreichend genutzt wird. Ebenso sind als weitere Probleme die späte Erkennung von Produkt- oder Prozessfehlern – meist erst in der Vorserie bzw. der Serienproduktion – oder die Bearbeitung von Symptomen anstelle von Ursachen zu nennen. Weitere Ursachen sind in der wenig strukturierten Vorgehensweise bei der Durchführung von Änderungen sowie in unzureichenden Lösungshilfen zu sehen. Das Fehlen eines integrierten systematischen Änderungsmanagements führt zu vielen Folgeänderungen, da die Auswirkungen auf Produkt, Fertigungs- oder Montageprozess bzw. auf unternehmensinterne (AV, Einkauf, Material-wirtschaft etc.) sowie unternehmensexterne Bereiche (Kunde oder Zulieferer) häufig nur unzureichend erkannt werden. Diese generelle Problematik wird durch das Fehlen relevanter Kosten-/ Nutzeninformationen im Änderungsprozess noch verschärft. Die langen Durchlauf-zeiten von Änderungen lassen sich schließlich auf bürokratische Genehmigungs- und unzu-reichende Abstimmungsprozesse zurückführen.

Die weit über die skizzierten Beispiele hinausgehenden Defizite im Änderungswesen wurden in acht Problemfeldern systematisiert und anschließend Aktionsfeldern gegenübergestellt, die adäquate Lösungsansätze umfassen (vgl. Abb. 2-6).

*Abb. 4-3: Ableitung von Aktionsfeldern auf Basis analysierter Problembereiche im Änderungsmanagement[481]*

Die Aktionsfelder nehmen dabei jeweils Rückgriff auf Ressourcen in den Bereichen **Management und Organisation, Mensch** sowie **Methoden und Hilfsmittel.** Diese werden auch als die Bausteine des Integrierten Änderungsmanagements bezeichnet.[482] Aktionsfelder und Bausteine sind die Elemente des Integrierten Änderungsmanagements. Dieses ganzheitlich konzipierte Modell[483] wurde an der Technischen Universität München von den Forschergruppen um Lindemann und Reichwald erarbeitet.

Im Folgenden soll dieses Konzept kurz umrissen und auf mögliche zusätzliche Anforderungen explizit hingewiesen werden, die sich durch standortverteilte Produktentwicklungsprozesse innerhalb des Konzeptes ergeben.

### 4.1.3.1 Vermeidung und Vorverlagerung von Änderungen

Zentraler Hintergrund für das Bestreben, Änderungsbedarf möglichst frühzeitig zu erkennen, ist der nicht linear ansteigende Kostenverlauf von Änderungen über den Entwicklungsprozess. Während in frühen Phasen der Produktentwicklung Änderungen noch relativ leicht und kostengünstig umzusetzen sind, bestehen in späteren Phasen des Produktzyklus nur noch geringe Änderungsmöglichkeiten zu erheblich höheren Kosten (vgl. Abb. 4-4). Zurückzu-

---

[481] Aßmann, G. / Conrat, J.-I. (1998), S. 52.

[482] Vgl. Aßmann, G. / Conrat, J.-I. (1998), S. 54.

[483] Vgl. Lindemann, U. / Reichwald, R. (1998), S. 4.

führen ist dies beispielsweise auf die Streuung der Zwischenergebnisse und die darauf aufbauenden Weiterentwicklungen sowie zunehmende Investitionen in Hardware. Verschärft wird dieses Problem aber zusätzlich dadurch, dass auf Grund definierter Endtermine, eine Änderungslösung zum Ende eines Entwicklungsprojektes häufig nicht mehr auf Basis verschiedener, gegeneinander abzuwägender Alternativen vorgenommen wird. Anstelle einer begründeten Auswahl wird häufig die erste gefundene Lösung ausgewählt. „[...] as the flexibility of an engineer in the search for (cost attractive) alternatives becomes more constrained over time and, thus, frequently only an expensive solution is provided the ´only way out`."[484] Ziel muss daher sein, Änderungen zu vermeiden bzw. einen nicht vermeidbaren Änderungsbedarf möglichst frühzeitig zu erkennen.[485] Der Einsatz von Methoden, die zu einer Verbesserung des Kenntnisstands über die Produkteigenschaften beitragen, kann im Hinblick auf eine Vorverlagerung und Vermeidung von Änderungen unterstützend wirken.[486] [487]

In einer Untersuchung von *Conrat* wurden mehr als 20% aller auftretenden Änderungen als prinzipiell vermeidbar eingeschätzt.[488] Ein hohes Vermeidungspotential bieten nach Einschätzung der Befragten insbesondere

- der verstärkte Einsatz von Versuchen und Prototypen in frühen Phasen,
- die Verbesserung der persönlichen Abstimmung entlang der Entwicklungsphasen sowie
- der verstärkte Einsatz von Methoden der Problemerkennung wie FMEA, QFD oder Checklisten.[489]

---

[484] Terwiesch, C. / Loch C. H. (1999), S. 164.

[485] Vgl. Schmelzer, H. J. (1992), S. 17.

[486] Vgl. Ehrlenspiel, K. (1995), S. 155; Wildemann, H. (1994), S. 26.

[487] Da sowohl für die Vorverlagerung als auch Vermeidung von Änderungen die Verbesserung des Kenntnisstandes über die Produkteigenschaften angestrebt ist, sind auch die angewendeten Methoden teilweise ähnlich oder identisch.

[488] Vgl. Conrat, J.-I. (1997), S. 131.

[489] Vgl. Conrat, J.-I. (1997), S. 134.

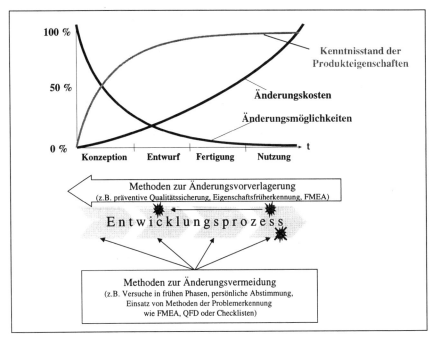

*Abb. 4-4: Methoden zur Vorverlagerung und Vermeidung von Änderungen[490]*

Für die Situation **standortverteilter Produktentwicklung** können anhand der zuvor genannten Methoden einige spezifische Besonderheiten abgeleitet bzw. vermutet werden. Beispielsweise ist die Forderung nach einer verbesserten persönlichen Abstimmung ein Ziel, welches bei Standortverteilung nur eingeschränkt erfüllt werden kann. Der Einsatz adäquater Medien (z.B. Video Conferencing, Shared Applications) ist zumindest für einen Teil der Abstimmungsprozesse eine Alternative gegenüber face-to-face Kontakten. In welcher Situation ein Medieneinsatz überhaupt geeignet ist und welches Medium zum Einsatz kommen sollte, ist – wie in Kapitel 2.2.6.1 ausgeführt – in erster Linie von den Merkmalen der jeweiligen Entwicklungsaufgaben abhängig.

Das Aktionsfeld der Vermeidung und Vorverlagerung setzt aber insbesondere in frühen Entwicklungsphasen an. Diese Phasen sind tendenziell dadurch gekennzeichnet, dass die Mitarbeiter in der Entwicklung mit Aufgaben konfrontiert sind, die sich durch hohe Komplexität, Neuigkeit, Variabilität und niedriger Strukturiertheit auszeichnen (Entwicklungsaufgaben vom Typ B).[491] Für diese Aufgaben ist ein Medieneinsatz aber nur

---

[490] In Anlehnung an Reinhart, G. / Lindemann, U. / Heinzl, J. (1996), S. 49.

[491] Vgl. Kapitel 2.2.6.1.

begrenzt möglich. Trotz der Bedeutung der Entwicklungsaufgaben vom Typ B für das betrachtete Aktionsfeld, sind für die Vorverlagerung und Vermeidung von Änderungen auch Entwicklungsaufgaben vom Typ A und eine Reihe von Mischtypen relevant. Diese lassen sich prinzipiell gut mittels Medien zwischen standortverteilten Entwicklungspartnern abstimmen. Neben Fragestellungen eines aufgabenspezifischen Medieneinsatzes, ist die Abstimmungsproblematik eher darin zu vermuten, dass ein zentrales Hemmnis in einer mangelnden Bereitschaft zur Abstimmung zwischen standortübergreifenden Entwicklungspartnern liegt. Dies dürfte beispielsweise umso stärker ausgeprägt sein, je weniger ein Entwicklungspartner im Rahmen der Änderungsvermeidung akuten Handlungsbedarf für eine Abstimmung sieht.

Die Bedeutung der Verwendung von Prototypen, Versuchen und der Einsatz von Methoden zur Problemerkennung ist einerseits insbesondere im Vorfeld der Übergabe von Entwicklungsergebnissen an einen anderen Standort von hoher Bedeutung. Durch die zumeist bestehende Intransparenz hinsichtlich der Abläufe, Datenverwaltung etc. an einem anderen Standort ist die Recherche, wo Entwicklungsergebnisse Niederschlag gefunden haben nur schwer nachzuvollziehen. Andererseits kann aber beispielsweise die frühzeitige Übergabe eines Prototypen an einen anderen Standort auch dazu dienen, einen höheren Absicherungsgrad für die eigenen Entwicklungsaktivitäten zu erzielen. Fehler in der eignen Entwicklung können auf Grund der verbesserten Information vermieden werden. Potentielle Probleme lassen sich mit standortverteilten Entwicklungspartnern an einem gegenständlichen oder virtuellen Modell – ergänzend zu einer bspw. telefonischen Diskussion – besser abstimmen.

Ein weiterer Aspekt ist ebenso im Rahmen der standortübergreifenden Anwendung von Methoden zur Prävention bzw. Vorverlagerung zu berücksichtigen: Vielfach wird der Einbezug von Bewertungen und Meinungen aller Beteiligten, d.h. insbesondere auch der standortverteilten Entwicklungspartner gefordert. Damit sind beispielsweise auch im Rahmen einer FMEA Kriterien, Gewichtungen und Bewertungen dislozierter Partner einzubeziehen. Auf Grund eines unterschiedlichen Kriterienverständnis, Bewertungsraster oder –verhaltens können die inhaltlichen Aussagen der Methodenanwendung aber stark beeinträchtigt sein.

### 4.1.3.2 Änderungserkennung

Die Erkennung eines Änderungsbedarfs ist untrennbar mit der Identifizierung einer Soll-Ist-Abweichung verbunden. Diese muss zunächst wahrgenommen und als Problem eingeordnet werden. Eine Soll-Ist-Abweichung kann dabei in zwei verschiedenen Dimensionen auftreten:[492]

---

[492] Vgl. Gerst, M. (1998), S. 135f.

- Zum einen kann ein betrachtetes Ist-Ergebnis im Entwicklungsprozess von den expliziten oder impliziten Soll-Vorgaben abweichen. Beispiele sind Funktions-, Fertigungs- und, Montageprobleme oder Kostenüberschreitungen. Ist-Abweichungen sind in der Regel fehlerbedingt.

- Zum anderen ist im Rahmen einer Soll-Abweichung von einer Veränderung der Anforderungen auszugehen. Die Ist-Ergebnisse entsprechen in diesem Fall den ursprünglichen Anforderungen, welche sich aber zwischenzeitlich geändert haben. Beispiele sind neue gesetzliche Vorschriften oder Normen sowie neue Kunden- anforderungen. Soll-Änderungen sind in der Regel neuerungsbedingt.

Eine Abweichungserkennung wird direkt oder indirekt[493] stets durch den Menschen unter Nutzung seiner fachlichen Qualifikationen erfolgen. Diese sind insbesondere bestimmt durch die Kenntnisse, Erfahrungen und Fähigkeiten im Umfeld der Produktentwicklung.[494] Hemmnis bei der Erkennung von Änderungsbedarf über verschiedene Standorte hinweg ist insbesondere auf ein Defizit der genannten Qualifikationsaspekte zurückzuführen. Mangelnde Kenntnisse und Erfahrungen hinsichtlich des Produkteinsatzes beim Kunden, Einbezug veralteter Auslandsnormen oder unzureichende Schulungen disloziert agierender Produktentwickler können derartige Defizite sein. Empirische Analysen tragen der Brisanz dieses Aspektes Rechnung: In der bereits mehrfach zitierten Untersuchung von *Conrat* wurde allein die Anzahl der Änderungen, die erst nach Auslieferung erkannt wurden mit 12 % angegeben.[495] Unter Berücksichtigung des im vorigen Abschnitts beschriebenen Verlaufs der Änderungskosten und –möglichkeiten lässt sich das Potential einer möglichst frühzeitigen Änderungserkennung abschätzen.

### 4.1.3.3   Problem- und Ursachenanalyse

Um nach dem Erkennen eines Änderungsbedarfs geeignete Maßnahmen einleiten zu können, muss eine ausreichend detaillierte Problem- und Ursachenanalyse durchgeführt werden. Ein Beheben eines vordergründig erkennbaren Änderungsauslösers durch zum Teil improvi- satorische Maßnahmen reicht zumeist nicht aus, sondern führt häufig zu einer verschärften Problemsituation.[496] Entscheidend ist daher, dass die Problemstrukturen in Form der zu Grunde liegenden Ursachen und deren Zusammenhänge untereinander analysiert werden sowie ein gemeinsames Problemverständnis aller Beteiligten entwickelt wird.[497] Ob das

---

[493] Z.B. kann eine Kollisionsprüfung unter Nutzung rechnertechnischer Hilfsmittel erfolgen. Angestoßen und interpretiert werden müssen die jeweiligen Ergebnisse nach wie vor durch den jeweiligen Mitarbeiter in der Entwicklung.

[494] Vgl. Gerst, M. (1998), S. 138.

[495] Vgl. Conrat, J.-I. (1997), S. 127.

[496] Beispielsweise kann die Anfertigung eines zusätzlichen Montagehilfsmittels eine unzureichende, nicht montagegerechte Konstruktion vordergründig lösen, trägt aber zu weiteren Folgekosten (weiterer Montageschritt) bei.

[497] Vgl. Gerst, M. / Stetter, R. (1998), S. 155.

Problem selbst einfach oder schwierig zu lösen ist, hängt entscheidend von dem „...Wissen über die Situation ab."[498] Dennoch werden bei auftretenden Problemen zumeist nur kurze lineare Wirkungsketten berücksichtigt.[499] Komplexe Vernetzungen werden dagegen zumeist ausgeblendet. Ist eine derartige Problemsituation zusätzlich durch einen hohen Neuigkeitsgrad geprägt, so ist häufig festzustellen, dass

- die Informationsbeschaffung häufig orientierungslos ist,
- vertraute, aber nicht problemgerechte Urdaten verdichteten sowie sachgerechteren Daten vorgezogen werden,
- Einzelbeobachtungen gegenüber der Betrachtung von Zusammenhängen Vorrang eingeräumt wird sowie
- die Vorgehensweise arbeitsorientiert, aber nicht resultatorientiert ist.[500]

Zurückzuführen sind die Probleme oder Symptome, die zu einer Änderung führen, zumeist auf ein (ebenso komplexes) Netzwerk möglicher **Änderungsursachen**. Ziel einer Ursachenanalyse muss es daher sein, die eigentlichen Ursachen, die zu einer Änderung geführt haben, zu ermitteln und transparent darzustellen.[501] Je nach Bedeutung und Komplexität des Problems sowie der Bandbreite möglicher Ursachen werden verschiedene Methoden wie Fehlerbaumanalyse, kausales Wirkungsnetz, Checklisten oder auch Versuche eingesetzt. Mit diesen soll die letztendliche Änderungsursache isoliert werden und durch nachfolgend zu entwickelnde Änderungsmaßnahmen beseitigt werden.

Der weitreichende Handlungsbedarf für die Durchführung detaillierter Problem- und Ursachenanalysen zeigt sich an folgendem Beispiel: Als Indikator für eine unzureichende Analyse der bei Änderungen einzubeziehenden Vernetzungen kann der Anteil von Folge-änderungen am Gesamtänderungsvolumen herangezogen werden. Derartige Folgeänderungen werden durch fehlerhaft abgewickelte Änderungen ausgelöst. Zurückzuführen ist dies zum überwiegenden Teil auf eine mangelnde Problem- und Ursachenanalyse. Im Rahmen einer Untersuchung zum aktuellen Entwicklungsstand des Änderungsmanagements konnte die Bedeutung des Indikators Folgeänderungen bestimmt werden.[502] Besondere Brisanz nimmt der Anteil der Folgeänderungen ein, bei denen schließlich wieder der Ausgangszustand der Produktkonfiguration erreicht wird.

---

[498] Ulrich, H. / Probst, G. J. B. (1991), S. 107.

[499] Vgl. Ulrich, H. / Probst, G. J. B. (1991), S. 112.

[500] Vgl. Hauschildt, J. (1993a), S. 247.

[501] Vgl. Gerst, M. / Stetter, R. (1998), S. 162; Conrat, J.-I. (1997), S. 177ff.

[502] Vorwiegend wurden dabei Unternehmen des Maschinen- und Automobilbaus sowie der Elektrotechnik analysiert.

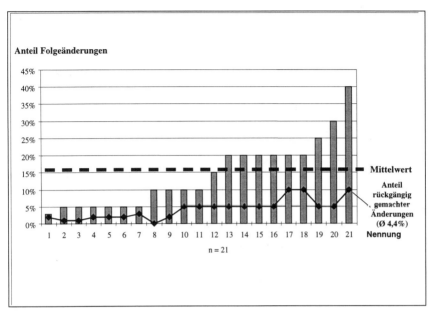

*Abb. 4-5: Anteil der Folgeänderungen am Gesamtänderungsvolumen als Indikator unzureichender Problem-
und Ursachenanalyse (nach Aßmann/Gerst/Pulm/Riedel)[503]*

Der Kanon möglicher Änderungsursachen sowie existenter Typologisierungen ist breit
gefächert. *Hiller* klassifiziert beispielsweise Änderungen, die

• auf die Aufnahme neuer Produktanforderungen zurückzuführen sind,
• auf der Existenz von (zunächst) impliziten Forderungskonflikten beruhen,
• auf die fehlende Festschreibung und Umsetzung von Produktanforderungen zurückzuführen
  sind.[504]

*Conrat* führt dagegen Änderungsursachen auf die Merkmale des aufgabentypologischen
Ansatzes (vgl. Kapitel 2.2.5) sowie auf den hohen Zeitdruck in der Produktentwicklung
zurück.[505] Diesem Raster lassen sich auch die in einer Industrieumfrage von *Aßmann, Gerst,
Pulm* und *Riedel* erhobenen produktbezogenen Änderungsursachen zuordnen.[506] Die meist-
genannte Ursache[507] war die mangelnde Kenntnis der Wechselwirkung von Baugruppen
untereinander. Dies kann im Sinne des aufgabentypologischen Ansatzes insbesondere der

---

[503] Vgl. Aßmann, G. / Gerst, M. / Pulm, U. / Riedel, D. (1999), S. 11.

[504] Vgl. Hiller, F. (1997), S. 40ff.

[505] Vgl. Conrat, J.-I. (1997), S. 182ff.

[506] Vgl. Aßmann, G. / Gerst, M. / Pulm, U. / Riedel, D. (1999), S. 17.

[507] 77% der 26 Unternehmen sahen diese Änderungsursache als maßgebliches produktbezogenes Problem an
(Mehrfachnennungen waren möglich).

Komplexität der Entwicklungsaufgabe zugeordnet werden und kommt in besonderem Maße bei einer standortverteilten Entwicklung zum Tragen.

Die standortverteilte Produktentwicklung erweist sich zudem im Rahmen der Ursachen-analyse gerade dann als schwierig, falls Identifizierung und Verursachung von Änderungs-bedarf in verschiedenen Organisationseinheiten stattfinden. Zum einen ist die Analyse der Kausalkette zwischen Änderungsanlass und Änderungsursache standortübergreifend schwerer nachvollziehbar. Zum anderen ist im Fall einer unternehmensübergreifenden Ursachenanalyse der Paradigmenwechsel von einer traditionellen, eher auf kurzfristige, opportunistische Vorteile bedachte Kunden-Lieferanten-Beziehung[508] hin zu einer Ertrags- und Lerngemeinschaft, die einen Einblick in die Problem- und Ursachenmöglichkeiten der Entwicklungspartner zulässt, häufig noch nicht vollzogen.

### 4.1.3.4   Strategien zum Entwickeln von Lösungsalternativen

Der Entwicklung von Lösungsalternativen im Rahmen von technischen Änderungen wird üblicherweise nur wenig Beachtung geschenkt. Insbesondere bei fehlerbedingten Änderungen ist der Zeitdruck derartig groß, dass häufig die „erstbeste" Lösung umgesetzt wird.

Analog zu dem Vorgehen bei der Weiterentwicklung von Produkten können bei der Suche nach Änderungslösungen zwei grundlegende Strategien unterschieden werden: korrigierendes Ändern oder generierendes Ändern.[509] Während es beim korrigierenden Vorgehen darum geht, eine Schwachstelle mit möglichst geringem Aufwand zu beseitigen, ist Ziel des generierenden Vorgehens, eine völlig neuartige Lösung zu realisieren.[510] In der folgenden Abbildung sind Aspekte beider Verfahren skizzenhaft gegenübergestellt (vgl. Abb. 4-6).

---

[508] Analog gilt dies bei einer ausgeprägten Profit- oder Cost-Center-Orientierung bzw. deutlicher Fokussierung auf Bereichsinteressen auch für unternehmensinterne Einheiten. Die Kunden-Lieferanten-Beziehung ist daher weitgefasst auch unternehmensintern zu verstehen.

[509] Vgl. Allmansberger, G. (1998), S. 181ff.

[510] Vgl. Ehrlenspiel, K. (1995), S. 222f.

| Korrigierendes Ändern | Generierendes Ändern |
|---|---|
| • Orientierung am Prinzip des kontinuierlichen Verbesserungsprozesses, keine bahnbrechenden Neuerungen | • Orientierung am Prinzip einer Neukonstruktion ohne Rückgriff auf etwaig vorliegende Lösung des Problems |
| • Eignung von Methoden wie Kaizen, KVP, CIP[511] | • Eignung von Methoden aus dem Bereich der Kreativitätstechnik[512] |
| • schwachstellengetrieben | • anforderungsgetrieben |
| • schnelle Lösungsfindung bei tendenziell niedrigen Kosten, aber Risiko, an einem grundsätzlich nicht tauglichen Konzept festzuhalten | • langsamere Lösungsfindung mit in der Regel höherem Entwicklungsrisiko |
| • höhere Planbarkeit der Aufgabenerfüllung | • tendenziell höhere Anforderungen an den Informationsbedarf und die –verarbeitung sowie an den Kommunikationsbedarf[513] |

*Abb. 4-6: Gegenüberstellung korrigierendes und generierendes Ändern (nach Ehrlenspiel; Allmansberger)[514]*

Vordergrundig scheint das korrigierende Vorgehen wegen des Zeitdrucks bei technischen Änderungen zu bevorzugen zu sein. Allerdings manifestiert dieses Vorgehen ein einmal festgelegtes Konzept und kann auf diesem Lösungsweg hohe Kosten zur Folge haben, bevor letztlich dann doch mittels des generierenden Vorgehens eine grundsätzlich andere Änderungslösung gefunden werden muss.

Sind Aktivitäten des generierenden bzw. korrigierenden Änderns über verschiedene Entwicklungsstandorte hinweg erforderlich, so stellen sich analoge Anforderungen und Lösungsmöglichkeiten wie sie in Kapitel 2.2.5 beschrieben wurden.

### 4.1.3.5 Auswirkungserfassung und Änderungsplanung

Bevor eine detaillierte Planung aller zur Durchführung einer Änderung erforderlichen Schritte sinnvoll ist, sind zunächst die Auswirkungen der Änderungslösungen im Hinblick auf technische und ökonomische Konsequenzen zu prüfen. Während die detaillierte ökonomische Analyse im Vorfeld der Entscheidung für oder gegen eine Änderungsalternative Gegenstand des nächsten Kapitels ist, sollen hier die technischen Auswirkungen fokussiert werden.

Eine detaillierte Auswirkungserfassung dient der Absicherung der gefundenen Lösungsalternativen im Hinblick auf sämtliche Konfigurationsbestandteile des Produktes sowie dessen Herstellprozess und trägt damit zur Vermeidung von Folgeänderungen[515] bei.[516]

[511] Vgl. Reinhart, G. / Lindemann, U. / Heinzl, J. (1996); Clausing, D. (1988), S. 63ff.; Schmalzl, B. / Schröder, J. (1998), S. 207.

[512] Vgl. Seibert, S. (1998), S. 28; Hoffmann, H. (1996); Schlicksupp, H. (1977), S. 67ff

[513] In der von *Nippa* und *Reichwald* entwickelten Typologie ist das korrigierende Vorgehen Entwicklungsaufgaben vom Typ A (Anpass-/ Nachentwicklung) zuzuordnen, generierendes Vorgehen eher Entwicklungsaufgaben vom Typ B (Neuentwicklung). Vgl. Nippa, M. / Reichwald, R. (1990), S. 81; Kapitel 2.2.5.

[514] Vgl. Allmansberger, G. (1998), S. 184; Ehrlenspiel, K. (1995), S. 222f.

[515] Vgl. Kapitel 4.1.3.3.

[516] Vgl. Kolks, U. (1987), S. 252; Kleedörfer, R. (1998b), S. 193.

Ausgangspunkt der technischen Auswirkungsbetrachtung ist in einem ersten Schritt die Analyse der unmittelbar durch die Änderungslösung betroffenen Komponenten bzw. Bauteile. Da diese Komponenten mit weiteren Elementen in Wechselwirkung stehen, muss der Analysebereich in einem zweiten Schritt erweitert werden. Die Wechselwirkungen können funktionaler (z.B. Kraft-, Energiefluss) oder geometrischer (z.B. Freiräume / Kollisionsgefahr) Natur sein. [517] Darüber hinaus müssen mögliche Implikationen auf den Fertigungsbzw. Montageprozess berücksichtigt werden.

Im Verlauf der zunehmenden Konkretisierung der Ergebnisse in einem Entwicklungsprojekt haben Änderungen tendenziell eine zunehmende Reichweite. Je stärker die Änderung das grundlegende Entwicklungskonzept in Frage stellt, desto mehr Zwischenergebnisse sind betroffen. Je nach Grad der Standortverteilung sind in zunehmendem Maße dann auch Ergebnisse der Entwicklungspartner betroffen.

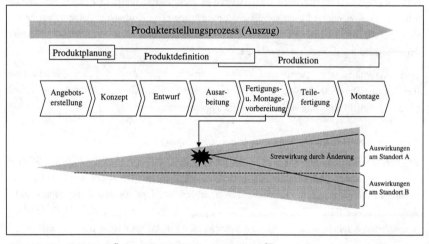

Abb. 4-7: Streuwirkung von Änderungen (in Anlehnung an Burghardt)[518]

Insbesondere bei einer hohen Streuwirkung von Änderungen und einer hohen Produktkomplexität sowie –vielfalt ist die Bestimmung aller Auswirkungen problematisch.[519] Wird beispielsweise in großen Unternehmen mit vielschichtigen Produktpaletten eine möglichst umfassende Gleichteilverwendung angestrebt, so stellt sich im Falle einer Änderung das Problem, alle Auswirkungen in den verschiedenen Produktlinien zu berücksichtigen. Diese Gefahr ist eine Ursache, dass vorschnell neue Varianten gebildet

---

[517] Vgl. Kleedörfer, R. (1998), S. 193f.

[518] Vgl. Burghardt, M. (1993), S. 49; Phaseneinteilung in Anlehnung an Ehrlenspiel (1995), S. 120.

[519] Vgl. Lindemann, U. / Kleedörfer, R. / Gerst, M. (1998), S. 174.

werden. Das Risiko eine Produktkomponente zu ändern, die möglicherweise in einem anderen Produkt Verwendung findet, wird daher durch die Hinnahme einer Erhöhung der Variantenvielfalt umgangen. Dieses Vorgehen führt aber nach *Coenenberg* und *Prillmann* zu einer weiteren Komplexitätserhöhung. „Variantenvielfalt schlägt sich als komplexitätstreibender Faktor in den Gesamtkosten der Unternehmen nieder."[520]

### 4.1.3.6 Wirtschaftliche Bewertung und Entscheidung

Die im vorigen Kapitel beschriebenen Auswirkungen, die mit der Umsetzung einer Änderungslösung verbunden sind, müssen im Vorfeld der Änderungsentscheidung (vgl. Abb. 4-1) in ökonomische Größen überführt werden. Ohne ausreichend detaillierte Kosteninformationen bietet sich beispielsweise für den Fall einer kundeninduzierten Änderung kein Ansatzpunkt für Nachverhandlungen mit dem Kunden. Bei fehlerbedingten Änderungen kann sich trotz des üblicherweise hohen Zeitdrucks auch unter Inkaufnahme von Pönalen die Situation ergeben, eine alternative Änderungslösung auf Grund zu hoher Gesamtkosten einer vor der Freigabe stehenden Änderung zu entwickeln. Bislang werden in der Praxis allerdings meist keine oder nur wenige Kostenarten wie Werkzeugkosten, Nacharbeitskosten oder Kostenveränderungen bei Zulieferteilen in eine derartige Kostenbetrachtung einbezogen.[521]

Das Ausmaß des tatsächlichen änderungsbedingten Ressourcenverbrauchs ist demgegenüber erheblich zu erweitern. Unter dem Oberbegriff der „Änderungskosten" sind nach *Reichwald* und *Conrat* alle im Zusammenhang mit Änderungen entstehenden Güterverzehre zu verstehen.[522] Dieses Verständnis umfasst neben den unmittelbar quantifizierbaren Kosteneffekten von Änderungen auch eher qualitative bzw. nur mittelbar quantifizierbare, kostenrelevante Effekte wie beispielsweise:

*   den bewerteten änderungsbedingten Zeitverzehr (z. B. Opportunitätskosten[523] am Markt)
*   die kostenrelevanten Folgen von Qualitätsmängeln, die im Zusammenhang mit Änderungen entstehen
*   änderungsbedingte Imageverluste am Markt

Als zweite Voraussetzung für die gesamtheitliche Erfassung der Änderungskosten, ist eine Überwindung der traditionellen abteilungsspezifischen Sichtweise auf Änderungen und ihre Folgen notwendig. Statt dessen sind die ökonomisch relevanten Auswirkungen aller Aktivitäten – angefangen vom Auftreten der zu Grunde liegenden Änderungsursache bis zur vollständigen Änderungsumsetzung – als Kosten des zu Grunde liegenden **Änderungsprozesses** festzuhalten. Als Strukturierungsmöglichkeit für das breite Spektrum der

---

[520] Coenenberg, A. G. / Prillmann, M. (1995), S. 1237.

[521] Vgl. Conrat, J.-I. / Riedel, D. (1998), S. 36.

[522] Vgl. Reichwald, R. / Conrat, J.-I. (1994), S. 226.

[523] Vgl. Hummel, S. / Männel, W. (1990), S. 118f.

Änderungskosten bietet sich eine Trennung der Kostenelemente in die änderungsspezifischen Teilprozesse „Änderungsvorlauf" und „Änderungsdurchführung" an (vgl. Abb. 4-1). Der Änderungsvorlauf erstreckt sich dabei von der Erkennung der Änderungsnotwendigkeit bis zur Änderungsentscheidung, die Änderungsdurchführung reicht von der Entscheidung bis zur vollständigen Änderungsumsetzung. Ebenso erscheint eine weitere Differenzierung der diesen Teilprozessen zuzuordnenden Kosten in unmittelbar und als Folgekosten nur mittelbar zurechenbaren Kosten zweckmäßig. Beispiele für die verschiedenen Kostenblöcke finden sich in der folgenden Abbildung (Abb. 4-8). Der fünfte Kostenblock, die fallübergreifenden Änderungsfolgekosten fokussiert darüber hinaus Kostenelemente, die nicht einer einzelnen Änderung zuzurechnen sind. Dennoch stellen auch diese Negativeffekte, wie beispielsweise mögliche Reputationsverluste (vgl. Kapitel 2.2.5.3.3), wichtige Konsequenzen dar, die bei der Änderungskostenanalyse insbesondere bei der Berücksichtigung von standortverteilt agierenden Entwicklungspartnern unbedingt verankert werden müssen.

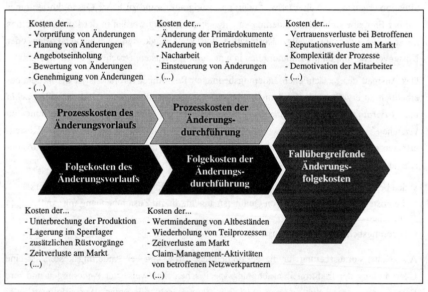

*Abb. 4-8: Systematisierung der Änderungskosten anhand des Prozesses (nach Conrat/Riedel; Reichwald/Riedel)[524]*

Auch hinsichtlich der anderen Kostenblöcke ergeben sich im Fall der Standortverteilung Besonderheiten. Zum einen erfahren Kostenarten, die in dem Modell bereits hinterlegt sind, eine andere Bedeutung bzw. Gewichtung. Beispielsweise ist im Rahmen der Änderungs-planung von deutlich höheren Kosten auszugehen. Zum anderen müssen aber auch neue

---

[524] Vgl. Conrat, J.-I. (1997), S. 147; Riedel, D. (1998), S. 208; Reichwald, R. / Riedel, D. (2000), S. 160.

Kostenfaktoren betrachtet werden, wie Kosten von Claim-Management-Aktivitäten zwischen betroffenen Netzwerkpartner. Dabei handelt es sich um zusätzliche **Transaktionskosten** durch nachträgliche Verhandlungen über die Zuordnung bzw. Verrechnung entstandener Änderungskosten.[525]

Obwohl mit Hilfe des o.a. Modells eine exakte Bestimmung der Änderungskosten nicht möglich und auch nicht intendiert ist, sind dennoch zwei entscheidende Vorteile festzuhalten. Erstens können sich beispielsweise bei Änderungen, die mit einem hohen konstruktiven Mehraufwand verknüpft sind, erhebliche Abweichungen zwischen der engen, auf wenige Kostenfaktoren beschränkte, sowie der weitgefassten Kostenanalyse ergeben. Eine detailliertere Kostengrundlage bietet sowohl innerhalb der eigenen Organisation als auch im Umgang mit Entwicklungspartnern eine deutlich verbesserte Argumentationsbasis.[526] Zweitens werden auch Kostengrößen einbezogen, die bei einer operativen Kostenbetrachtung nicht zum Tragen kommen, aber im Hinblick auf langfristig angelegte Entwicklungs-partnerschaften die entscheidenden Faktoren darstellen.

Ein Vergleich von Änderungskosten verschiedener Standorte kann allerdings zu missver-ständlichen Interpretationen führen. Schon durch eine abweichende Berechnungsmethodik kann eine Vergleichbarkeit von Kennzahlen im Änderungsmanagement eingeschränkt sein. Verschärft wird dies in der transnationalen Betrachtung. Durch die unterschiedlichen externen national geprägten Rechnungslegungsvorschriften wird auch das interne Rechnungswesen stark beeinflusst.[527] Beispielsweise können unterschiedliche Bewertungsansätze der Gemeinkostenzuschläge maßgeblich aus den Unterschieden zwischen der deutschen am Handelsrecht orientierten Rechnungslegung und amerikanischen Rechnungslegung nach US-GAAP (Generally Accepted Accounting Principles) folgen.[528] Die unterschiedlichen

---

[525] *Sydow* weist in seiner Kritik an den Beiträgen *Williamsons* zur Transaktionskostentheorie explizit auf die mangelnde Berücksichtigung bzw. Unterbewertung (unternehmens-) interner Transaktionskosten hin. Vgl. Sydow, J. (1992), S. 147. Kosten, die im Zusammenhang mit der Verrechnung zwischen Cost oder Profit Centern entstehen fallen in dieses Raster. Aufwendungen für Claim-Management Aktivitäten fallen daher nicht nur zwischen verschiedenen Unternehmen an.

[526] Anwendungen in der Industrie haben dies bereits bestätigt. In einem analysierten Beispiel war bei einer kundeninduzierten Änderung eine Kostendifferenz von mehr als 300% zu verzeichnen. Nach Konfrontation des Kunden mit der deutlich höheren Teilepreiserhöhung auf Grundlage der detaillierten Kosteninformation, wurde auf die Durchführung der Änderung verzichtet. Vgl. Aßmann, G. / Papke, M. / Riedel, D. (1998), S. 273.

[527] Das interne Rechnungswesen ist prinzipiell frei gestaltbar und rein formal nicht von Rechnungs-legungsvorschriften betroffen. Dennoch bestehen aus Gründen des Bearbeitungsaufwandes stets Abhängigkeiten vom externen Rechnungswesen. Durch die nationalen Vorschriften sowie durch die Anforderungen der lokalen Organisationseinheiten sind teilweise recht heterogene Rechnungssysteme in den Unternehmen entstanden. In einigen Grossunternehmen wird dieses Problem durch eine Anpassung mittels konzernweit gültigen Bilanzierungsrichtlinien teilweise entschärft. Dennoch ist eine Vergleichbarkeit der Daten für Planung, Steuerung und Kontrolle der einzelnen standortverteilten und insbesondere internationalen Organisationseinheiten daher nur unter Hinnahme eines nicht unerheblichen Zusatzaufwands möglich. Vgl. Funk, J. (1998), S. 189.

[528] Vgl. Heurung, R. (1999); zwecks eines Vergleichs zwischen den kontinental-europäischen und anglo-amerikanischen Rechnungslegungsprinzipien vgl. z.B. Liener, G. (1992), S. 271f.

Wertansätze wären aber bei Änderungsentscheidungen zu berücksichtigen, die beispielsweise auch umfangreiche Montageanlagenänderungen zur Folge haben.[529]

Häufig wird eine derartige mangelnde Vergleichbarkeit von Änderungsdaten in den Unternehmen allerdings nicht transparent und führt zu falschen Interpretationen sowie Entscheidungen.

### 4.1.3.7  Effiziente Abwicklung von Änderungen

Ist der Antrag einer technischen Änderung positiv begutachtet, beginnt die Phase der Änderungsdurchführung (vgl. Abb. 4-1). Diese reicht von der Erstellung der Änderungsaufträge über die eigentliche Entwicklungstätigkeit einschließlich der begleitenden Dokumente bis hin zur Verteilung dieser erstellten Unterlagen an die verschiedenen Entwicklungspartner. Obwohl der Änderungsprozess zu diesem Zeitpunkt abgeschlossen ist, kann die erstmalige Umsetzung der Änderung z.B. im Rahmen der Produktion oder auch zur Weiterbearbeitung durch andere Entwicklungspartner auch erst später erfolgen. Der Umsetzungszeitpunkt[530] der Änderung wird im Rahmen der Änderungssteuerung festgelegt.

Der Umfang der vorzunehmenden Änderungsaktivitäten kann eine große Bandbreite einnehmen. Von einfachen Zeichnungsanpassungen bis hin zu aufwendigen Änderungen, die teilweise als eigenständiges Entwicklungsprojekt geführt werden. Anders als im Rahmen geplanter (Erst-) Entwicklungsprojekte ist eine derartige Änderungsdurchführung aber dadurch geprägt, dass in der Regel kein eigenes Budget vorliegt, ein wesentlich höherer Zeitdruck herrscht und Entwicklungskapazitäten von den planmäßig durchzuführenden Entwicklungsprojekten abgezogen werden.

Diese Bindung von Entwicklungskapazität wurde in der Untersuchung von *Conrat* auch als „negativer Dominoeffekt" bezeichnet und versinnbildlicht, dass infolge der niedrigeren verbleibenden Entwicklungskapazität laufender Entwicklungsvorhaben erneut Fehler auftreten und wiederum Änderungen zu erwarten sind.[531] Auch *Brockhoff* stützt diesen Zusammenhang indirekt, indem er als wichtigste Begründung für zu geringe Innovationsschritte der Produktentwickler deren starke Bindung durch „Routine und Feuerwehraufgaben" identifiziert.[532]

Eine effiziente Änderungsabwicklung versucht diesem Defizit entgegenzuwirken. Zum einen wird in der Literatur die konsequente Anwendung der für planmäßige Entwicklungsprojekte

---

[529] Einen hohen Einfluss haben insbesondere die unterschiedlichen Aufwandsperiodisierungen (z.B. Abschreibungen von Werkzeugen oder selbsterstellter Montageanlagen), die in die Berechnung von Änderungskosten über die Berücksichtigung von Abschreibungen oder jährlich ermittelter Zuschlagssätze eingehen. Vgl. Oestreicher, A. / Spengel, C. (1997), S. 1037.

[530] Teilweise wird dieser Vorgang auch als Änderungseinsteuerung bezeichnet. Vgl. Hiller, F. (1997), S. 64.

[531] Vgl. Conrat, J.-I. (1997), S. 162.

[532] Vgl. Brockhoff, K. (1990), S. 89.

gültigen Gestaltungsprinzipien unterstrichen.[533] Zum anderen wird eine differenziertere Abwicklung von Änderungen vorgeschlagen, als dies durch die Umsetzung eines an der DIN orientierten, einheitlichen Ablaufs möglich ist. Der jeweilige Aufgabentyp sowie die Entwicklungsphase werden als maßgebliche Einflussfaktoren diskutiert.

Während in Abhängigkeit vom Aufgabentyp z.B. bei einfachen Zeichnungsanpassungen verkürzte Abwicklungsprozeduren sinnvoll sind, werden in frühen Entwicklungsphasen möglichst minimale Dokumentationspflichten festgelegt. Beispielsweise wird in der Automobilindustrie bis zu einem definierten Meilenstein keine Änderungsprozedur durchgeführt, oder in der Konzeptphase sogar gänzlich auf eine Teilenummernvergabe verzichtet.[534] Gerade der Einbezug von Entwicklungspartnern fordert eine solch konsequente Vereinfachung der Prozessabläufe. Allerdings sind hierbei noch deutliche Defizite festzustellen. *Eversheim* et al. stellen hierzu fest: „Unternehmensübergreifende Konzepte zur Synchronisation der Abläufe von allen beteiligten Unternehmen sind jedoch nur unzureichend realisiert. Für eine schnelle Projektabwicklung und ein effizientes Änderungsmanagement fehlen geeignete Instrumente, möglicherweise vorhandene Hilfsmittel werden nicht genügend genutzt."[535]

Dennoch erfahren die vorhandenen Methoden und Hilfsmittel durch den Zwang zur Synchronisation standortübergreifender Entwicklungseinheiten erste Anpassungen. Der Druck, Änderungen in späten Entwicklungsphasen zu fest definierten Zeitpunkten gebündelt einzusteuern, wird durch eine im Entwicklungsverlauf zunehmende Streuung von Arbeitsergebnissen auf verschiedene standortverteilte Entwicklungspartner noch verstärkt.[536] Allerdings steht dieser Bündelung der mögliche Nachteil einer längeren Entwicklungsdauer gegenüber. Dieses Defizit wird auch von der Praxis bemängelt: „[...] an individual ECO [Engineering Change Order; Anm. d. Verf.] is not implemented directly on occurence, but rather batched with other changes, thus lengthening the ECO lead time."[537]

Alternative Prinzipien sind die kontinuierliche Änderungseinsteuerung sowie der begleitende Änderungsprozess (vgl. Abb. 4-9). Letzterer kommt insbesondere bei hochinnovativen und zeitkritischen Projekten zum Tragen, bei denen eine Basisentwicklung möglichst vollständig von Änderungen freigehalten werden soll. Im Rahmen einer parallel zur Basisentwicklung stattfindenden Entwicklung von Änderungslösungen werden diese dann wie bei der gebündelten Einsteuerung en bloc eingearbeitet. Auf Grund der strikten Trennung zwischen

---

[533] Vgl. Voigt, P. / Riedel, D. (1998), S. 223ff.

[534] Vgl. Vgl. Gehrke, U. / Scheibler, M. (1998), S. 25.

[535] Eversheim, W. et al. (1995); S. 33.

[536] Vgl. Hiller, F. (1997), S. 66.

[537] Loch, C. H. / Terwiesch, C. (1999), S. 146ff.

der auch als „Schattenentwicklung"[538] bezeichneten Änderungsumsetzung und der Basisentwicklung, sind beide Tätigkeiten gut geeignet, jeweils an verschiedenen Standorten durchgeführt zu werden.

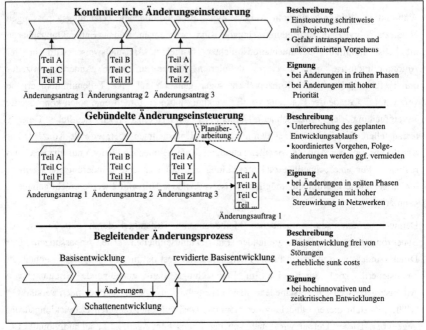

*Abb. 4-9: Verfahren der Änderungseinsteuerung (nach Burghardt; Hiller; Wildemann)[539]*

### 4.1.3.8 Lernorientierte Auswertung von Änderungsdaten

Ein Paradigmenwechsel, der für das Änderungsmanagement in der Literatur gefordert und ansatzweise von der Praxis auch aufgegriffen wird, ist der Übergang von einer Sanktions- zu einer Lernkultur.[540] Ausgangspunkt dazu ist die konsequente Analyse der Änderungsdaten.

Obwohl Studien aus verschiedenen Branchensegmenten durchaus ein unterschiedlich ausgeprägtes Defizit der Änderungsdatenauswertung aufzeigen, ist insgesamt dennoch ein erhebliches Verbesserungspotential festzustellen (vgl. Abb. 4-10).

---

[538] Vgl. Burghardt, M. (1993), S. 51.

[539] Vgl. Burghardt, M. (1993), S. 51; Hiller, F. (1997), S. 63; Wildemann, H. (1994), S. 25.

[540] Vgl. Aßmann, G. / Gerst, M. / Riedel, D. (1999), S. 523. Auch *Wildemann* betrachtet Änderungen als ambivalente Phänomene, ..."da sie sowohl das Problem der Störgröße als auch Chance des Lernens beinhalten." Wildemann, H. (1995), S. 200.

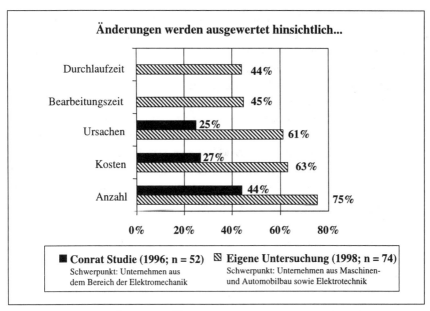

Abb. 4-10: Auswertung von Änderungsdaten[541]

Die unzureichende Verbreitung von Änderungsdatenanalysen ist schwerpunktmäßig auf die im Folgenden kurz dargestellten Gründe zurückzuführen:[542]

• **Missverständliche Datenbasis:** Auf Grund einer unzureichenden begrifflichen Abgrenzung in der Praxis, was genau unter einer Änderung verstanden werden soll, ist selbst die Bestimmung der Änderungsanzahl häufig unklar. Begriffliche Unterscheidungen wie Mengenänderungen, Projektänderungen oder technische Änderungen machen eine eindeutige Definition für die Mitarbeiter schwierig. Im Bereich der Kosten besteht häufig eine Zuordnungsproblematik anfallender und zu verbuchender Kosten auf Grund einer zu geringen Kostendetaillierung (vgl. Kapitel 4.1.3.6). In Bezug auf die erhobenen Gründe, die zu Änderungen führen, wurde bereits in Kapitel 2.1.2.2 auf die in der Praxis übliche Erhebung von vordergründigen Änderungsauslösern, nicht jedoch der zu Grunde liegenden Ursachen eingegangen. Die Struktur dieser Änderungsgründe ist zudem häufig redundant bzw. durch Zuordnungsprobleme geprägt. Im Fall der Standortverteilung sind die dargestellten Aspekte häufig durch historisch unterschiedlich gewachsene Strukturen bzw. Standortoptimierungen oder Kommunikationsprobleme verschärft.

---

[541] Vgl. Conrat, J.-I. (1997), S. 132.

[542] Vgl. Voigt, P. / Conrat, J.-I. (1998), S. 241ff.

- **Ablehnung auf Grund des Zusatzaufwandes und unklarer Verantwortung:** Häufig werden die mit Änderungen verbundenen Dokumentationspflichten lediglich als unnötiger und nutzloser Zusatzaufwand betrachtet. Insbesondere werden derartige Dokumentationen wie beispielsweise Kostenberichte nicht vorgenommen, wenn der eigentliche Konstruktionsprozess bereits abgeschlossen ist. Zudem werden derartige Abschlussarbeiten häufig verschleppt, wenn kein „Prozesstreiber" für den vollständigen und zügigen Abschluss der Änderungsdokumentation verantwortlich ist. Verbesserungsansätze der Industrie, die durch einen sogenannten „Informationssachbearbeiter" oder „Resident Engineer" die Aspekte der Prozessbeschleunigung und Entlastung der Konstrukteure verbinden, werden bislang uneinheitlich bewertet.[543] In standortverteilten Strukturen mit vielen Entwicklungspartnern stellen sie aber zudem eine geeignete Form sogenannter „linking pins" dar, die für den geeigneten und zuverlässigen Fluss der Änderungsdaten sorgen.

- **Unzureichende Hilfsmittel und Methoden:** Die vielfach noch papierbasierten Änderungsdokumente gelten häufig als wenig benutzerfreundlich. Meist ist auf den üblichen einseitigen Formularen kein Platz für Ausfüllhilfen oder Erläuterungsmöglichkeiten vorgesehen. Zudem sind sie für eine komfortable Weiterverarbeitung ungeeignet. Abhilfe bieten elektronische Werkzeuge: Neben einer Substitution der papierbasierten Formblätter sind darüber hinaus völlig neue Nutzenpotentiale realisierbar (z.B. Parallelisierung, Workflowfunktionalität oder Ergänzung um elektronische Skizzen, Fotos usw.). Einschränkend wirkt allerdings zuweilen eine mangelnde Prozessstabilität z.B. infolge verschiedener, inkompatibler Software-Versionsstände an den verschiedenen Entwicklungsstandorten.

Mit der Erfassung und Auswertung der Änderungsdaten sind zwei grundlegende Ziele verknüpft. Zum einen soll insbesondere durch die Auswertung ökonomischer Größen eine stärkere Sensibilität für die Änderungsfolgen geschaffen werden. Die Hauptintention liegt zum anderen in der Lernkomponente und Kompetenzentwicklung, die mit der Auswertung abgeschlossener Änderungsfälle verknüpft ist.[544] Beispiele für derartige Lernmöglichkeiten sind die im Rahmen der Änderungsabwicklung gewonnenen Erfahrungen oder die Wissenserweiterung um kausale Zusammenhänge zwischen möglichen Fehlern und den zu Grunde liegenden Änderungsursachen.

Das Nutzenpotential ist dabei keineswegs auf den einzelnen Mitarbeiter im Hinblick auf die Entwicklung der nächsten Produktgeneration beschränkt.[545] Vielmehr geht es um eine bewusste Offenlegung dieses Wissens und die Nutzung durch andere Entwicklungspartner.

---

[543] Vgl. Voigt, P. / Conrat, J.-I. (1998), S. 242; Ried, C. (1998), S. 39f.

[544] Vgl. Ulich, E. / Baitsch, C. (1987), S. 516.

[545] Vgl. Ettlie, J. E. (1998), S. 4.

Allerdings bestehen bislang noch erhebliche Vorbehalte einer solchen netzwerkweiten Wissensnutzung. Neben der Gefahr, dass Fehler trotz einer „verordneten" Lernkultur als Unvermögen bewertet werden, ist das Risiko sogenannter Spillovers[546] (externe Effekte infolge von Know-how-Abfluss an Wettbewerber) als zentrale Barriere der standortübergreifenden Wissensnutzung einzuschätzen.[547] Unterschiedliche Zugriffsrechte auf die Erfahrungsdaten können dieses Problem zwar entschärfen, vermindern aber auch den Nutzen des verteilt vorliegenden Wissens.

### 4.1.4 Fazit – Besonderheiten der Standortverteilung in der Literatur

Aus den vorangegangen Ausführungen ist zu erkennen, dass durch den besonderen Fokus der Standortverteilung ein Teil der Aktionsfelder deutlich erweitert werden muss, andere hingegen weniger betroffen sind. Im Folgenden sollen die gewonnen Erkenntnisse in Thesen überblicksartig zusammengefasst werden. Sie dienen im nächsten Kapitel als ein Ausgangspunkt für die Analyse des Untersuchungsfeldes.[548]

- **T1: Inoffizielle Alternativabläufe.** Das Änderungswesen traditioneller Prägung ist vielerorts noch Standard. Durch die erhebliche Regelungstiefe und –vielfalt ist eine Harmonisierung zwischen verschiedenen Entwicklungspartnern mit erheblichen Schwierigkeiten verbunden. Auf Grund standortindividueller Anpassungen einheitlicher Basissysteme, aber auch durch völlig unabhängig voneinander entstandene Änderungsmanagementsysteme, existieren selbst innerhalb eines Unternehmens verschiedene inkompatible Abwicklungsverfahren. Um einen standortübergreifenden Ablauf dennoch realisieren zu können, werden häufig inoffizielle Alternativabläufe (Bypass-Abläufe) durchgeführt.

- **T2: Verantwortlichkeit und Kommunikationsprobleme.** Die Vermeidung von Änderungen ist maßgeblich von einer bereichsübergreifenden, störungsfreien Zusammenarbeit abhängig. Der Zusammenarbeit mit standortverteilt agierenden Entwicklungspartnern stehen vielfach aber noch Barrieren gegenüber, die insbesondere in der eindeutigen Zuordnung von verantwortlichen Mitarbeitern (Ansprechpartnern) sowie in Kommunikationsproblemen bei der standortübergreifenden Aufgabenwahrnehmung (insbes. Entwicklungsaufgaben vom Typ B) zu vermuten sind. Die temporäre Einbindung von Mitarbeitern bei Kunden „on site" stellt ein deutliches Indiz dar.

- **T3: Streuwirkung von Änderungen.** Die Ursachenanalyse erkannter Probleme ist über Standortgrenzen hinweg schwerer nachzuvollziehen. Hintergrund ist der getrennte

---

[546] Diese sind in der Regel kaum durch Geheimhaltungsvereinbarungen auszuschließen. Vgl. Niebling, J. (1995), zit. in: Wellenhofer-Klein, M. (1999), S. 51.

[547] Der Grad der Vorbehalte gegenüber einer netzwerkweiten Öffnung der Wissensbasen wird auch durch kulturelle Unterschiede geprägt (vgl. Kapitel 3.4.3).

[548] Vgl. Kapitel 1.3.2.2.

Erfahrungskontext, aber auch der bislang noch verhaltene Übergang von Ansätzen der Bereichsoptimierung mit der damit häufig verbundenen Abschottung hin zu einer Ertrags- und Lerngemeinschaft. Ebenso birgt die Streuwirkung von Änderungen die Gefahr, wichtige Auswirkungen von Änderungslösungen zu übersehen. Es ist daher zu vermuten, dass das Defizit häufiger Folgeänderungen in standortverteilten Strukturen ausgeprägter ist.

- **T4: Änderungsbewertung und Kostenzuordnung.** Die Anforderungen an eine gesamtheitliche Änderungsbewertung werden durch standortverteilte Entwicklungs- prozesse tendenziell steigen, was sich beispielsweise in einer schwierigeren verur- sachungsgerechten Kostenzuordnung niederschlagen könnte. Infolge der Standort- verteilung verschiebt sich die Bedeutung einzelner, im Rahmen der Änderungsbewertung einzubeziehender Kostenkomponenten bzw. treten weitere Kostenfaktoren neu hinzu.

- **T5: Beeinflussung der Durchlaufzeit.** Die Bedingung der Standortverteilung kann durch zwei gegensätzliche Effekte einen Einfluss auf die Durchlaufzeit haben. Einerseits kann durch standortverteilte Änderungsprozesse eine weitere Parallelisierung der einzelnen Aktivitäten erfolgen. Andererseits sind durch standortübergreifende Schnittstellen auch höhere Zeitverluste denkbar. Wesentlichen Einfluss hat dabei das Verfahren der Änderungseinsteuerung.

- **T6: Kompatibilität von Standortkulturen.** Auch die Möglichkeit aus Änderungen zu lernen kann durch Standortverteilung divergent verlaufen. Dem Einbezug standortübergreifender Expertise stehen Vorbehalte gegenüber, die die Gefahr des Wissensabflusses und die Scheu eigene Misserfolge transparent werden zu lassen umfassen. Ein standortübergreifendes Lernen ist dabei maßgeblich von der Kompatibilität der individuellen Standort- bzw. Unternehmenskulturen abhängig.

- **T7: Inhaltlich vergleichbare Daten.** Voraussetzung um aus Änderungen lernen zu können und Änderungsprozesse standortübergreifend zu steuern, ist eine konsistente und inhaltlich vergleichbare Datenbasis. Werden Änderungsdaten verschiedener Standorte verglichen, ist die Gefahr beträchtlich, dass verdichteten Daten nicht vergleichbare Sachverhalte zu Grunde liegen.

- **T8: Kompatibilität von IuK-Werkzeugen.** Die Effizienz bei der wirtschaftlichen Bewertung, der Änderungsabwicklung und dem Lernen aus Änderungen ist u.a. von der Güte der eingesetzten Instrumente abhängig. Zunehmend wird in den genannten Bereichen der Einsatz rechnergestützter Werkzeuge gefordert. Maßgeblich für einen effizienten standortübergreifenden Einsatz ist ihre Kompatibilität und die Gewährleistung benötigter Übertragungskapazitäten.

## 4.2 Befunde zum standortverteilten Änderungsmanagement

> *„[...] when a problem report arrives, it is simply assigned to*
> *the next free engineer"*
> Kevin Crowston (1997)[549]

### 4.2.1 Untersuchungsmethodik und Untersuchungsfeld

Gemäß der explorativen Forschungskonzeption dieser Arbeit (vgl. Kapitel 1.3.2.2) sind die im Schrifttum eruierten Hinweise auf Defizite und Gestaltungsmöglichkeiten eines standort-verteilten Änderungsmanagements an der Unternehmensrealität zu spiegeln sowie um weitere in der Praxis beobachtete Phänomene zu ergänzen. Dazu wurden im Untersuchungsfeld

- leitfadengestützte Expertengespräche mit Vertretern verschiedener Funktionsbereiche an unterschiedlichen Unternehmensstandorten geführt,[550]
- Dokumentenanalysen ausgewählter Änderungsfälle vorgenommen,
- im Rahmen von Organisationsprojekten zum Änderungsmanagement Wirkungen von Lösungsansätzen in die Analyse integriert sowie
- eine schriftliche Befragung von Praktikern im Rahmen eines Kongresses durchgeführt.

Infolge der für das Änderungsmanagement typischen komplexen Zusammenhänge und Abhängigkeiten war eine intensive, eher durch einen Längsschnittcharakter geprägte Untersuchung erforderlich. Eine besonders gute Ausgangssituation bestand naturgemäß bei den in die Untersuchung einbezogenen Unternehmen, mit denen gemeinsame Forschungs- und Industrieprojekte mit der Themenstellung einer Analyse und Verbesserung des Änderungsmanagements durchgeführt wurden.

### 4.2.2 Fallbeispiele

Die Ergebnisse der Felduntersuchung basieren auf Erfahrungen im Änderungsmanagement bei zwei Automobilherstellern, zwei Automobilzulieferern in den Segmenten Karosserie, und Dichtungen. Aus dem Bereich des Maschinenbaus können Projekterfahrungen von zwei Bahnausrüstern elektromechanischer Komponenten genutzt werden. Bei den genannten Unternehmen wurden Untersuchungen vorgenommen, die von mehreren Tagen bis zu einigen Monaten andauerten. Mit zwei der aufgeführten Unternehmen wurden insgesamt drei gemeinsame Projekte von bis zu zwei Jahren Laufzeit durchgeführt.

Kennzeichnend für das Untersuchungsfeld war ein heterogener organisatorischer und technischer Entwicklungsstand des Änderungsmanagements bzw. der Produktentwicklung

---

[549] Crowston, K. (1997), S. 158.

[550] Gemäß der Gestaltungsempfehlungen für heuristische Forschungsdesigns wurden Interviewpartner aus verschiedenen Funktionsbereichen auch in Gruppendiskussionen befragt, so dass transparent wurde, welches Rollenverständnis und welche Interessenslagen die einzelnen Beteiligten aufwiesen.

insgesamt. Diese Rahmenbedingung erwies sich jedoch für die Analyse verschiedener Untersuchungsschwerpunkte im Änderungsmanagement als Vorteil. Die Schwerpunkte sind in der nachfolgenden Abb. 4-11 den jeweiligen Unternehmen zugeordnet.[551] Auf Grund des begrenzten Umfangs der Praxisanalyse konnten naturgemäß nicht alle der im vorigen Abschnitt eruierten Ergebnisse beobachtet werden. Andererseits erweitern die in der Realität beobachteten neuen Erkenntnisse – im Sinne des in Kapitel 1.3.2.2 beschriebenen iterativen Lernprozesses – die bisherige Perspektive. Ergänzt wurden die Erkenntnisse durch die in Kapitel 4.2.3 dargestellten Ergebnisse der Fragebogenaktion.

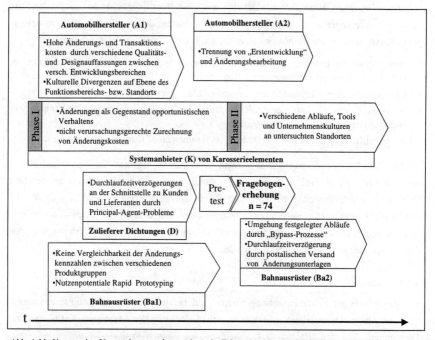

*Abb. 4-11: Untersuchte Unternehmen und exemplarische Erkenntnisse im Analysefeld*

### 4.2.2.1 Dysfunktionale Organisationsstrukturen

Die untersuchten Fallbeispiele untermauern die Vermutung, dass schon in zentral organisierten Entwicklungsstrukturen eine starre Reglementierung des Änderungswesens zu erheblichen Ineffizienzen führt. Bei der standortverteilten Zusammenarbeit von Entwicklern des eigenen Unternehmens, aber gerade auch mit Entwicklungspartnern jenseits der eigenen

---

[551] Das Schaubild symbolisiert zwar die zeitliche Einordnung der verschiedenen Studien, ist allerdings hinsichtlich der Dauer der einzelnen Untersuchungen nicht maßstabsgerecht.

Unternehmensgrenzen, erweisen sich die nach internen Kriterien optimierten Regelungen als nicht zielführend. Die Folgen sind Umgehung der Strukturen in Form von informellen aber tolerierten Alternativabläufen. Erschwerend wirken Verantwortungsregelungen, die selbst Ursache für eine hohe Änderungsanzahl sind. Für die Vision einer dynamischen und wechselnden Zusammenarbeit mit unterschiedlichen Partnern scheinen die derzeitig in der Industrie verankerten Strukturen weitgehend ungeeignet.

**Umgehung der festgelegten Strukturen im Änderungsmanagement-System**

Ein international agierender Bahnausrüster (**Ba2**), welcher sowohl im Erstgeschäft auf Basis von kundenspezifischen Projekten als auch im Ersatzteilgeschäft tätig ist, unterhält neben einem zentralen Entwicklungsstandort in Deutschland ca. 10 periphere Produktions- und Entwicklungsstandorte weltweit. Teilweise sind die peripheren Organisationseinheiten durch Akquisitionen in das Unternehmen eingegliedert worden. Diese Einheiten weisen ein eigenes, vor der Übernahme aufgebautes Änderungswesen auf, welches erst sukzessive auf den unternehmenseinheitlichen Standard angepasst wird.[552] In den peripheren Organisationseinheiten werden primär Anpassungsentwicklungen für den lokalen Markt vorgenommen bzw. eine lokale Serienbetreuung unterhalten. Letztere dient dazu, die Umsetzung von Änderungen in die Produktion zu überwachen bzw. Änderungsanforderungen, die aus der Produktion oder seitens der lokal betreuten Kunden an das Unternehmen herangetragen werden, aufzunehmen und an die jeweilig verantwortliche Entwicklung (im Regelfall Zentralentwicklung am Stammsitz) weiterzuleiten. Der Datenaustausch der notwendigen Änderungsunterlagen, bzw. ein Direktzugriff auf die zentral archivierten Daten, ist nur zum Teil bereits auf elektronischem Weg realisiert.[553] Überwiegend muss der Datenaustausch telefonisch, per email oder (Haus)-Post stattfinden. Letztere umfasst die Übertragung von mikroverfilmten Zeichnungen und den begleitenden Dokumenten.

Für den Fall der Anbindung der standortverteilten Produktionsbereiche bzw. peripheren Entwicklungsbereiche konnte im Rahmen der Analyse festgestellt werden, dass infolge der längeren Laufzeiten der papierbasierten Dokumente die Tendenz, Bypass-Abläufe[554] zu etablieren, hoch ist. Begründet wurden diese Alternativ-Abläufe mit einem hohen Zeitdruck infolge des Projektgeschäftes sowie den inkompatiblen Änderungssystemen der unter-

---

[552] Vgl. Kapitel 4.1.4 –T1: Inoffizielle Alternativabläufe.

[553] Vgl. Kapitel 4.1.4 –T8: Kompatibilität von IuK-Werkzeugen.

[554] Schon in der Untersuchung von *Conrat* wurde auf die in der Industrie weitverbreiteten Alternativabläufe hingewiesen, die zum Teil in erheblichem Umfang von den festgelegten Änderungsabläufen abweichen. Vgl. Conrat, J.-I. (1997), S. 109. Das Defizit derartiger, auch als „Bypass" bezeichneten Abläufe begründet sich insbesondere darin, dass die Umsetzung von Änderungen ohne eine ausreichende Prüfung vorgenommen wird und die Gefahr von Folgeänderungen besteht.

schiedlichen Standorte.[555] Als Besonderheit im Vergleich zu anderen Praxis-Fällen war festzustellen, dass sogar fallabhängige Varianten verschiedener Bypass-Abläufe etabliert sind (vgl. Abb. 4-12).[556] Vorgesehener Garant für einen administrativ korrekten Änderungsablauf ist in dem untersuchten Fallbeispiel die Normung.[557] Allerdings wird diese im Fall der skizzierten „Bypass"-Abläufe erst nachträglich informiert, was mit einer deutlichen Prozessunsicherheit behaftet ist. Durch die nachträgliche Komplettierung des Änderungsprozesses durch die Normung entstehen zusätzliche Kontrollkosten, die allerdings nicht separat erfasst werden.

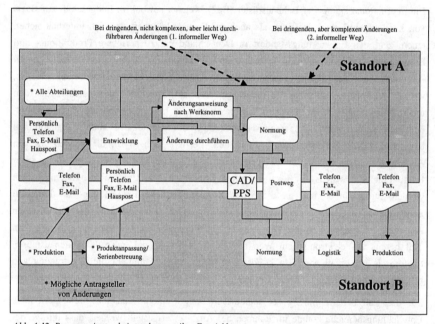

*Abb. 4-12: Bypassvarianten bei standortverteilter Entwicklung*

---

[555] Begründet wird die Umgehung der festgelegten Abläufe mit einer zu langsamen papierbasierten Änderungsabwicklung, die dem zumeist mit Änderungen verbundenen Zeitdruck entgegensteht. *Dörr* hat bereits in den siebziger Jahren schon auf diesen Sachverhalt hingewiesen: „Die übliche Änderungspraxis lässt nur die Wahl zwischen zwei Verfahren: Entweder wird auf Zuruf mit vorläufigen Papieren und dafür verhältnismäßig schnell geändert oder man verlässt sich nur auf vollständige Unterlagen und nimmt dafür eine erhebliche Verzögerung in Kauf." Dörr, R. (1977), S. 35.

[556] Vgl. Vgl. Kapitel 4.1.4 –T1: Inoffizielle Alternativabläufe.

[557] Zu ihren Aufgaben gehörte im Rahmen der Änderungsabwicklung bspw. die Prüfung von Zeichnungen, Stücklisten und Dokumenten im Hinblick auf Vollständigkeit und Einhaltung der Normen. Nicht zu ihren Aufgaben gehörte dagegen eine funktionale Prüfung.

**Dysfunktionale Verantwortungsregelung zwischen Standorten**

In dem untersuchten Fall eines Automobilherstellers (**A1**) war eine nicht überschneidungsfrei definierte Zuordnung von Entscheidungsrechten Ursache für eine Kette von kostenintensiven Änderungen. Während die Qualitätssicherung und Produkt-Gesamtverantwortung einem Standort A zugeordnet war, oblag die Entwicklung des Produkt-Designs Standort B. Standort B, in einem anderen europäischen Nationalstaat, war vormals als eigenständiger Automobilhersteller von A unabhängig gewesen. Nach dem Zusammenschluss war die Strategie, bislang erfolgreiche Produkte weiterhin anzubieten, dabei aber sofern möglich, gemeinsame Produkt-Module zu nutzen.

Die Präferenz der eigenen tradierten Systemlösung der Entwickler am Standort B führte in einem Entwicklungsprojekt zu einer erheblichen Kostenbelastung durch eine hohe Anzahl von Änderungen und Folgeänderungen. Anlass der Diskrepanzen war die Entwicklung einer Schaltung, welche in die am Standort B produzierten Fahrzeuge eingesetzt werden sollte. Schon zu Beginn des Entwicklungsprojektes wiesen die Mitarbeiter der Qualitätssicherung am Standort A auf mögliche Qualitätsprobleme durch die bereits aufgefallene schwere Schaltbarkeit hin (diese entsprach nicht dem gemeinsamen Qualitätsstandard), wobei zu diesem Zeitpunkt noch keine detaillierten Qualitätsuntersuchungen stattfinden konnten. Als Alternative boten die Mitarbeiter des Standortes A an, eine Schaltung X, die in ihrem Hause bereits Verwendung gefunden hatte, durch eine Änderung an die Design-Vorgaben des Standortes B anzupassen.

Dennoch beharrten die für das Produkt-Design verantwortlichen Mitarbeiter am Standort B auf der Verbesserung des bisherigen Lösungskonzeptes, da diese Ausführung der Schaltung ein vom Kunden erwartetes „Begeisterungsmerkmal" sei und die Hinweise auf mögliche Qualitätsmängel nicht durch Versuche belegt waren. In diversen funktionsübergreifenden Abstimmungstreffen der Beteiligten, welche in der Landessprache der Mitarbeiter des Standortes B geführt wurden, zeigte sich ein erhebliches Konfliktpotential. Während die Mitarbeiter des Standortes B sich in ihrer Kompetenz hinsichtlich der Festlegung des Design-Konzeptes eingeschränkt sahen, empfanden die Mitarbeiter vom Standort A besonders nachteilig, in einer Fremdsprache kommunizieren zu müssen. Sie hatten das Gefühl, infolge von Ausdrucksschwierigkeiten auch hinsichtlich der Wertung von vorgebrachten Argumenten benachteiligt zu sein. [558]

In der Folgezeit scheiterten letztlich alle Nachbesserungsversuche der Entwickler am Standort B daran, mit der Schaltung das gemeinsam vereinbarte Qualitätsniveau zu erreichen, welches auch die zwischenzeitlich durchgeführten Versuche belegten. Zu diesem Zeitpunkt war jedoch das Gesamtentwicklungsprojekt so weit fortgeschritten, dass eine umfassende Änderung der Schaltung X – wie ursprünglich vorgeschlagen – nicht mehr möglich war. Daher musste die

---

[558] Vgl. Kapitel 4.1.4 –T2: Verantwortlichkeit und Kommunikationsprobleme.

am Standort A verfügbare Schaltung nahezu unverändert in die am Standort B produzierten Fahrzeuge eingesetzt werden. Zwischenzeitlich waren allerdings 1500 TDM Kosten für Versuchswerkzeuge, Entwicklungsleistungen sowie zu verschrottendes Material angefallen. Zusätzlich beliefen sich die Kosten für die produzierten Muster auf etwa 500 TDM.[559]

Aus Sicht der **Property-Rights-Theorie**[560] und **Transaktionskostentheorie** spiegelt der geschilderte Fall ein Defizit der festgelegten Handlungs- und Verfügungsrechte mit erheblichen Kostenfolgen wider. Über die ausgewiesenen Änderungskosten hinaus können ebenso die erheblichen Kosten der Abstimmungsgespräche zwischen den beiden Entwicklergruppen als Transaktionskosten zur Durchsetzung der festgelegten Rechte betrachtet werden. Auf Grund der erheblichen Kosten für das Unternehmen des Fallbeispiels wurde die ursprüngliche Befugnis des Standortes B, über Designänderungen zu entscheiden, auf Basis einer Vorstandsentscheidung diesem Bereich entzogen.

**Dysfunktionale Weisungsbefugnis und Kostenverrechnung**

Ein beobachteter Fall eines international agierenden Automobilzulieferers **(K)** mit verschiedenen räumlich dezentralen Standorten war durch die strikte Weisungsbefugnis der zentralen Stammeinheit geprägt. Beispielsweise wurden teilweise Entscheidungen bei der Gestaltung und Auswahl von Änderungslösungen an einem Standort 1 festgelegt, die für einen Standort 2 nicht nur sachlich bindend waren, sondern überdies Konsequenzen hinsichtlich der Budgetverwendung aufwiesen. Projektentscheidungen, häufig Entscheidungen über technische Produktänderungen, wurden in der Entwicklungszentrale getroffen. Die monetären Konsequenzen fielen allerdings primär bei der für die Umsetzung verantwortlichen peripheren Entwicklungseinheiten an.[561] Von den Entwicklungsverantwortlichen der dezentralen Einheiten wurde dabei beklagt, dass die Entscheidung wer eine Änderungsumsetzung vorzunehmen habe, bewusst nach dem Kriterium der Kostenzurechnung bzw. Budgetbelastung vorgenommen würde. In einigen Fällen war die Änderungslösung von der peripheren Einheit aber nur mit einem wesentlich höheren Entwicklungsaufwand zu realisieren, als dies durch die Zentralabteilung möglich gewesen wäre. Allein auf Grund der Zurechnungspraxis der Änderungskosten entstanden aus Sicht des Gesamtunternehmens ein höheres Kostenvolumen.

---

[559] Die Zahlenangaben wurden geringfügig abgewandelt.

[560] Unter Property-Rights „...versteht man die mit einem Gut verbundenen und Wirtschaftssubjekten auf Grund von Rechtsordnungen und Verträgen zustehende Handlungs- und Verfügungsrechte." Vgl. z.B. Picot, A. (1991b), S. 145f.

### 4.2.2.2  Aufgabenteilung

**Entlastung kreativer Entwickler versus Nutzung von Erfahrungswissen**

Der Frage nach dem für die Änderungsdurchführung geeigneten Aufgabenträger stehen zwei diametrale Einflüsse gegenüber. Einerseits besteht bei der Durchführung der Änderung durch den Konstrukteur der Erstentwicklung die Gefahr der in Kapitel 4.1.3.7 beschriebenen Ressourcenminimierung für Erstentwicklungsprojekte („negativer Dominoeffekt"). Andererseits ist davon auszugehen, dass die (Wieder-) Einarbeitung in die jeweilige Produktentwicklung durch den ursprünglichen Konstrukteur mit einem geringeren Zeitaufwand möglich ist als dies durch andere Entwickler realisiert werden kann.

Beide Philosophien werden in der Praxis als sinnvolle Gestaltungsoption vertreten und umgesetzt. Bei einem untersuchten Automobilhersteller (A2) ist die Bestimmung des Bearbeiters von der jeweiligen Änderungsart (im Sinne der Entwicklungsaufgabe) und von der jeweiligen Entwicklungsphase abhängig. Die Differenzierung nach der Entwicklungsphase unterscheidet Änderungen in der laufenden Entwicklung eines Neufahrzeuges bzw. Änderungen in der Serie. Für letztere ist eine eigens eingerichtete Serienbetreuung verantwortlich. Nach Abschluss einer Neuprojektentwicklung wechselt ein Teil der Konstrukteure in die Serienbetreuung. Diese sind damit auch weiterhin für Änderungen an den von ihnen entwickelten Bauteilen /-gruppen verantwortlich. Ein anderer Teil der Konstrukteure übernimmt Aufgaben in einem anderen Neuprojekt. In diesem Fall kommt es allerdings häufiger zu Nachfragen der Serienbetreuer an die ursprünglichen Konstrukteure, welches wiederum mit den eingangs beschriebenen Defiziten („negativer Dominoeffekt") behaftet ist. Insbesondere sind Nachfragen bei komplexen Problemen notwendig (Entwicklungsaufgaben vom Typ B), was infolge der häufigen Standortverteilung zwischen Serienbetreuer und Konstrukteur im vorgelagerten Entwicklungsprojekt zu erheblichen Kommunikationsschwierigkeiten führt.[562]

Im Fall der laufenden Änderungsbetreuung ist eine Trennung der einzelnen Änderungsaufgaben in die konstruktive Änderungsplanung und -umsetzung sowie den administrativen Teil zu beobachten. Nicht zuletzt auf Grund des administrativen Aufwandes sind Änderungen durch einen hohen Routinegrad gekennzeichnet (**Entwicklungsaufgaben vom Typ A**). Dies hat das untersuchte Unternehmen (A1) dazu beflügelt, Konstrukteuren Sachbearbeiter zuzuordnen, welche den administrativen Teil der Änderungsabwicklung übernehmen. Konstrukteur und Sachbearbeiter teilen sich somit die Abwicklung von

---

[561] Ein analoger Zusammenhang wird auch von *Picot* beschrieben: erhält die, ein anderes Unternehmen übernehmende Organisation die buchhalterische Kontrolle, können Verrechnungspreise, Gemeinkostenschlüssel etc. manipuliert werden. Aus **institutionenökonomischer Sicht** handelt es sich dabei um eine Verknüpfung der drei Teilbereiche der neuen Institutionenökonomie (Transaktionskosten-, Principal-Agent- und Property-Rights-Theorie). Vgl. Picot, A. (1991b), S. 159.

[562] Vgl. Kapitel 2.2.6.1.

Änderungen. Auf Grund der häufig notwendigen Interaktion zwischen Konstrukteur und Sachbearbeiter z.B. durch häufige Rückfragen oder technische Verständnisprobleme ist in diesem Fall keine Standortverteilung zu beobachten. Gleichzeitig ist dieses Modell umstritten, da die Konstrukteure zwar einerseits von administrativen Aufgaben entlastet werden, andererseits, z.B. durch häufige Rückfragen, in erheblichem Maße Störungen ausgesetzt sind.

### 4.2.2.3  Divergenz der Änderungsmanagementsysteme verschiedener Standorte

Ausgeprägte heterogene Strukturen im Änderungsmanagement sind zwischen verschiedenen Standorten eines Unternehmens naturgemäß dann festzustellen, falls in der Vergangenheit eine weitgehende organisatorische Unabhängigkeit bestanden hat. Dieses kann zum einen daran liegen, dass die – zuvor (rechtlich) selbständig agierende – standortverteilte Einheit in einen Unternehmensverbund eingegliedert wurde. Zum anderen können divergente Strukturen in Unternehmen infolge typischer local-for-local Entwicklungen über viele Jahre gewachsen sein (vgl. Abb. 3-2).

Im Fall eines Systemanbieters für Karosserieelemente (K) in der Automobilindustrie war die Ausgangslage dadurch gekennzeichnet, dass der Lieferant am Ort des jeweiligen Automobilherstellers Anpassentwicklungen betrieben hat. Diese lokalen Einheiten des Systemanbieters waren in der Regel vom Stammsitz räumlich getrennt. Hinsichtlich der Organisationsgestaltung der räumlich dezentralen Einheiten bestand eine weitgehende Abhängigkeit von den Vorgaben (z.B. hinsichtlich Teambesetzung, Abläufe, Berichterstattung etc.) des jeweiligen Automobilherstellers.

Nach dem Zusammenschluss der ehemals getrennt agierenden Automobilhersteller 1 und 2 – beide Kunden des Systemanbieters – waren die lokalen Organisationsstrukturen, Abläufe und eingesetzten Instrumente auf den Prüfstand zu stellen (vgl. Abb. 4-13).

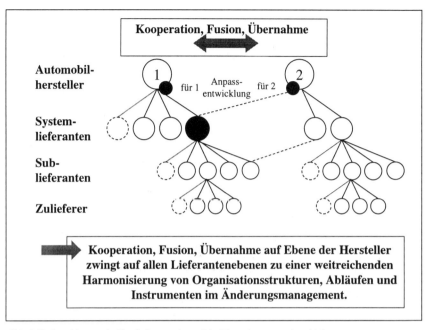

Abb. 4-13: Auswirkungen der Kundenkooperation auf der Ebene des untersuchten Lieferanten

Kennzeichnend für die jeweils lokalen Strukturen waren insbesondere verschiedene Änderungsabläufe (vgl. Abb. 4-14), individuelle Formulare sowie unterschiedliche Steuerungsgremien (z.b. interdisziplinär besetzte Steuerungskomitees). Auf Grund teilweise intern getriebenen Drucks, aber auch auf Betreiben des neuen, integrierten Automobilherstellers zur Harmonisierung dieser Elemente, traten umfangreiche Inkompatibilitäten zu Tage. Beispiele waren Defizite im Rahmen der Datenübernahme aus den papierbasierten Dokumenten (Doppelarbeit) oder nicht vergleichbare Arbeitsergebnisse, die in den einzelnen Änderungsphasen generiert wurden (z.b. im Rahmen der Bewertung).[563] Ebenso war die unterschiedliche Kenntnis und Verwendung von Methoden, die in der Produktentwicklung Anwendung fanden, ein Hemmnis für die reibungslose standortübergreifende Zusammenarbeit.

---

[563] In Einzelfällen waren auch Inkonsistenzen beispielsweise auf unterschiedliche Normen und Maßsysteme (z.B. metrisch versus Imperial) zurückzuführen. Vgl. auch Funk, J. (1998), S. 195.

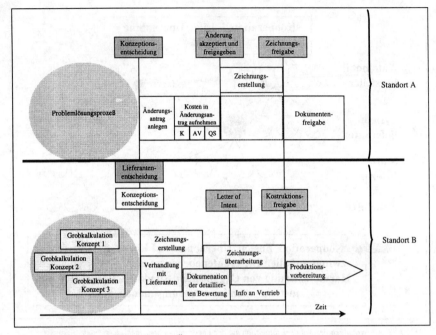

*Abb. 4-14: Beispiel für die Abwicklung von Änderungsanträgen in standortverteilten Entwicklungs-abteilungen eines Unternehmens[564]*

Eine wichtige Rahmenbedingung dieses Falls, die auch für das Änderungsmanagement von hoher ökonomischer Relevanz ist, sind die verschiedenen standortspezifischen Ident- oder Produktnummernsysteme. Diese tragen in zweifacher Hinsicht zu möglichen Effizienz-verlusten im Änderungsmanagement bei. Zum einen erhöht sich die Komplexität durch identische Teile, die mehrfach im System vorhanden sind. Ein wesentlich höherer Bestand an Produktnummern ist zu verwalten, der bereits erhebliche ökonomische Konsequenzen zur Folge hat.[565] Zum anderen führen die verschiedenen Produktnummern identischer Komponenten auch dazu, dass tendenziell ein höherer Teilebestand geführt wird, welcher steigende Kapitalbindungskosten impliziert.

---

[564] nach Mraz, C. (1998), S. 58.

[565] Vgl. Kapitel 4.1.2.1.

### 4.2.2.4 Defizite überbetrieblicher, standortverteilter Änderungsprozesse

**Streuwirkung und verzögerte Informationsweitergabe des Änderungsbedarfs**

Neben unternehmensintern geprägten Problemen an der Schnittstelle zwischen verschiedenen Standorten sind ebenso Problembereiche herauszuheben, die durch die Kooperationsbeziehung zwischen Kunden und Lieferanten entstehen.[566]

Der Fall beschreibt einen mittelständischen Dichtungshersteller (**D**) der als Automobilzulieferer überwiegend Anpassungsentwicklungen auf Grundlage der vom Kunden vorgegebenen Rahmendaten betreibt. Häufig wird ein Änderungsbedarf festgestellt, der ursächlich auf einen Fehler (z.B. fehlerhafte Berechnung) auf Seiten des Kunden zurückzuführen ist. Zu dem Zeitpunkt der Fehlererkennung durch den Dichtungshersteller ist dies allerdings nicht in jedem Fall sofort transparent. Insbesondere nimmt die Absicherung des Änderungsbedarfs sowohl intern als auch durch Rückfragen an den Automobilhersteller Zeit in Anspruch.

Der Dichtungshersteller bezieht seinerseits – in Abhängigkeit von dem Auftrag des Automobilherstellers – zum Teil hochwertige Leistungen anderer (Unter-) Lieferanten, z.B. Spritzgusswerkzeuge. Änderungen, die auf einem Fehler oder einer neuen Vorgabe des Automobilherstellers beruhen, pflanzen sich somit teilweise über mehrere Wertschöpfungsstufen standort- und unternehmensübergreifend fort (vgl. Abb. 4-15). Sie sind mit einer hohen Streuwirkung verbunden.[567]

Als problematisch wird seitens des Dichtungsherstellers dabei insbesondere die Tatsache angesehen, dass eine frühzeitige Information des Sublieferanten über eine mögliche Änderung, verbunden mit der Intention eines temporären Bearbeitungsstops, von diesem opportunistisch ausgenutzt werden kann. Begründet wird dies insbesondere mit der Befürchtung, dass im Moment der Informationsweitergabe andere Entwicklungsvorhaben auf Seiten des Sublieferanten vorgezogen würden und im Fall einer Weiterbearbeitung mit einer erheblich längeren Verzögerung zu rechnen sei, als sie vom Dichtungshersteller ursprünglich veranlasst war. Die Gefahr von nicht verwertbaren Entwicklungsergebnissen wird in diesen Fällen in Kauf genommen.

---

[566] Vgl. Kapitel 4.1.4 –T5: Beeinflussung der Durchlaufzeit.

[567] Vgl. Kapitel 4.1.4 –T3: Streuwirkung von Änderungen.

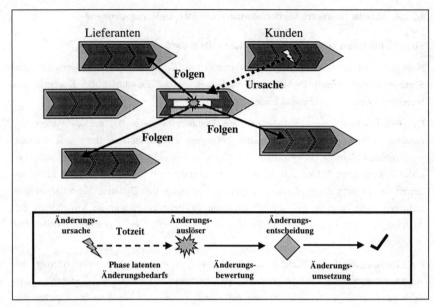

*Abb. 4-15: Streuung der Änderungsauswirkungen im Netzwerk[568]*

Darüber hinaus ist der Dichtungshersteller mit einer zweiten Form der Principal-Agent-Problematik konfrontiert. Auf Grund der hohen Regelungstiefe, die die Kunden-Lieferanten-Beziehung in hierarchisch-pyramidalen Netzwerken der Automobilindustrie prägt, sind Produktänderungen durch das fokale Unternehmen (Kunde) zu genehmigen. Dies gilt häufig selbst dann, falls keinerlei Auswirkungen der Änderung bei dem Automobilhersteller eintreten können. Durch das einseitig dominierte Kunden-Lieferanten-Verhältnis bestehen seitens des Lieferanten nur geringe Möglichkeiten, auf eine beschleunigte Genehmigung hinzuarbeiten. Im Sinne der **„hidden intention Problematik"[569]** kann der Automobilhersteller als Agent dieses Falles die Abwicklung erheblich verzögern. Dieser Aspekt kann einen Erklärungsbeitrag der Studie von *Lay* und *Wallmeier* darstellen, die in unzureichenden Abstimmungsprozessen zwischen Automobilherstellern und ihren Systemlieferanten den Hauptgrund für zu lange Entwicklungsprozesse im Vergleich zur übrigen Investitions-güterindustrie sehen.[570]

---

[568] Vgl. Reichwald, R. / Riedel, D. (2000), S. 164.

[569] Vgl. Kapitel 2.2.5.4.2.

[570] Mit mittleren Entwicklungszeiten von 20 Monaten bis zur Serienreife benötigen die Automobilzulieferer sechs Monate länger als in der übrigen Investitionsgüterindustrie. Und dies vor dem Hintergrund einer eher niedrigeren Produktkomplexität, die üblicherweise mit einer niedrigen Entwicklungszeit positiv korreliert ist. Vgl. Lay, G. / Wallmeier, W. (1999), S. 9.

## Änderungen als Gegenstand opportunistischen Verhaltens

Ein typischer Fall, von dem in der Literatur berichtet und der von dem Automobilzulieferer (K) in mehreren Expertengesprächen immer wieder bestätigt wurde, betrifft die in Kapitel 2.2.5.4 dargestellte Principal-Agent-Problematik. Je stärker Güter mit unvollkommener Information behaftet sind, desto höher ist die Chance zu opportunistischem Verhalten.

Um den Zuschlag in einem Konzeptwettbewerb von zwei oder mehreren Wettbewerbern als Systemlieferant zu erhalten, werden dem Automobilhersteller zuweilen nicht haltbare Termin-Zusicherungen oder Preiszusagen unterhalb der eigenen Herstellkosten unterbreitet. Zusätzlich besteht auch ein Anreiz seitens der Zulieferer ihr Produktkonzept nicht en detail offen zu legen, da die Gefahr von Spillovers[571] (externe Effekte infolge von Know-how-Abfluss im Innovationsprozess) an die anderen Anbieter im Konzeptwettbewerb besteht.[572]

Werden seitens des Automobilherstellers später Änderungen notwendig, streben die Zulieferer Lieferterminverschiebungen oder überhöhte Deckungsbeiträge für die Umsetzung der Änderungen an.[573] Änderungen werden somit teilweise zur Generierung zusätzlicher Deckungsbeiträge instrumentalisiert. Je schlechter die bezogene Leistung im Vorfeld des Vertragsabschlusses spezifizierbar war, desto größer ist die Chance zu diesem opportunistischen Verhalten.

Begrenzt wird ein derartiges Verhalten allerdings durch negative Reputationseffekte, die wie in Kapitel 2.2.5.3.3 beschrieben, sowohl die bilaterale Geschäftsbeziehung schädigen als auch darüber hinaus – bei entsprechender Informationsstreuung – einen negativen Eindruck auf andere Marktteilnehmer zur Folge haben.

### 4.2.2.5 Unzureichender Technikeinsatz

Trotz weitreichender Potentiale, die insbesondere die Informations- und Kommunikations-technik den Unternehmen heute bereits bietet, wird dennoch ihr mangelnder Einsatz in einigen in den Fallstudien dargestellten Unternehmen nachdrücklich beklagt. Im Rahmen der Änderungsabwicklung ergeben sich daher zum Teil erhebliche Defizite. Da Standorte teilweise noch nicht auf gemeinsame Datenbasen zugreifen können oder die an den Standorten verwendeten Anwendungsprogramme nicht kompatibel sind, ist ein elektronischer Datenaustausch noch nicht möglich. Stattdessen wird zum Austausch von Zeichnungen und Stücklisten noch auf Mikroverfilmung und Postversand zurückgegriffen. In dringlichen bzw.

---

[571] Diese sind in der Regel kaum durch Geheimhaltungsvereinbarungen auszuschließen. Vgl. Niebling, J. (1995), zit. in: Wellenhofer-Klein, M. (1999), S. 51.

[572] Konrad, E. (1998), S. 15; Specht, G. / Beckmann, C. (1996), S. 407.

[573] Insbesondere in späten Phasen der Produktentwicklung des Kunden lässt sich ein derartiges Vorgehen beobachten. Dies berichten auch *Kleinaltenkamp* und *Wolters:* „So werden beispielsweise kurz vor Serienanlauf notwendige technische Änderungen von den Zulieferanten häufig als Gewinnchance ausgenutzt, indem unverhältnismäßig hohe Werkzeugänderungskosten veranschlagt werden." Kleinaltenkamp, M. / Wolters, H. (1997), S. 59.

Ausnahmefällen wurden ergänzend Fax-Dokumente zum beschleunigten Austausch verwendet. Die Nutzung von Shared Application oder Video Conferencing war in der Automobilbranche selten zu beobachten. Nur vereinzelt waren bislang Lieferanten in das Intranet des Kunden eingebunden. Begründet wurde dies mit Aspekten der Datensicherheit sowie Schwierigkeiten bei der Konfigurierung.

Über das Feld der I.u.K.-Technologie hinaus wurde im Rahmen des Änderungsmanagements insbesondere der Wunsch nach einem verstärkten Einsatz von Modellen artikuliert. Bei der Einbindung von Wertschöpfungspartnern wurde davon berichtet, dass selbst telefonische Abstimmungen zu wesentlich besseren Ergebnissen führten, wenn beiden Partnern ein physisches Modell, z.B. in Form eines Prototyps zur Verfügung stand. In einigen Fällen wurde im Rahmen der Abstimmung mit Lieferanten sogar angegeben, dass allein durch Vorliegen eines Prototyps der Angebotspreis für ein zu änderndes Zulieferteil erheblich (bis zu 70%) niedriger anzusetzen war als bei vergleichbaren Beschaffungsvorgängen, bei denen kein Modell vorlag.

### 4.2.2.6  Änderungsfolgekosten und Standortverteilung

**Transaktionskosten (Änderungsfolgekosten) durch zusätzlichen änderungsspezifischen Koordinationsbedarf zwischen verschiedenen Standorten in Großunternehmen**

Je größer Organisationen sind, desto stärker ist der Anonymitätsgrad ausgeprägt. Oftmals ist unklar, welche Bereiche und Standorte von Änderungen betroffen sind. Bei einem Automobilhersteller (**A1**) wurden sogenannte, in der Literatur teilweise als linking–pins[574] bezeichnete Steuerstellen geschaffen, die Informationen gefiltert, sortiert und gezielt an die eigentlichen Adressaten weiterreichen sollen. Im Rahmen des Änderungsmanagements besteht die Hauptaufgabe darin, die Betroffenen einer Änderung ausfindig zu machen und deren Stellungnahme und Bewertung im Vorfeld der Änderungsentscheidung einzuholen. Die Steuerstellen sind regional und/oder an einzelnen Standorten des betrachteten Unternehmens auch funktional gegliedert. Hauptvorteil dieser Organisationsform besteht in der Sicherstellung eines zweckgerichteten Informationsflusses. Ihr Nachteil ist allerdings in der Einrichtung einer zusätzlichen Schnittstelle einschließlich der damit verbundenen Zusatzkosten zu sehen. Diese können in das in Kapitel 4.1.3.6 dargestellte Kostenmodell als (indirekte) Änderungsfolgekosten eingeordnet werden.

### 4.2.2.7  Mangelnde Vergleichbarkeit von Änderungskennzahlen

Der Mangel einer nur unzureichenden Erfassung und Auswertung von Änderungsdaten wurde bereits in Kapitel 4.1.3.8 erläutert. Die Auswertung der Änderungsanzahl nimmt trotz des

---

[574] Teilweise werden auch die Begriffe Informationskoordinator, gatekeeper, information specialist oder internal consultant synonym verwendet. Vgl. Domsch, M. / Gerpott, H. / Gerpott, T. J. (1989), S. 7.

niedrigen Niveaus noch den höchsten Anteil an den ausgewerteten Kenngrößen ein. Eine unmittelbare Interpretation dieser Kennzahl im Hinblick auf die Fragestellung in welchem Produktbereich, Standort etc. beispielsweise der größte Handlungsbedarf zur Vermeidung von Änderungen besteht, kann zu Fehleinschätzungen führen. Ein analysierter Bahnausstatter (Ba1) mit verschiedenen regionalen Standorten stellte erst im Verlauf näherer Untersuchungen fest, dass die absolute Änderungsanzahl in einem Bereich auf Grund der hohen Anzahl gültiger[575] Teilenummern zu relativieren sei (vgl. Abb. 4-16). In einem anderen Unternehmenssegment, in dem zwar nur ein geringer Anteil am Gesamtänderungsvolumen auftrat, wurde durchschnittlich jede fünfte Teilenummer geändert. Eine detaillierte Analyse über die Hintergründe der Änderungen wurde daraufhin zunächst in diesem Bereich durchgeführt. Durch dieses Beispiel wird transparent, dass die Änderungsanzahl als Kenngröße im Änderungsmanagement nur eingeschränkt aussagekräftig ist.[576]

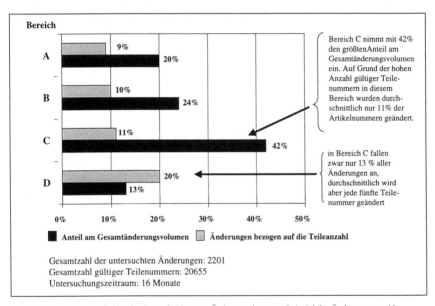

*Abb. 4-16: Unzureichende Vergleichsmöglichkeit von Änderungsdaten am Beispiel der Änderungsanzahl*

---

[575] Artikel mit Mengenveränderungen in einer definierten Periode.

[576] In einem anderen Unternehmen wurde davon berichtet, dass infolge der Übernahme eines Werkes nach Eingliederung der neue Standort angehalten war, die Nomenklatur des Stammunternehmens zu übernehmen. Diese sollte sukzessive bei der Abwicklung neuer Produktionsaufträge eingearbeitet werden. Ohne dass konstruktive Änderungen vorgenommen wurden oder fehlerhafte Zeichnungen zu einer notwendigen Zeichnungsanpassung geführt haben, gingen diese Änderungen undifferenziert in die Statistik über die Änderungsanzahl ein. Auch in diesem Fall war die Aussagekraft der Änderungsanzahl nur äußerst begrenzt.

## 4.2.2.8  Kulturelle und mitarbeiterbezogene Aspekte

In Kapitel 3.2.3 wurde auf die Mehrdimensionalität des Begriffes Kultur eingegangen. Die Überlappung und gegenseitige Beeinflussung von Funktionsbereichs-, Unternehmens- und Standortkultur sowie die Zugehörigkeit zu einem regional und individuell geprägten Kulturkreis wurden als Einflussfaktoren für spezifische Standortkulturen herausgearbeitet.[577]

Häufig wurden in den Gesprächen Hinweise aus der Literatur bestätigt, dass die Zusammenarbeit von Mitarbeitern aus verschiedenen Funktionsbereichen stärker gestört sei als bei der Interaktion von Mitgliedern unterschiedlicher Organisationen jedoch gleicher Funktionsbereiche, z.B. aus Marketing und F&E.[578]

Im Fall des Automobilherstellers (A1) sind beispielsweise bei der Bestimmung von Änderungskosten, Anfragen über bezogene Teile und Leistungen durch den Konstrukteur einzuholen. Dabei ist zu beobachten, dass der herkömmliche Weg über die Einkaufsabteilung oder das Controlling häufig umgangen wird. Stattdessen nimmt der Konstrukteur direkt zu dem jeweiligen externen Entwicklungspartner Kontakt auf, mit dem auch sonst eine enge Zusammenarbeit bei der Bearbeitung eines gemeinsamen Entwicklungsprojektes besteht. Am Beispiel von knapp 40 befragten Konstrukteuren dieses Automobilherstellers war festzustellen, dass eine solche direkte Anfrage bei den Entwicklungspartnern weitverbreitet ist (vgl. Abb. 4-17).

Als Begründung für die Wahl des direkten Kontaktes zu den externen Wertschöpfungspartnern aus dem gleichen Funktionsbereich wurde neben einem höheren fachlichen Verständnis auch eine teilweise bessere Vertrauensbeziehung angegeben.[579] Diese ermöglichte zum Teil auch den Austausch von Informationen, auf die bei Einschaltung Dritter kein Zugriff bestanden hätte. Ein Beispiel war die frühzeitige Information über anstehende Projektänderungen, über die noch Stillschweigen gewahrt werden sollte.

---

[577] Vgl. Kapitel 3.2.3.

[578] Vgl. Wiebecke, G. / Tschirky, H. (1987).

[579] Über diese Anforderungen, auch standortübergreifend in Netzwerkstrukturen intensiver und möglichst ohne Umwege miteinander zu kommunizieren, berichtet auch *de Pay*. Vgl. de Pay, D. (1990). Und *Kirchmann* weist darauf hin, dass bei langjähriger und enger Geschäftsbeziehung der Austausch höherwertigerer Information zu erwarten sei. Vgl. Kirchmann, E. M. W. (1994), S. 289f . Zu ähnliche Ergebnissen kommt auch *Schrader* in einer Studie zum zwischenbetrieblichen Informationstransfer. Vgl. Schrader, S. (1990).

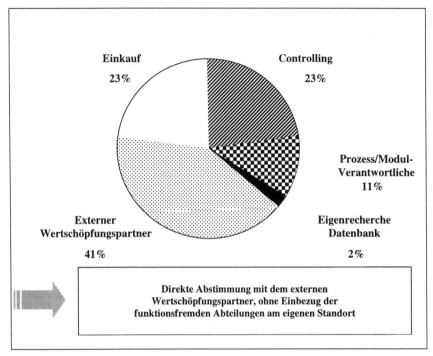

Abb. 4-17: Informationsquellen bei der Bestimmung von Änderungskosten bezogener Baugruppen /-teile[580]

In den weiteren Expertengesprächen konnte zudem festgestellt werden, dass beispielsweise auch persönliche Gründe die Formulierung von Änderungsanträgen und damit eine schnelle Einleitung des Änderungsvorgangs zumindest verzögerte. Auf Grund von fachlichen oder sonstigen Fähigkeitsbarrieren (z.B. Artikulationsschwierigkeiten) wurde die Formulierung von notwendigen Änderungsanträgen Kollegen oder Vorgesetzten überlassen.[581]

Hinsichtlich der insgesamt häufig beklagten bürokratischen und engmaschigen Regelungen des Änderungswesens wurden seitens der Praktiker auch stark unterschiedliche Meinungen vertreten. Insbesondere individuelle Ausprägungen in den Kulturdimensionen Traditionalismus bzw. Modernität sowie Risikovermeidung bzw. Unsicherheitsakzeptanz (vgl. Abb. 3-8) waren die Spannungsfelder, die entscheidend für die Akzeptanz bzw. Ablehnung

---

[580] In dreiviertel aller Fälle wurden die Änderungskosten bezogener Baugruppen oder –teile auf einem der skizzierten Wege bestimmt. In den restlichen Fällen wurden die Änderungskosten mittels Schätzung auf Grund eigener persönlicher Erfahrung bzw. mittels einer eigenen Kurzkalkulation festgelegt. Vgl. Ried, C. (1998), S. 81.

[581] Derartige Fähigkeitbarrieren sind beispielsweise auch aus dem betrieblichen Vorschlagswesen bekannt, die zu einem Hemmnis der Formulierung und des Einreichens von Verbesserungsvorschlägen führen. Vgl. Thom, N. / Etienne, M. (1997), S. 566.

der Regelungen waren. Selbst umständliche und wenig sinnvolle Festlegungen wurden aber nicht grundsätzlich abgelehnt.[582]

#### 4.2.2.9  Fazit – Besonderheiten der Standortverteilung in den Fallbeispielen

*   **F1: Heterogene Prozesse und Instrumente.** Am Beispiel der in den Unternehmen insbesondere bei standortübergreifenden Prozessen etablierten Alternativabläufe („Bypass-Prozesse") wird deutlich, dass die ursprünglich konzipierten und in Verfahrensanweisungen hinterlegten Abläufe offensichtlich für den Fall der Standortverteilung nicht geeignet sind. Inkompatibilität der Vorgänge oder Hilfsmittel können Gründe hierfür sein.

*   **F2: Entscheidungsrechte und Kostenverrechnung.** Über die Schwierigkeit einer verursachungsgerechten Zuordnung von Änderungskosten hinaus, führen dysfunktional zugeordnete Entscheidungsrechte zum Teil selbst zu zusätzlichen Änderungskosten in erheblichem Umfang.

*   **F3: Verantwortlichkeit der Änderungsbearbeitung.** Der verantwortliche Entwickler einer Erstentwicklung ist häufig auch für die Bearbeitung späterer Änderungen an identischen Bauteilen oder Modulen verantwortlich. Andererseits existieren auch Lösungskonzepte, in denen „kreative Entwickler" nicht für die Betreuung von Änderungen, z.B. im Seriengeschäft verantwortlich sind. Im Fall der Trennung beider Tätigkeiten ist von einem häufigen, auch standortübergreifenden Abstimmungsbedarf auszugehen. Ebenso ist eine Trennung für standortverteilte Entwicklungspartner mit Problemen behaftet, da dieser Zuständigkeitswechsel häufig intransparent ist.

*   **F4: Vergleichbarkeit von Änderungsdaten.** Verdichtete Änderungsinformationen basieren zum Teil auf verschiedenen Grundlagen. Insbesondere im Fall verschiedener Änderungsdatensysteme an unterschiedlichen Standorten ist von einer schlecht vergleichbaren Urdatenlage bzw. unterschiedlichen Verdichtungsmethoden auszugehen. Für ein Änderungscontrolling besteht daher die Gefahr zu Fehlinterpretationen und ungerechtfertigten Maßnahmenempfehlungen.

*   **F5: Schnittstellenproblem durch unzureichende IuK-Technologie.** Die elektronische Vernetzung der dislozierten Einheiten zeigt für die untersuchten Unternehmen noch deutliche Defizite. Der Datenaustausch der notwendigen Änderungsunterlagen, bzw. ein Direktzugriff auf die zentral archivierten Daten, ist nur zum Teil bereits auf elektronischem Weg realisiert. Die elektronischen Werkzeuge an den verschiedenen

---

[582] Dies wird beispielsweise auch von *Knupfer* bestätigt: „[...] nach anfänglicher Skepsis gegenüber einzelnen Regelvorgaben werden die Mitarbeiter diese nach relativ kurzer Zeit nicht mehr hinterfragen. Einerseits ist das einzelne Individuum machtlos, wenn das Regelwerk gegen es angewandt wird, andererseits lernt es sehr schnell den Schutz, den dieses ihm gewährt, kennen und schätzen." Knupfer, S. (1994), S. 65.

Standorten sind zum Teil nicht kompatibel. Nicht zuletzt aus diesem Grund wird der Änderungsvorlauf und die Änderungsdurchführung noch häufig mit papierbasierten Formblättern realisiert.

- **F6: Kulturelle Divergenzen.** Kulturelle Divergenzen zwischen Mitarbeitern verschiedener Funktionsbereiche am selben Standort sind teilweise ausgeprägter als zwischen Entwicklungspartnern des gleichen Funktionsbereichs an verschiedenen Standorten bzw. auch Unternehmen. Gelingt es einen direkten Kommunikationsfluss zwischen funktionsbereichsgleichen aber standortverschiedenen Mitarbeitern herzustellen, können standortübergreifende Änderungsprozesse und das Lernen aus Änderungen verbessert werden. Dieser Effekt ist umso deutlicher, je geringer auch die Kulturdivergenzen zwischen den Standorten insgesamt sind.

### 4.2.3 Befunde aus einer Fragebogenerhebung

Mit Hilfe einer schriftlichen Befragung sollten die in Literatur und Praxisuntersuchung gewonnenen Erkenntnisse und Erfahrungen auf eine breitere Basis gestellt werden. Neben der effizienten Möglichkeit auch größere Informationsmengen zu erheben, werden für diese Datenerhebungsmethode weitere Vorteile genannt: [583] Zum einen sind thematische Abschweifungen seitens der Befragten kaum bzw. nur eingeschränkt möglich (bei offenen Fragen). Zum anderen ist auch die Herstellung einer gewünschten Anonymität gewährleistet.

Mit schriftlichen Befragungen werden allerdings auch eine Reihe nachteiliger Aspekte verbunden: [584]

- Der Rücklauf ist häufig gering und kommt vorzugsweise von Personen, die einen starken Bezug zu der jeweiligen Fragestellung haben.
- Die Bereitschaft der Befragten zu erläuternden Ergänzungen, aber auch die Möglichkeit aus Platzgründen auf den Fragebogen sind gewöhnlich sehr gering.
- Antwortfehler, die aus Fehlinterpretationen der Fragestellung herrühren sind nur teilweise als Unplausibilitäten (z.B. durch Kontrollfragen) identifizierbar.
- Insbesondere können qualitative Antwortraster durch die Fragestellung einen erheblichen Einfluss auf das Antwortverhalten ausüben, welches in einen Gesamtzusammenhang gestellt (z.B. durch Profilliniendarstellungen) Interpretationsverzerrungen nach sich zieht.

Auf Grund der genannten Aspekte war für die Befragung eine möglichst günstige Rahmenbedingung auszuwählen, welche insbesondere geeignet war, die negativen Aspekte zu minimieren. Eine derartige Chance bot sich im Rahmen einer Tagung zum Thema Änderungsmanagement, die gemeinsam von den Lehrstühlen für Allgemeine und Industrielle Betriebs-

---

[583] Vgl. Schmidt, G. (1980), Sp. 666.

[584] Vgl. z.B. Brockhoff, K. (1990), S. 6.

wirtschaftslehre sowie Produktentwicklung[585] an der Technischen Universität München veranstaltet wurde.

Die spezifischen Vorteile, zu Beginn der Tagung eine Befragung zu der Thematik dieser Arbeit durchzuführen, lagen insbesondere darin, dass

- die Fragebögen an Personen ausgegeben wurden, die mit der Thematik zumindest in Ansätzen vertraut waren,
- die Personen durch ihre Teilnahme an der Tagung ein Interesse signalisierten und daher mit einem guten Antwortverhalten zu rechnen war,
- zu Beginn der Tagung ausreichend Zeit zur Verfügung stand um den mehrseitigen Fragebogen zu beantworten,
- die Möglichkeit für die Antwortenden bestand, Verständnisfragen zu stellen,
- mit einem hohen Rücklauf zu rechnen war, was sich auch bestätigte.

Insgesamt wurden an alle 123 Tagungsteilnehmer Fragebögen verteilt, wovon 95 ausgefüllt zurückgegeben wurden. Von diesen waren zusätzlich 21 aus der Stichprobe zu eliminieren, da es sich nicht um Vertreter der im Fokus der Untersuchung stehenden Branchen handelte oder nur eine lückenhafte Beantwortung vorgenommen wurde, so dass ein Einbezug in die Auswertung eine Verzerrung ergeben hätte. Nicht berücksichtigt wurden z.B. Antworten aus der Softwareentwicklung, da Änderungen in dieser Branche andere Eigenschaften aufweisen als in den fokussierten Industriesegmenten. Insgesamt konnte mit den 74 auswertbaren Fragebögen eine außergewöhnlich gute Rücklaufquote von über 60% erzielt werden.

**Pretest.** Entsprechend der Methodik des explorativen Forschungsdesigns wurde – ergänzend zu den Erkenntnissen aus der Theorie und der Arbeit in Praxisprojekten – im Vorfeld der eigentlichen Fragebogenaktion ein Pretest vorgenommen.[586] Dazu wurde die erste Version des konzipierten Fragebogens von fünf Praktikern beantwortet und anschließend hinsichtlich der Schwierigkeiten, die sich im Rahmen der Beantwortung ergaben mit diesen eingehend diskutiert. Die Auswahl der Praktiker sollte dabei möglichst weitgehend mit den später in der eigentlichen Fragebogenaktion Befragten übereinstimmen. Daher wurden Mitarbeiter von Unternehmen ausgewählt, die bereits Erfahrungen mit der Thematik des Änderungsmanagements aufwiesen, jedoch nicht über Jahrzehnte im traditionellen Änderungswesen tätig waren.

Der durchgeführte Pretest führte zu folgenden wesentlichen Ergebnissen: Zum einen waren Begriffe, die in der ersten Version verwendet wurden teilweise zu spezifisch und konnten von weniger in die Thematik involvierten Personen leicht fehlinterpretiert werden. Zum anderen wurde auch der Umfang der Untersuchung als zu hoch eingeschätzt. Durch die besondere Erhebungssituation am Rande der o.a. Tagung war jedoch davon auszugehen, dass die

---

[585] (vormals Konstruktion im Maschinenbau).

[586] Vgl. Bortz, J. / Döring, N. (1995), S. 331.

Beantwortung der Fragebögen disziplinierter erfolgen würde als dies im Rahmen des Tagesgeschäftes in den Unternehmen zu erwarten gewesen wäre. Daher wurde lediglich eine geringe Kürzung des ursprünglichen Umfangs vorgenommen. Schließlich konnte durch die eingehende Diskussion mit den Praktikern eine Präzisierung der Fragen bzw. eine verbesserte Operationalisierung der Antwortmöglichkeiten festgelegt werden. Hilfreich waren bei der Vorgabe des quantitativen Antwortrasters insbesondere Hinweise bzgl. der Wahl geeigneter Intervalle.

Die inhaltlichen Schwerpunkte der Fragebogenerhebung lagen in folgenden Bereichen:

- Angaben zum Unternehmensprofil (Mitarbeiterzahl, Umsatz etc.),
- Kenngrößen und Verantwortlichkeiten im Änderungsmanagement,
- Bewertung von Änderungen und Änderungsabwicklung,
- Kooperation und Standortverteilung im Änderungsmanagement,
- Ansätze der Änderungsvermeidung.

Mit den einzelnen Frageblöcken war beabsichtigt, ein differenziertes Bild über den aktuellen Stand der Entwicklung des Änderungsmanagements in den Unternehmen zu erlangen. Diese Erkenntnisse dienten zum einen dazu, einen Vergleich mit Angaben analoger Studien herauszuarbeiten. Zum anderen sollten die aus der Literatur und den Untersuchungen in der Praxis gewonnenen Erkenntnisse überprüft werden. Auf Grundlage der Diskussion mit den Praktikern im Rahmen des Pretests konnten einige ergänzende Fragen über den Untersuchungsbereich aufgenommen werden.[587] Der Schwerpunkt des Erhebungs- und Auswerteaufwands lag dabei auf dem dieser Arbeit immanenten Fokus der Standortverteilung.

### 4.2.3.1 Räumliche Verteilung interner und externer Entwicklungspartner

Einen Eindruck von der Standortverteilung der Unternehmen im Untersuchungssample[588] vermittelt das Beispiel interner Entwicklungsabteilungen sowie der unterstützenden Entwicklungspartner Abb. 4-18.

---

[587] Vgl. zu diesem Vorgehen auch Bortz, J. / Döring, N. (1995), S. 232.

[588] Bei den Unternehmen des ausgewerteten Samples handelt es sich zu 84% um Unternehmen des Maschinen- und Automobilbaus sowie der Elektrotechnik. Gleichzeitig lag das Umatzvolumen von 80% der Unternehmen in 1997 zwischen mehr als 100 Mio. DM bis unter 5 Mrd. DM. Die Mitarbeiterzahl von 88 % der Unternehmen lag im gleichen Jahr zwischen 100 und 50000.

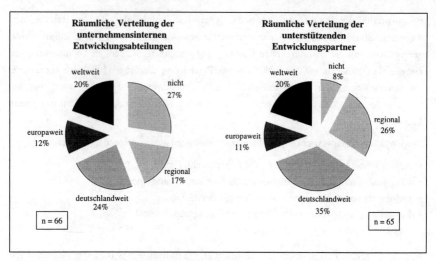

Abb. 4-18: Räumliche Verteilung interner Entwicklungsabteilungen und unterstützender Entwicklungspartner

In einer zusätzlichen Differenzierung in Großunternehmen bzw. Klein- und Mittelständische Unternehmen (KMU)[589] zeigte sich beispielsweise, dass die räumliche Verteilung der internen Entwicklungsabteilungen der Großunternehmen (erwartungsgemäß) deutlich ausgeprägter war als dies für die KMU galt. Während von den Großunternehmen 34,5 % europa- bzw. weltweit verteilte interne Entwicklungsabteilungen unterhielten, lag dieser Wert bei den KMU lediglich bei 10,9 %. Dabei beschränkten sich die dislozierten Entwicklungseinheiten der KMU ausschließlich auf das europäische Ausland, d.h. kein KMU unterhielt interne weltweit verteilte Entwicklungsabteilungen.

---

[589] Im Rahmen dieser Untersuchung wurde die Unterscheidung anhand der Mitarbeiteranzahl getroffen. Während Unternehmen unter 1000 als KMU betrachtet werden, werden in dieser Studie Unternehmen ab 1000 Mitarbeiter als Großunternehmen betrachtet. 12 Unternehmen des Samples waren auf Grundlage dieser Differenzierung als KMU zu betrachten.

## 4.2.3.2 Intensität der Zusammenarbeit

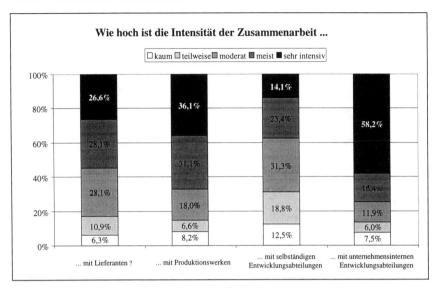

Abb. 4-19: *Intensität der Zusammenarbeit mit internen und externen standortverteilten Entwicklungspartnern*

Bei der Fragestellung nach der Intensität der Zusammenarbeit verschiedener Entwicklungspartner fallen deutliche Unterschiede auf. Die im Vergleich zur Kooperation mit internen Entwicklungsabteilungen relativ niedrige Intensität der Zusammenarbeit mit den unterstützenden Entwicklungspartnern könnte mit der häufig zu beobachtenden Vergabe von Routineaufgaben[590], z.B. an externe Ingenieurbüros, im Zusammenhang stehen.[591]

---

[590] Diese Einschätzung kann durch die Typologisierung von *Nippa* und *Reichwald* gestützt werden, die für derartige Entwicklungsaufgaben (Typ A), einen tendenziell niedrigen Informations- und Kommunikationsbedarf festgestellt haben. Vgl. Nippa, M. / Reichwald, R. (1990), S. 81.

[591] Vgl. auch eine Studie des VDMA, aus der hervorgeht, dass die Fremdvergabe von Routineaufgaben hauptsächlich im Rahmen zur Reduzierung von Konstruktionsspitzen vorgenommen wird. Büntig, F. / Leyendecker, H.-W. (1997), S. 23.

### 4.2.3.3 Schnittstellenprobleme der standortverteilten Zusammenarbeit

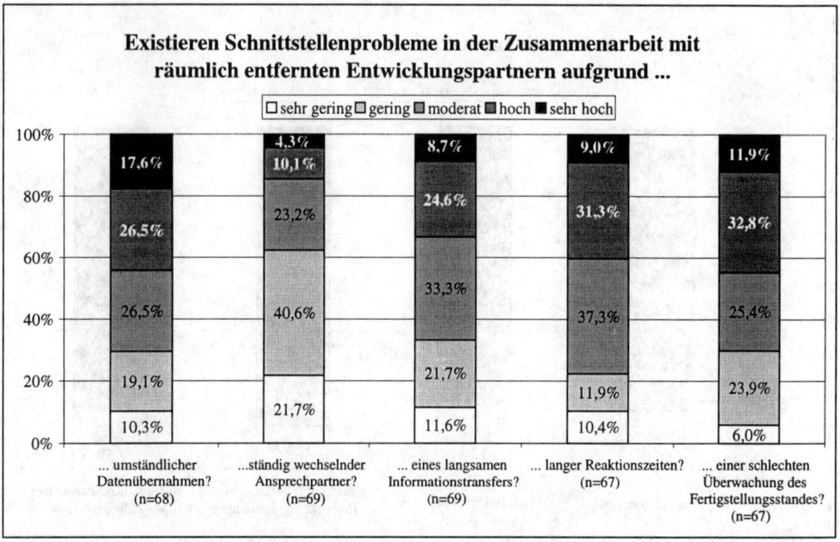

Abb. 4-20: Schnittstellenprobleme in der Entwicklung auf Grund der Standortverteilung

Deutliche Schnittstellenprobleme wurden von den Befragten insbesondere in Bezug auf die Überwachung der Änderungsabwicklung angegeben, aber auch hinsichtlich technischer Schwierigkeiten. Letzteres bestätigte die Erfahrungen, welche durch die Fallstudien gewonnen wurde.[592]

Vermutete erhebliche Probleme durch mangelnde Kenntnis, wer an einem anderen Standort die jeweilige Änderung bearbeitet, haben sich nicht bestätigt.[593] Dies ist umso erstaunlicher, da in der zu Grunde liegenden Stichprobe (s.o.) verhältnismäßig viele Großunternehmen vertreten sind.[594]

---

[592] Vgl. Kapitel 4.2.2.9 –F5: Schnittstellenproblem durch unzureichende IuK-Technologie.

[593] Vgl. Kapitel 4.1.4 –T2: Verantwortlichkeit und Kommunikationsprobleme. Dies dürfte in engem Zusammenhang mit der Beobachtung stehen, dass die Änderungsbearbeitung in der Regel von dem Entwickler durchgeführt wird, der auch für die Erstentwicklung verantwortlich war. Vgl. Abb. 4-21; Vgl. auch Leverick, F. / Cooper, R. (1998), S. 76f.

[594] Bei diesen war von einem höheren Anonymitätsgrad bei der Aufgabenbearbeitung auszugehen, d.h. den Entwicklungspartnern ist nicht klar, wer die jeweiligen Anfragen etc. im Partnerunternehmen bearbeitet.

### 4.2.3.4  Verantwortlichkeit der Änderungsumsetzung

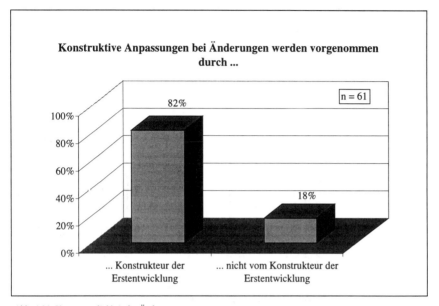

*Abb. 4-21: Verantwortlichkeit der Änderungsumsetzung*

Abweichend zu Hinweisen in der Literatur[595] wurden Änderungen in den Unternehmen der Stichprobe zum überwiegenden Teil durch den Konstrukteur der Erstentwicklung verantwortlich durchgeführt. Dadurch war auch das zunächst vermutete Problem entschärft, dass ständig wechselnde Aufgabenträger Änderungen bearbeiten und für Entwicklungspartner nur sehr schwer nachvollziehbar ist, wer der jeweilige Ansprechpartner ist.[596] Die Nutzung von Erfahrungswissen, verbunden mit einem zu vermutenden niedrigeren Einarbeitungsaufwand in die „eigene" Konstruktion, scheint hier ausschlaggebend zu sein.

---

[595] Vgl. Crowston, K (1997), 158.

[596] Vgl. Kapitel 4.2.3.3.

### 4.2.3.5  Hemmnisse

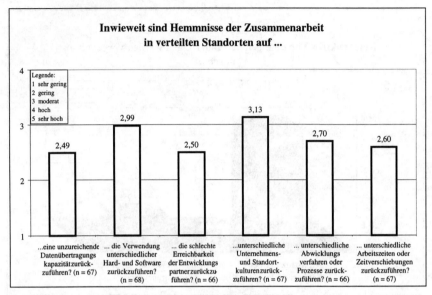

*Abb. 4-22: Hemmnisse der Zusammenarbeit in verteilten Standorten*

Eine Überraschung ergab sich im Vergleich der von den Antwortenden eingeschätzten Hemmnisse der Zusammenarbeit: Im Vergleich zu divergierenden Abwicklungsverfahren verschiedener Standorte wurde unterschiedlichen Unternehmens- und Standortkulturen ein stärkerer Negativeinfluss zugeordnet. Dies überrascht einerseits deshalb, da in den Expertengesprächen eher eine ausführliche Diskussion der verschiedenen Abläufe fokussiert wurde. Andererseits steht dieser Aspekt im Einklang mit den deutlichen Hinweisen über die Bedeutung des kulturellen Aspektes in der Literatur und in den Fallbeispielen.[597]

---

[597] Vgl. Kapitel 4.1.4 –T6: Kompatibilität von Standortkulturen. sowie Kapitel 4.2.2.9–F6: Kulturelle Divergenzen.

### 4.2.3.6  DV-Systeme

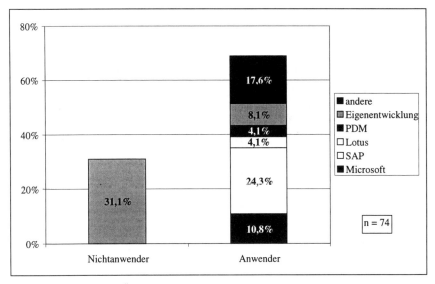

*Abb. 4-23: Unterstützung des Änderungsmanagements mit DV-Systemen*

Im Vergleich zu den Expertengesprächen überraschte der vergleichsweise niedrige Einsatzgrad von DV-Systemen als Unterstützungsinstrument im Änderungsmanagement. Die relativ niedrige Verbreitung eigenentwickelter Systeme wich ebenso von den ursprünglichen Erwartungen ab. Die relativ heterogene System-Landschaft bei den Anwendern, stützt die in Kapitel 4.2.3.5 festgestellte Einschätzung der Befragten hinsichtlich des Hemmnisses einer erschwerten standortübergreifenden Zusammenarbeit infolge der Verwendung unterschiedlicher Hard- und Software.[598]

---

[598] Vgl. auch Kapitel 4.1.4 –T8: Kompatibilität von IuK-Werkzeugen.

## 4.2.3.7 Ziele

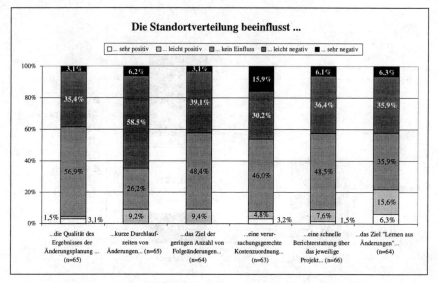

*Abb. 4-24: Beeinflussung von Zielen im Änderungsablauf durch die Standortverteilung*

Bei der Fragestellung nach der Zielbeeinflussung durch standortverteilte Änderungsprozesse zeigen sich überwiegend negative Einschätzungen. Vermutungen haben sich nicht bestätigt, die durch die erweiterte Möglichkeit der Parallelisierung von Entwicklungsleistungen auch von einer Verkürzung der Änderungs-Durchlaufzeiten ausgingen.[599]

Auch die Vermutung, dass das Ziel eines standortübergreifenden Lernens aus Änderungen die offensichtlichen Schnittstellenverluste durch die Standortverteilung überkompensieren könnte, hat sich in der Untersuchung nicht bestätigt.[600]

Dagegen hat sich das in den Fallstudien[601] deutlich ausgeprägte Problem einer verursachungs-gerechten Kostenzuordnung auch in der Befragung als ein zentrales Problem herausgestellt.

---

[599] Vgl. Kapitel 4.1.4 –T5: Beeinflussung der Durchlaufzeit.

[600] Beispielsweise durch die Rückgriffmöglichkeit auf eine größere Basis ähnlich gelagerter Änderungsfälle oder durch Einbezug von Experten (z.B. hinsichtlich Technologie, Erfahrung im Umgang mit dem jeweiligen Produkt/Modul im Anwendungsfeld etc.) an anderen Standorten.

[601] Vgl. Kapitel 4.2.2.9 –F2: Entscheidungsrechte und Kostenverrechnung.

### 4.2.3.8  Potentiale zur Vermeidung

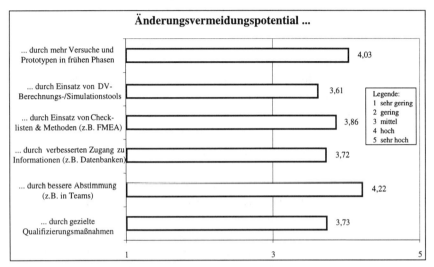

Abb. 4-25: Potentiale zur Vermeidung von Änderungen

Die höchsten Potentiale zur Vermeidung von Änderungen stellen im Untersuchungssample häufigere Versuche und ein stärkerer Einsatz von Prototypen dar sowie ein intensiverer Einsatz von persönlichen Abstimmungen, z.b. in Form von Teamsitzungen.

Beide Aspekte laufen der Bedingung der Standortverteilung zunächst zuwider. In beiden Bereichen sind aber erhebliche Potentiale der Informations- und Kommunikationstechnologie zu vermuten. Der Einsatz von virtuellen Prototypen findet zunehmend Verbreitung. Auch die Eingabe von 3D-CAD Daten an einem Standort und die auf diesen Daten basierende Erzeugung eines RP-Prototypen an einem anderen Ort ist denkbar. Weiter verbreitet sind schon heute Tools zur gemeinsamen Bearbeitung von Entwicklungsaufgaben oder standortverteilten Entwicklermeetings. Video Conferencing oder Shared Applications sind nur zwei zu nennende Hilfsmittel, die auch eine standortverteilte Abstimmung über potentielle Änderungsprobleme und deren Lösung ermöglichen. Die genannten Werkzeuge werden u.a. als eine Verbesserungsmöglichkeit für ein standortverteiltes Änderungsmanagement im nachfolgenden Kapitel kurz skizziert.[602]

---

[602] Vgl. Kapitel 5.1.2; Kapitel 5.3.2.

#### 4.2.3.9 Fazit der Fragebogenerhebung

Die räumliche Verteilung der unternehmensinternen sowie –externen Entwicklungspartner nimmt bereits heute einen deutlichen Umfang ein. Die Standortverteilung von unternehmensinterner Produktentwicklung ist bei 73% der befragten Unternehmen bereits Realität. Die Intensität der Zusammenarbeit zu diesen internen Entwicklungspartnern, aber auch mit dem Produktionsbereich oder mit Lieferanten wird dabei deutlich höher eingeschätzt als mit unterstützenden externen Entwicklungspartnern. Mögliche Begründungen könnten in klar abgegrenzten Aufgabenteilungen (z.b. infolge einer Produktmodularisierung) oder der Auslagerung von überwiegend unterstützenden Entwicklungsaufgaben des Typ A sein.[603]

An der Schnittstelle zu standortverteilten internen oder externen Entwicklungspartnern sehen die Befragten insbesondere technische Probleme in Form umständlicher Datenübernahmen durch die Verwendung verschiedener Hard- und Software-Werkzeuge. Ebenso wird aber auch eine verminderte Kontroll- bzw. Steuerungsmöglichkeit der dislozierten Entwicklungstätigkeit kritisch betrachtet. Weniger problematisch wird die Belastung durch häufige Wechsel des jeweilig verantwortlichen Ansprechpartners oder dessen schlechte Erreichbarkeit in den Entwicklungspartnerschaften angesehen. Dagegen scheinen kulturelle Divergenzen zwischen standortverteilten Entwicklungspartnern ein erhebliches Störpotential zu besitzen.

Typische Ziele des Änderungsvorlaufs bzw. der Änderungsdurchführung werden nach Einschätzung der Befragten durch die Standortverteilung überwiegend eher negativ eingeschätzt. Insbesondere das Ziel kurzer Durchlaufzeiten wird infolge der Standortverteilung stark beeinträchtigt. Dieses Ergebnis könnte auch ein Erklärungsbeitrag für die in den Fallbeispielen eruierte Tendenz zur Einrichtung von standortübergreifenden Alternativ-Abläufen (Bypass-Prozessen) darstellen.

Bei der Frage nach Ansätzen zur Vermeidung von Änderungen werden überdurchschnittliche Potentiale in der Verwendung häufigerer Versuche und Prototypen sowie einer besseren persönlichen Abstimmung gesehen. Beide Aspekte scheinen zunächst in standortverteilten Entwicklungspartnerschaften schwierig umsetzbar zu sein. Es ist Gegenstand des nächsten, abschließenden Kapitels für diese und weitere Problembereiche eines standortverteilten Änderungsmanagements, Verbesserungsansätze zu skizzieren.

---

[603] Vgl. Kapitel 2.2.6.1.

# 5 Ansatzpunkte für ein standortverteiltes Änderungsmanagement

> *„Auf den großen Entwurf zu warten und bescheidenere*
> *Zwischenergebnisse abzulehnen, verzögert die Konfrontation*
> *mit der Realität und blockiert fruchtbare Lernprozesse. "*
> *Eberhard Witte, Oskar Grün, Rolf Bronner (1975)[604]*

Ausgangspunkt für Fortentwicklung ist Aufbau auf Bekanntem und Bewährtem. Das Konzept des Integrierten Änderungsmanagement diente daher in Kapitel 4 als Analyseraster für die vorliegende Arbeit. Dabei haben die Ausführungen in Kapitel 4.1.3 gezeigt, dass die Bedingung der Standortverteilung auf einen Teil der Aktionsfelder des Integrierten Änderungsmanagements deutlichen Einfluss nimmt, andere Aktionsfelder hingegen kaum betroffen sind. Hinzutretende Anforderungen an die Aktionsfelder auf Grund der Standortverteilung wurden aufgenommen und – wo möglich – Hinweise auf Erweiterungsmöglichkeiten der Aktionsfelder gegeben. Ergänzend zeigten die Erkenntnisse aus den Fallstudien sowie der schriftlichen Befragung Anpassungsbedarf des Integrierten Änderungsmanagements unter der Bedingung der Standortverteilung auf. Dabei wurde deutlich, dass dieser teilweise nur mehreren Aktionsfeldern zugeordnet werden kann.

Aus diesem Grund soll sich die ausblicksartige Darstellung von Gestaltungshinweisen für die Weiterentwicklung des Integrierten Änderungsmanagements unter der Bedingung der Standortverteilung nicht exakt entlang des für die Analyse bewährten Strukturierungsrasters orientieren, sondern sollen einer übergeordneten Struktur zugeordnet werden. Ein für diesen Zweck geeignetes Raster bietet das Integrierte Änderungsmanagement bereits mit dem Bausteinkonzept. Daher sollen für die erkannten Problembereiche Lösungsaspekte skizziert werden, die in einer ersten Detaillierungsstufe an die Bausteine Organisation, Mensch und Technik des Integrierten Änderungsmanagements angelehnt sind. Darüber hinaus sollen, wo dies sinnvoll ist, in der nachfolgenden Darstellung Hinweise zu der Einordnungsmöglichkeit in die Aktionsfeldersystematik erfolgen.

Die Vielschichtigkeit der mit standortübergreifenden Änderungsprozessen verbundenen Probleme in den Fallstudien, die Ergebnisse der Fragebogenerhebung und nicht zuletzt die Warnungen des situativen Ansatzes[605] vor einem „one best way" zwingen bei den Gestaltungshinweisen zu Bescheidenheit. Mehr als ein schlaglichtartiger Überblick einzelner Ansatzpunkte für die Weiterentwicklung des Integrierten Änderungsmanagement kann und soll dieser Teil nicht leisten.

---

[604] Witte, E. / Grün, O. / Bronner, R. (1975), S. 797.

[605] Vgl. Kapitel 2.2.4.

## 5.1 Ansatzpunkte im Bereich Organisation und Mensch

> *„Eine der wesentlichen Erfolgsbedingungen für technische*
> *Innovationen sind soziale Innovationen.*
>
> *Für das einzelne Unternehmen bedeutet das: keine*
> *technische Innovation zur Verbesserung des Produktions-*
> *prozesses ist letztlich erfolgreich, wenn nicht – am besten*
> *vorausgehend – die Organisationsstruktur des*
> *Unternehmens eine Innovation erfahren hat. "*
>
> *Horst Albach (1989)*[606]

### 5.1.1 Ansatzpunkte im Bereich Organisation

Heterogene Abwicklungsprozesse, anhand der Bedingungen des einzelnen Standortes optimierte Verfahrensanweisungen hoher Regelungstiefe und dysfunktional festgelegte Entscheidungsrechte sind Beispiele für Defizite, die in den Fallbeispielen und der Fragebogenerhebung festgestellt wurden. Vielfach zu beobachtende Folgen waren inoffizielle Alternativabläufe, ein hoher Abstimmungsaufwand an den Schnittstellen der standort-spezifischen Systeme und eine häufig ablehnende Einstellung der Betroffenen gegenüber den als bürokratisch empfundenen etablierten Strukturen. Die Fähigkeit über verschiedene Standorte hinweg, Änderungen effizient umsetzen zu können, ist durch derartige Defizite deutlich eingeschränkt. Dabei trifft dieses Hemmnis nicht nur bestehende Kooperations-beziehungen zwischen Entwicklungspartnern, sondern ist auch im Hinblick auf die Möglichkeit neue Partner, in gemeinsame Produktentwicklungsvorhaben einbinden zu können, entscheidend.

Im Rahmen von organisatorischen Anpassungen des Änderungsmanagements müssen daher zur Beseitigung der skizzierten Defizite normierte[607] und für alle standortbeteiligte Partner nachvollziehbare Strukturen definiert und eingeführt werden.[608] Dabei ist allerdings nicht davon auszugehen, ein für jeden Änderungsfall gleich geartetes Vorgehen vorgeben zu können. Vielmehr sind zur Verminderung des administrativen Aufwands bei der Änderungs-abwicklung Konzepte zu berücksichtigen, die einen differenzierten Umgang zulassen. Die Klassifizierung von Änderungsfällen je nach Änderungsart ist dabei ein möglicher Ansatz (vgl. Abb. 5-1). Andere, teilweise in der Automobilindustrie praktizierte Ansätze der Differenzierung senken den administrativen Aufwand sogar durch den Verzicht auf jegliche

---

[606] Albach, H. (1989), S. 1341f.

[607] Im Sinne einer Systematisierung und Standardisierung von Arbeitsorganisation, -inhalten und Schnittstellen. Vgl. Westkämper, E. et al., S. 24.

[608] Wird auf eine Harmonisierung der Regelungen verzichtet, muss zwischen den Entwicklungspartnern zumindest festgelegt sein, welche der an den Standorten existenten Klassifizierungen, Definitionen und Regelungen gelten sollen. Westkämper, E. et al. (1997), S. 24.

Änderungserfassung in frühen Projektphasen.[609] Erst zu einem fest definierten Zeitpunkt im weiteren Verlauf der Produktentwicklung kommen die Regelungen des Änderungsmanagements zum Tragen. Dieses Vorgehen ist allerdings mit erheblichen Risiken verbunden, wie der Verwendung inkompatibler oder bereits weiterentwickelter Zwischenergebnisse und der damit verbundenen Notwendigkeit zur Durchführung von Doppelentwicklungen.

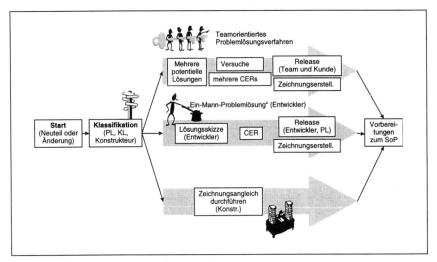

*Abb. 5-1: Beispiel für Klassifikation von Änderungen[610]*

Das Beispiel differenzierter Änderungsvorgänge in Abhängigkeit einer Klassifikation oder der Projektphase hat gezeigt, dass das Änderungsmanagement durchaus Freiraum für alternative, aber – im Gegensatz zu den eingangs erwähnten Bypass-Abläufen – offizielle Prozesse bietet.

Darüber hinaus sollten allerdings auch eine Reihe von Anforderungen fester Bestandteil bei der Festlegung standortübergreifender Änderungsprozesse sein, so z.B.:

• Eine durchgängige Verantwortlichkeit eines Mitarbeiters für einen Änderungsfall. Die zu einer Änderungsabwicklung erforderlichen Schritte, wie das Einholen der notwendigen Fachkompetenz zur Bewertung, Durchführung der Änderung, die Abstimmung konfliktbehafteter Details und die Terminverfolgung, muss einem „Änderungsverantwortlichen" übertragen werden.[611] Schwierig ist bei der Koordination standortverteilter Akteure allerdings, dass auf Grund der meist fehlenden Weisungsbefugnis gegenüber Mitarbeitern

---

[609] Dies entspricht der in der Literatur als loose – tight bezeichneten Strategie einer phasenabhängigen Regelungstiefe. Vgl. Albers, S / Eggers, S. (1991), S. 44-64.

[610] nach Mraz, C. (1998), S. 57.

[611] Vgl. Marcial, F. / Matthes, J. (1993), S. 42.

dislozierter Organisationseinheiten eine Durchsetzung von getroffenen Entscheidungen (z.B. bestimmtes Produktkonzept oder Termine) nicht erzwungen werden kann.

• Die Berücksichtigung von Standards und Normen. Die Einhaltung von optionalen (nicht gesetzlich verpflichtend vorgeschriebenen) Normen wird dabei zunehmend Voraussetzung, um mit unternehmensexternen Entwicklungspartnern kooperieren zu können. Schon heute werden Kooperationsbeziehungen teilweise nur dann eingegangen, falls die Einhaltung bestimmter Standards wie der ISO 9000 ff. gewährleistet ist. Die Berücksichtigung von Regeln, Standards[612] oder Normen im Änderungsmanagement anstelle von unternehmensspezifischen „Insellösungen" gewährleistet damit, dass ein Änderungsmanagementsystem offen für die Kooperation mit anderen Entwicklungspartnern bleibt.

Insgesamt sollte aber bei der Anpassung des Änderungsmanagements ein generell bei Strukturanpassungen häufig zu beobachtender Fehler vermieden werden: Auf Grund interner Widerstände werden häufig Lösungen realisiert, die nicht weitreichend genug wirken. „Um [...] die Bewahrung interner Ruhe und Stabilität sicherzustellen, werden nicht selten [...] durchschnittliche Innovationsalternativen gewählt [...] "[613]

### 5.1.2  Ansatzpunkte im Bereich Zusammenarbeit und Vertrauen

Die Befunde in Kapitel 4.2 haben gezeigt, dass ein funktionsfähiges standortverteiltes Änderungsmanagement in hohem Maße von einer engen Zusammenarbeit der Aufgabenträger, also den Menschen in der Produktentwicklung abhängt. Diese Zusammenarbeit ist vor allem durch einen intensiven Informationsaustausch geprägt. Vielfach wurde im Schrifttum bereits auf die Bedeutung der Integration von Beteiligten aus unterschiedlichen Funktionsbereichen sowie von Kunden und Lieferanten hingewiesen.[614] Insbesondere als Maßnahmen zur Prävention von Änderungen, aber auch zur Abwicklung komplexer Änderungsfälle scheinen Organisationsformen gut geeignet, die den Informations- und Kommunikationsfluss an den skizzierten Schnittstellen in den Mittelpunkt stellen.[615]

Anknüpfungspunkte diesen Informations- und Kommunikationsfluss zu fördern, finden sich beispielsweise in Ansätzen, die vorschlagen:[616]

• den Informationsaustausch zwischen Entwicklern an den verschiedenen Standorten durch regelmäßige face-to-face Kontakte zu animieren,
• regelmäßige formelle und informelle Treffen standortübergreifend agierender Entwicklungsteams durchzuführen,

---

[612] Beispielsweise wird die technische Barriere zur Einbindung wechselnder Entwicklungspartner gesenkt durch die Verwendung standardisierter Datenaustauschformate wie z.B. STEP (Standard for the Exchange of Product Model Data) oder EDI (Electronic Data Interchange). Vgl. Reichwald, R. / Lindemann, U. / Riedel, D. (1998), S. 278.

[613] Picot, A. / Schneider, D. (1988), S. 103.

[614] Vgl. z.B. Ehrlenspiel, K. (1995); Vgl. Kapitel 3.2.1.

[615] Vgl. Wildemann, H. (1993a), S 220f.

[616] Vgl. Meyer, A. de und Mizushima, A. (1989), S. 142.

- den Aufbau einer gemeinsamen Unternehmenskultur zu fördern,
- bei Überschreiten von Sprachgrenzen ein Sprachtraining anzubieten,
- Projektteams durch Mitarbeiter aus unterschiedlichen Standorten gezielt zu besetzen.[617]

Auffällig ist, dass zur Aufrechterhaltung eines Informations- und Kommunikationsflusses über Standortgrenzen hinweg, eine temporäre Standortintegration oder zumindest regelmäßige face-to-face Kontakte als wichtig erachtet werden. Die Begründung dafür wird in dem Aufbau bzw. dem Aufrechterhalten einer Vertrauensbeziehung gesehen.[618]

Die hohe Bedeutung von Vertrauen wird auch von diversen Studien, auch im Feld der Produktentwicklung, bestätigt. Beispielsweise wurde in einer in Großbritannien bei Automobilzulieferern durchgeführten Untersuchung der Wechsel des bisherigen Ansprechpartners, verbunden mit der Notwendigkeit des Aufbaus einer neuen Vertrauensbeziehung als ein primäres Hemmnis für eine reibungslose Kommunikation angegeben.[619]

Dabei ist der Aufbau einer Vertrauensbeziehung nicht nur zu gleichberechtigten Entwicklern von Bedeutung. Standortverteilte Entwicklungs- bzw. Änderungsprozesse müssen häufig gleichzeitig unter dem Aspekt standortverteilter Führungsprozesse betrachtet werden.[620] Ein Beispiel ist der Projektleiter, der am Standort einer Zentralentwicklung eingehende Änderungsanträge der Entwickler aus den standortverteilten F&E-Einheiten begutachtet, über diese entscheidet sowie festlegt, wer die Änderungsbearbeitung durchführen muss. Besteht keine persönliche, vertrauensgeleitete Beziehung, wird mit erheblichen Widerständen der Mitarbeiter zu rechnen sein. Eine weitere wichtige Funktion einer aufgebauten Vertrauensbeziehung zu den Mitarbeitern an den verschiedenen Entwicklungsstandorten ist insbesondere auch darin zu sehen, kulturelle Differenzen von Mitarbeitern verschiedener Standorte auszugleichen. Die Ergebnisse der Befunde in Kapitel 4.2 tragen dieser Anforderung Rechnung.

### 5.1.3 Weiterentwicklung des Änderungsmanagements

Organisationsentwicklung wird maßgeblich dadurch beeinflusst, wer die Verantwortung für vorzunehmende Veränderungsprozesse trägt. Fachkompetenz, Erfahrungshintergrund und

---

[617] *De Meyer* und *Mizushima* berichten dabei von einer Misserfolgswahrscheinlichkeit von 10-35%, die in Abhängigkeit von der kulturellen Differenz zwischen beiden Standorten (z.B. Standort in Japan bzw. USA) noch deutlich höher liegen kann.

[618] In diesem Zusammenhang wird auch die Bedeutung fortwährender face-to-face Kontakte hervorgehoben. *De Meyer* und *Mizushima* sprechen hier von einer Halbwertzeit des Vertrauens.

[619] Vgl. Leverick, F. / Cooper, R. (1998), S. 76f.

[620] In der Managementforschung wird in Abhängigkeit von der zunehmenden Verteiltheit von Organisationen eine wachsende Bedeutung der Kohäsionsfunktion der Führung prognostiziert. Kohäsion meint dabei den Aufbau und die Pflege persönlicher Beziehungen. Vgl. Reichwald, R. et al. (1998), S. 144. In Abhängigkeit davon, ob die Führungskräfte in den Unternehmen dieser Funktion gerecht werden, wird auch der Erfolg oder Misserfolg standortverteilter Unternehmensstrukturen entscheidend beeinflusst. Vgl. Reichwald, R. / Bastian, C. (1999), S. 151.

persönliche Interessen sind die entscheidenden Einflussfaktoren. Die Gestaltungspfade für das Änderungsmanagement werden sich wohl erheblich unterscheiden, ob ein Controller oder ein Konstrukteur Verantwortung für dessen Entwicklung trägt.

Ein Ergebnis aus der Fragebogenerhebung zeichnet ein deutliches Bild: Überwiegend wird die Weiterentwicklung verantwortlich durch Konstruktion bzw. Entwicklung betrieben. Relativ häufig ist auch die Zentrale Organisation bzw. eine Stabsstelle verantwortlich (vgl. Abb. 5-2).

Vor dem Hintergrund der überwiegenden Fortentwicklung des Änderungsmanagements durch die Entwicklung / Konstruktion ist davon auszugehen, dass auch die inhaltliche Schwerpunktsetzung von diesem Bereich maßgeblich beeinflusst wird. Im Sinne eines Integrierten Änderungsmanagements ist allerdings zu fordern, dass eine Weiterentwicklung die Anforderungen der weiteren, am Änderungsprozess beteiligten Bereiche berücksichtigt. Dabei erschöpfen diese sich nicht nur in der Integration verschiedener Funktionsbereiche, sondern müssen insbesondere auch verteilte Entwicklungsstandorte einbeziehen. Ein teambasiertes Vorgehen, z.B. durch die Einbindung von Mitarbeitern der genannten Bereiche im Rahmen von Workshopveranstaltungen etc., kann dazu beitragen, eine gemeinsam konzipierte und anschließend auch akzeptierte Weiterentwicklung des Änderungsmanagements erfolgreich umzusetzen.

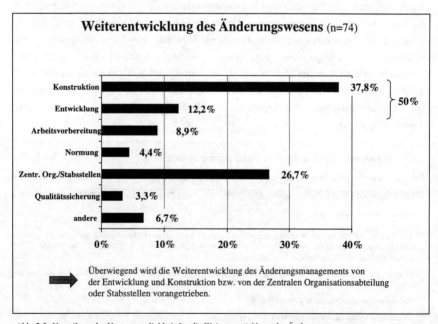

Abb. 5-2: Verteilung der Verantwortlichkeit für die Weiterentwicklung des Änderungswesens

## 5.2   Potentiale der Informations- und Kommunikationstechnologie

> *„We observed that even with the best electronic*
> *communication systems, confidence between the team*
> *members of a worldwide development project seemed to*
> *decay over time. [...] Thus, periodic face-to-face contact*
> *seems necessary to maintain confidence at a level high*
> *enough to promote effective team work. "*
>
> *Arnoud De Meyer (1991)*[621]

Die Ergebnisse der Studien und der Fragebogenerhebung haben gezeigt, dass Schnittstellenprobleme eines standortübergreifenden Änderungsmanagements in einem erheblichen Maße einer unzureichenden IuK-Ausstattung zugeschrieben werden. Kompatibilitätsprobleme bei der Verwendung unterschiedlicher Hard- und Softwaresysteme, Schwierigkeiten bei der Übernahme von Daten oder erhebliche Informationstransferzeiten waren genannte Gründe.

Dabei ist allerdings zu differenzieren, welche Änderungsaktivität bzw. Entwicklungsaufgabe mittels I.u.K.-Technologie unterstützt und standortverteilt bearbeitet wird.[622] In Analogie zu der beispielsweise von *Malone* identifizierten variierenden Bedeutung von I.u.K.-Technologien je nach Informationsart, erweist sich das Potential von I.u.K.-Technologien auch für die Änderungsdurchführung als unterschiedlich.[623] Während z.B. einfache Änderungen an einer Produktgeometrie relativ einfach beschreib- und codierbar sind, lässt die Darstellung einer komplexen Änderungsursache möglicherweise einen Interpretationsspielraum offen und stellt umfangreiche Anforderungen an das jeweils gewählte Kommunikationsmedium.[624]

Generell bieten die neuen Medien und Netze Impulse, die sowohl für die Produktentwicklung insgesamt als auch im Änderungsmanagement Vorteile mit sich bringen. Die Identifikation von geeigneten Zulieferern und der Erstkontakt zu diesen wird heute zunehmend über das Internet vollzogen. Auch im Rahmen der Änderungsabwicklung kann diese Plattform entscheidend sein, schnell ein erforderliches (Standard)-Bauteil beschaffen zu können. Die Suche in elektronischen Herstellerkatalogen, Online-Patentrecherchen oder elektronische Ausschreibungen können in dieses Raster fallen.[625]

---

[621] Vgl. Meyer, A. de (1991), S. 56.

[622] Vgl. auch die Ausführungen in Kapitel 2.2.5; Nippa, M. / Reichwald, R. (1990), S. 81.

[623] Vgl. Malone (1997), S. 28.

[624] Vgl. Reichwald, R. et al. (1998), S. 55ff.

[625] Vgl. Gausemeier, J. / Frank, T. / Sabin, A. (1996), S. 323. Allerdings sind die über das Internet zu beziehenden Produktinformationen zumeist je nach Anbieter individuell strukturiert und erschweren damit einen anbieterübergreifenden Vergleich. Zwar existieren bereits Ansätze, anbieterübergreifende Produktinformationen auf sogenannten virtuellen Marktplätzen anzubieten, die dort angebotene Produktinformation gilt aber häufig als zu unspezifisch und kann einen Vergleich auf Ebene der Online- Herstellerkatalogue bislang nicht ersetzen. Vgl. Büttner, K. / Keutgen, I. / Schott, H. / Birkhofer, H. (1998), S. 60.

Häufig wird allerdings beklagt, dass der Einsatz von I.u.K.-Technologien lediglich zu einer „Elektrifizierung" bestehender Systeme führen würde.[626] Innovative Software-Produkte gehen aber zum Teil erheblich über eine Substitution der bisherigen, papiergestützten Anwendungen hinaus.[627] Beispielsweise existieren bereits Tools, die bei der Nutzung von Online-Produktkatalogen zusätzlich Berechnungs- oder Konfigurationshilfen anbieten, oder zusätzlich Informationen wie Hinweise über Verfügbarkeit oder aktuelle Lieferzeiten zur Verfügung stellen.[628]

Bei der Bearbeitung von Änderungsproblemen und –lösungen existieren durch neue Benutzerschnittstellen und Visualisierungsformen auch völlig neue Möglichkeiten der individuellen Aufgabenerfüllung, insbesondere auch im Rahmen standortübergreifender Teamarbeit. Visionen von sogenannten „kooperativen Gebäuden" als Ablösung klassischer Desktop-Formen sind bereits heute keine Utopie mehr, sondern nehmen schon konkrete Gestalt in Form von „dynamic walls", „interactive Tables" oder „Communication Chairs" an.[629] Darüber hinaus zeichnen sich auch konkrete Perspektiven für transnationale Entwicklungspartnerschaften ab: Sprachbarrieren überwindende Kommunikationsanwendungen werden derzeit bereits in einer zweiten Generation zur Marktreife gebracht.[630]

Aber auch hier gilt: Eine der Hauptbarrieren bei der Implementierung derartiger Anwendungen für den standortübergreifenden Einsatz sind die verschiedenen Normen und Standards, aber auch die unterschiedlichen Software-Anwendungen selbst.[631] Nicht zuletzt aus diesem Grund wird die Vereinheitlichung der eingesetzten I.u.K.-Technologie insbesondere bei dem Zusammenschluss von verschiedenen Unternehmen betont. So drängen beispielsweise auch Beratungsinstitute zu einer möglichst schnellen Vereinheitlichung bestehender Strukturen.[632]

---

[626] Vgl. Drucker, P. F. (1998), S. 149-157.

[627] Vgl. Reichwald, R. (2000).

[628] Vgl. Loferer, M. / Kress, M. (1997), S. 45.

[629] Vgl. Streitz, N. A. (2000), S. 178ff.

[630] Vgl. Wahlser, W. (2000). Beispielsweise wird die Übersetzungsqualität durch Kombination von semantisch und fallbasierter Übersetzung gesteigert. Vgl. Wahlser, W. (2000), S. 157.

[631] *Bullinger* und *Wasserloos* sehen dies für den Fall fast aller rechnergestützten Entwicklungswerkzeuge gegeben, wie FMEA (Failure Mode and Effects Analysis), TQM (Total Quality Management), DFA (Design for Assembly) sowie der CAD/CAM, FEM-Module, Produktsimulation und weiteren im Projektmanagement verwendeten Werkzeugen. Vgl. Bullinger, H.-J. / Wasserloos, G. (1990), S. 10.

[632] Vgl. Berensmann, D. / Spang, S. (1998), S. 42.

## 5.3 Beispiele für Verbesserungspotentiale durch den Einsatz innovativer Technologien

> *„Es gibt kein Primat der Technik über Wirtschaft und Politik, deshalb kann eine mechanistische Technikauffassung auch nicht die Grundlage technischen Handelns bilden."*
>
> *Günter Spur (1998)*[633]

Im vorherigen Abschnitt wurde auf die hohe Bedeutung von I.u.K.-Technologie hingewiesen. Darüber hinaus bieten IuK- gestützte Verfahren, die eher den klassischen Ingenieur-wissenschaften[634] zuzuordnen sind, zusätzliche Gestaltungsoptionen für ein innovatives Änderungsmanagement. Auf zwei dieser Technologien, die insbesondere im Rahmen einer standortübergreifenden Produktentwicklung Einflüsse auf Entwicklungs- und Änderungs-prozesse haben, soll im Folgenden exemplarisch eingegangen werden. Aus der Perspektive des Änderungsmanagements ist dabei – nicht zuletzt auch auf Grund der Ergebnisse der Fragebogenerhebung – insbesondere das Potential dieser Techniken im Hinblick auf die Vermeidungsmöglichkeit von Änderungen herauszustellen.[635]

### 5.3.1 Virtual Reality

Nachdem Virtual Reality in Branchen wie beispielsweise der Medizin oder der Architektur schon seit Jahren angewendet wird, findet es auch im Maschinen- und Automobilbau zunehmende Verwendung. „Das Ziel der Virtuellen Realität [...] ist es, eine künstliche, rechnergenerierte Umgebung zu schaffen, in der der Benutzer handeln und sich ähnlich wie in der realen Welt bewegen kann."[636] Ohne die Verwendung der klassischen Schnittstellen zwischen Mensch und Computer wie Tastatur, Maus oder Bildschirm, wird eine direkte Kommunikation und Interaktion mit dem verwendeten Computersystem möglich. Dem Nutzer wird dabei das als Immersion bezeichnete Gefühl vermittelt, sich in einer rechner-generierten Welt zu befinden.[637] Anwendungsumgebungen, die mit klassischen Hilfsmitteln nur schwer, nicht zugänglich oder noch gar nicht existent sind, können mit Hilfe der virtuellen Realität erschlossen werden.[638] Im Rahmen der Produktentwicklung stellt die Anwendungs-

---

[633] Vgl. Spur, G. (1998), S. 74.

[634] Es ist allerdings darauf hinzuweisen, dass in zunehmendem Maße von einer Integration der verschiedenen Technologien auszugehen ist. Wie im Fall hybrider Produkte, ist auch bei Prozessen eine zunehmende Verzahnung von Komponenten aus unterschiedlichen Technologiefeldern zu beobachten.

[635] Vgl. Ergebnisse der Fragebogenerhebung; Kapitel 4.2.3.8.

[636] Lindemann, U. / Irlinger, R. / Gaul, H.-D. (1997), S. 172.

[637] Vgl. Lindemann, U. / Irlinger, R. / Gaul, H.-D. (1997), S. 172; Encarnação, J. L. (1997), S. 28.

[638] Vgl. Geist, M.-R. / Popp, H. (1998), S. 33.

möglichkeit von VR beispielsweise im Rahmen von Tools wie Digital Mock Up[639] einen wichtigen Baustein für die virtuelle Produktentwicklung dar.[640]

Die ökonomisch relevanten Erwartungen, die im Anwendungsfeld der Produktentwicklung im Maschinen- und Fahrzeugbau an VR gestellt werden, sind insbesondere Kosteneinsparungen durch die Reduzierung von gegenständlichen Prototypen und eine Verkürzung der Entwicklungsphasen bzw. der Entwicklungsdurchlaufzeit.[641] Gleichzeitig soll eine verbesserte Kenntnis der Produkteigenschaften zu frühen Entwicklungszeitpunkten erreicht werden, die mit der Möglichkeit verknüpft ist, Änderungen zu geringen Kosten vorzunehmen (vgl. Abb. 5-3).

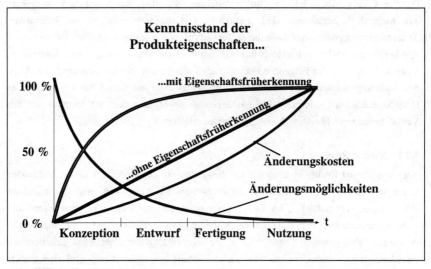

*Abb. 5-3: Bedeutung der Eigenschaftsfrüherkennung für Änderungskosten und -möglichkeiten*[642]

Aus technologischer Sicht hängt die Erfüllung derartiger Erwartungen insbesondere davon ab, inwieweit eine Übernahme von CAD- oder FEM-Daten in die virtuelle Umgebung möglich ist und damit ein durchgängiger Entwicklungsprozess realisiert werden kann. Verschärft wird dieser Aspekt auch bei der Zusammenarbeit verschiedener Entwicklungspartner: Durch die erst am Anfang stehende Standardisierung der VR-Systeme ist derzeit ein Datenaustausch verschiedener Systeme noch mit erheblichen Schwierigkeiten verbunden. Die Weiter-

---

[639] Einsatz der VR-Technologie zur Entwicklung von virtuellen Prototypen, die primär im Rahmen von Kollisionsuntersuchungen, Ein- und Ausbaustudien oder bei Analysen des Objektverhaltens (z.B. flexibler Deformation) genutzt werden. Vgl. Encarnação, J. L. (1997), S. 31.

[640] Vgl. Krause, F.-L. / Tang, T. / Ahle, U. (1998), S. 1; Reinhart, G. / Weißenberger, M. (1997).

[641] Vgl. Lindemann, U. / Irlinger, R. / Gaul, H.-D. (1997), S. 173.

[642] Vgl. Reichwald, R. / Papke, M. / Riedel, D. / Aßmann, G. (1998), S. 52.

entwicklung derartiger Möglichkeiten steht in dem betrachteten Anwendungsfeld der Produkt-entwicklung deutlich im Vordergrund. Leistungsmerkmale wie eine fühlbare Kopplung mit der virtuellen Welt, die für Kunden in der Konsumgüterindustrie von besonderem Wert sind, werden dagegen in der Konstruktion und Entwicklung bislang eher untergeordnet bewertet.[643]

### 5.3.2  Rapid Prototyping

Modelle und Musterteile dienen im Produktentwicklungsprozess als wichtige Hilfsmittel zur Überprüfung von Geometrie-, Funktions- und Herstellungseigenschaften, aber auch als Unterstützung von Kommunikationsprozessen und Ideengenerierung.[644] Eigenschafts-absicherung und Unterstützung des Entwicklungsprozesses stehen somit im Mittelpunkt der Verwendung von Modellen und Mustern. Die Vermeidung und Vorverlagerung von Änderungen (vgl. Kapitel 4.1.3) kann durch den gezielten Einsatz dieser Hilfsmittel erheblich verbessert werden.[645]

Neben mentalen oder einfachen zweidimensionalen graphischen Modellen werden zur Erfüllung der genannten Anforderungen Prototypen[646] eingesetzt. Je nach Entwicklungsphase steht bei ihrer Verwendung ein unterschiedlicher Zweck im Vordergrund, welcher maßgeblichen Einfluss auf die Gestaltung des Prototypen hat. Unterschieden werden beispielsweise die in Abb. 5-4 dargestellten Typen.[647]

Obwohl durch den weitgehend verbreiteten Einsatz von 3D-CAD Systemen die Voraus-setzung für die Ableitung digitaler Prototypen gegeben ist, ist eine vollständige Substitution physischer Prototypen derzeit nicht denkbar.[648] Optische und haptische Produkteigenschaften lassen sich beispielsweise derzeit auch mit innovativen VR-Technologien nur begrenzt abbilden.

---

[643] Vgl. Geist, M.-R. / Popp, H. (1998), S. 33ff.; Lindemann, U. / Irlinger, R. / Gaul, H.-D. (1997), S. 173.

[644] Vgl. Stetter, R. / Pache, M. (1998), S. 2-5; Ehrlenspiel, K. (1995), S. 436f.

[645] Vgl. Aßmann, G. (1998).

[646] Die klassische Definition des *Frascatti-Handbuches* weist ein enges Verständnis von Prototypen auf: „Ein Prototyp ist ein Erstmodell, das als Vorlage für neue Produkte dient, die allesamt Abbildungen oder Kopien des Prototyps sind. Der Prototyp ist ein Grundmodell, das die wesentlichen Merkmale des geplanten Produkts aufweist." Vgl. Bundesminister für Forschung und Technologie (1982), S. 42. Dagegen definieren *Ulrich* und *Eppinger* „prototype" wesentlich weitgefasster: „...an approximation of the product along one or more dimensions of interest... This definition is purposely broad and includes prototypes ranging from concept sketches to fully functional artifacts" Vgl. Ulrich, K.T. / Eppinger, S. D. (1995), S. 219.

[647] Vgl. Fischer, D. / Warschatt, J. (1997), S. 206f.

[648] Vgl. Stetter, R. / Pache, M. (1998), S. 2-16.

| Prototypenart | Ziel | Anforderungen |
|---|---|---|
| Designmodelle | • Design- und Ergonomiestudien<br>• Marktanalysen | • primär optische[649] und haptische Ausrichtung |
| Geometrische Prototypen | • Absicherung von Herstell- und Montierbarkeit | • Aussagen über Form- und Lagetoleranzen |
| Funktionsprototypen | • Absicherung des Funktions- und Arbeitsprinzips des Produktes<br>• ergonomische Absicherung | • physikalisch, funktionell<br>• hinsichtlich äußerer Erscheinung und Toleranzen geringe Anforderungen |
| Technische Prototypen | • genaue Realisation aller Produkteigenschaften<br>• Einsatztest | • Verwendung von seriennahen Fertigungsverfahren und Werkstoffen |

*Abb. 5-4: Klassifikation von Prototoypen*

Der herkömmliche Prototypenbau ist allerdings mit erheblichen Fertigungskosten und Durchlaufzeiten verbunden. Als typische Größe für die Erstellung konventioneller Prototypen werden mehr als 25% der gesamten Produktentwicklungszeit angegeben.[650] Neue Fertigungsverfahren, die unter der Bezeichnung des Rapid Prototyping zusammengefasst werden, ermöglichen eine deutlich kürzere und häufig auch kostengünstigere Realisierung von physischen Prototypen.[651] [652] Gemeinsam ist diesen Verfahren, dass im Gegensatz zu den herkömmlichen spanenden oder bei gießtechnischen Verfahren mit Hilfe von Formen der Prototyp durch Hinzufügen von Material bzw. durch den Phasenübergang eines Materials vom flüssigen oder pulverförmigen in den festen Zustand realisiert wird.[653] Ohne Verwendung weiterer Werkzeuge kann der Prototyp schichtweise auf Basis der 3D-CAD-Daten, die Voraussetzung für die Anwendung der RP-Technologie sind, erzeugt werden.[654]

Der Einsatz von Rapid Prototyping ermöglicht nach *Horváth, Lamla* und *Höfig* zwei prinzipielle Gestaltungsalternativen:[655] Zum einen können bei stabilem Prototyping-Budget mehrere RP-Prototypen entwickelt und damit eine höhere Produktabsicherung, verbunden mit einer niedrigeren Anzahl technischer Änderungen in späten Phasen, erreicht werden. Zum

---

[649] Die Nutzung von Prototypen entspricht damit auch dem Wunsch, Produkteigenschaften zu visualisieren. *Möslein* subsumiert als wesentliche Triebkräfte für eine Visualisierung die technischen Möglichkeiten, den Bedarf Sprach- und Kulturgrenzen überwindende Kommunikationsmöglichkeiten, den Wunsch nach möglichst reichhaltiger Kommunikation und die Einfachheit der Aufnahmemöglichkeit der bildlichen Information (visuelle Rezeption). Vgl. Möslein, K. (1999), S. 29f.

[650] Vgl. Fischer, D. / Warschatt, J. (1997), S. 205.

[651] Derzeit industriell eingesetzt Verfahren sind beispielsweise: Stereolithographie, Solid Ground Curing, Selective Laser Sintering, Laminated Object Manufacturing, Fused Deposition Modeling, Multi Jet Modeling. Vgl. Fischer, D. / Warschatt, J. (1997), S. 212ff; Hagen, F. von der (1998).

[652] *Horváth, Lamla* und *Höfig* nennen bei der Nutzung von RP-Verfahren Zeitgewinne bis zum Faktor 20 und Kosteneinsparungen um bis zu 90% im Vergleich zu den Herstellkosten konventioneller Prototypen. Vgl. Horváth, P. / Lamla, J. / Höfig, M. (1994), S. 49f.

[653] Vgl. Fischer, D. / Warschatt, J. (1997), S. 207.

[654] Vgl. Hagen, F. von der (1998), S. 1-5.

[655] Vgl. Horváth, P. / Lamla, J. / Höfig, M. (1994), S. 49.

anderen kann der gewonnene Zeitvorteil durch den Einsatz von RP aber auch für einen früheren Markteintritt genutzt werden.[656] Im Rahmen einer Studie wurde dieser prinzipielle Zusammenhang durch Analyse des Zusammenhangs einer verstärkten Nutzung von RP-Modellen und der Auswirkungen auf Änderungsanzahl, -kosten und –durchlaufzeiten konkretisiert.[657] In Zusammenarbeit mit einem Hersteller für RP-Technologie und einem Produzenten von elektro-mechanischen Steckverbindungen wurden drei Entwicklungs-projekte detailliert untersucht. Auf Basis der gemeinsam mit dem jeweiligen Projektleiter durchgeführten Analyse von über 300 fehlerbedingten Änderungen resultierte die Abschätzung, dass durch die Nutzung eines weiteren Prototypen ca. 30% der Änderungen hätten vermieden werden können. Die Erstellung eines (weiteren) Prototypen nach dem Rapid-Prototyping-Verfahren hätte in den betrachteten Fällen bei einer Beschaffungszeit von zwei Wochen zusätzliche Kosten von etwa DM 20.000 verursacht. Demgegenüber wäre ein Einsparpotential infolge von direkt zu vermeidenden Änderungskosten in Höhe von DM 80.000 realisierbar gewesen. Bei Monetarisierung der um 28% reduzierbaren Entwicklungszeit hätte dieser Wert noch deutlich höher gelegen.

Insbesondere bei der standortverteilten Entwicklung sowie bei zeitkritischen Änderungs-prozessen bietet der Einsatz der RP-Technologie deutliche Vorteile: Während schon heute die gemeinsame Bearbeitung von CAD Modellen an Bedeutung gewinnt, besteht durch die zukünftig zu erwartende Verbreitung der RP-Technologie auch die Chance physische Modelle dezentral zu erzeugen. Voraussetzung ist, dass die Kooperationspartner über eine kompatible Technologie verfügen. Mit der Anwendung des Multi Jet Modelling-Verfahrens[658] in aktuellen Entwicklungsprojekten der Automobilindustrie ist die Vision einer, plakativ auch als dreidimensionaler Fernkopierer (Fax) bezeichneten, RP-Anlage bereits umgesetzt. Auch wird von der Abwicklung von RP-Dienstleistungen, wie Angeboterstellung, aber auch Übertragung der für die Erstellung des Prototypen notwendigen Daten über das Internet, berichtet.[659] Es kann vermutet werden, dass allein durch die zu erwartende Zunahme der Anwender dieser Technologie die Attraktivität von RP noch weiter steigen wird.[660]

---

[656] Zu dessen Bedeutung siehe Kapitel 2.2.6.2.

[657] Vgl. Dzaja, P. (1999).

[658] Vgl. Hagen, F. von der (1998), S. 1-13.

[659] Vgl. Brandner, S. (1998), S. 8-1. Allerdings bestehen bei der elektronischen Datenübertragung seitens der Unternehmen noch erhebliche Befürchtungen hinsichtlich der Datensicherheit.

[660] In Analogie zu den beobachteten Effekten bei der Einführung von Telefon und Telefax steigt der Nutzen aus der Anwendung einer Technologie mit der Anzahl der Nutzer. Ähnliche Beobachtungen sind derzeit bei einer Vielzahl innovativer I.u.K.-Anwendungen zu machen. Vgl. Zerdick, A. et al. (1999), S. 158ff.

## 5.4 Instrumente und Methoden zur Prävention, Planung, Kontrolle und Steuerung standortverteilter Produktänderungen

> *„So mag beispielsweise auch die Meinung über die (Un-)*
> *Möglichkeit der Steuerung kreativer Prozesse einen Einfluss*
> *darauf nehmen, sich überhaupt um den Erwerb von*
> *Steuerungserfahrungen zu bemühen"*
> *Klaus Brockhoff (1990)[661]*

Ausgangspunkt häufiger Missverständnisse zwischen Ingenieuren einerseits und Betriebswirten andererseits sind zwei in Unternehmen parallel existierende Zielsysteme. Im Rahmen eines traditionellen Controlling werden ausschließlich monetäre Größen im Sinne einer formalzielorientierten Zielvorgabe definiert, wogegen in der Produktentwicklung diesen Größen überwiegend Sachziele (z.B. die Erfüllung einer bestimmten Produktfunktionalität) gegenüber stehen. Zur Erfüllung der Ziele auf beiden Ebenen hat sich ein breites Spektrum an Methoden und Instrumenten herausgebildet, die zumeist relativ unabhängig voneinander eingesetzt werden. Dennoch haben Instrumente auf beiden Zielebenen im Bereich der Planung, Steuerung und Kontrolle von technischen Änderungen nicht nur eine Berechtigung, sondern sind für ein funktionstüchtiges Änderungsmanagement notwendig. Nachfolgend sollen daher für die Instrumentenanwendung beiderlei Ausrichtung, Aspekte beleuchtet werden, die sich durch die Bedingung der räumlichen Verteiltheit des Änderungsmanagements ergeben. Ergänzend soll dazu auf einzelne Instrumente eingegangen werden. Dabei wird der Fokus auf der innovativen Anwendung von, im Feld der Produktentwicklung eher unbekannter Werkzeuge gelegt. D.h. es stehen nicht die, im Rahmen des Aktionsfelderkonzeptes (vgl. Kapitel 4.1.3) dargestellten Instrumente bzw. Methoden im Vordergrund, sondern Ideen oder Hinweise für den Einbezug alternativer Werkzeuge.

### 5.4.1 Eignung und Anpassungsbedarf der Instrumente des Controlling

Die heute in den Unternehmen eingesetzten Controlling-Instrumente sind überwiegend noch auf streng hierarchisch strukturierte Unternehmensformen ausgerichtet. Obwohl die Unternehmen sich sukzessive den in Kapitel 2.2.6.2 beschriebenen Strukturen angenähert haben, werden die Controlling-Instrumente weitgehend unverändert eingesetzt. Dies birgt hinsichtlich zweier Dimensionen erhebliche Defizite. Zum einen haben sich Ziele und Aufgaben der Unternehmensmitglieder in standortverteilten Strukturen verändert. Sowohl die – auch als Lokomotion bezeichnete – Ziel- und Aufgabenorientierung der Mitarbeiter als auch die Unterstützung und Kontrolle der Ziel- und Aufgabenerfüllung durch die Führungskräfte bedarf in standortverteilten Strukturen anderer bzw. modifizierter Instrumente.[662] Die

---

[661] Brockhoff, K. (1990), S. 4.

[662] Vgl. Reichwald, R. / Bastian, C. (1999), S. 153.

beispielsweise heute immer noch übliche bereichs- bzw. kostenstellenbasierte Budgetvorgabe muss bei einer standort- und damit zumeist kostenstellenübergreifenden Aufgabenstellung zwangsläufig zu Ineffizienzen führen, was auch Beispiele aus dem Bereich des Änderungsmanagements bestätigt haben (vgl. Kapitel 4.2.2.1).

Die zweite, auch als Kohäsion[663] bezeichnete Dimension, zielt dagegen auf die Bindung der Mitarbeiter an das Unternehmen, die Arbeitsgruppe (so auch Projektteams) oder Arbeitsinhalte ab. Die heute in standortverteilten Unternehmen eingesetzten Controlling-Instrumente blenden diese Dimension nahezu vollständig aus. Erst in Einzelfällen fließen individuelle Bedürfnisse und Verhaltenswirkungen, wie bei der Erweiterung des Wirtschaftlichkeitsbegriffs oder des Einbezugs von kundenorientierten Bewertungskriterien, in Controlling-Konzeptionen ein.[664]

Die Steuerung von standortverteilt agierenden Unternehmen steht auch vor der Herausforderung, dass ein einheitlich gestaltetes Controlling vor dem Hintergrund unterschiedlicher Kulturen an seine Grenzen stößt. Wie in Kapitel 3.2.3 ausgeführt, ist der Begriff der Kultur dabei mehrdimensional zu interpretieren. Insbesondere die Unterscheidung in eher individualistisch oder kollektivistisch geprägte Kulturen macht deutlich, dass Instrumente des Controllings stets von bestimmten Menschenbildern dominiert sind. Beispielsweise ist der Controlling-Ansatz des „Management by Objectives"[665] vor dem Hintergrund eines Menschentypus konzipiert, der durch eine selbständige Aufgaben-wahrnehmung und Ergebnisorientierung geprägt ist.[666]

## 5.4.2 Instrumente der Änderungsprävention, -vorverlagerung und -planung

### Etablierte Methoden der Produktentwicklung

Bereits im Rahmen der Ausführungen zu Kapitel 4.1.3 wurde deutlich, dass sogenannte „tätigkeitsübergreifende"[667] Methoden wie das Quality Function Deployment (QFD)[668] oder

---

[663] Vgl. auch Kapitel 5.1.2.

[664] Vgl. Reichwald, R. / Höfer, C. / Weichselbaumer, J. (1996)

[665] Die Vorgabe von Zielen im Sinne eines Management by Objectives dient auch dem Zweck auf das Wertverhalten der einzelnen Organisationseinheiten einzuwirken. (vgl. Homburg, C. / Schneeweiß, C. (1997), S. 761. Damit etabliert eine zentrale Einheit einen partizipativen Führungsstil, die eigene (zentrale) Führungsverantwortung ist je nach Detailgrad der Zielvorgaben dennoch gewährleistet.

[666] Vgl. Perlitz, M. (1999), S. 411.

[667] Ziel tätigkeitsübergreifender Methoden ist es, „...Hilfestellung bei der Bewältigung komplexer Probleme zu geben; die *ganzheitliche* Sichtweise (z.B. bzgl. Gesamtprozess, bzgl. mehrerer Zielgrößen, bzgl. mehrerer am Entwicklungsprozess Beteiligter) ist auf Grund erhöhter Komplexität von Produkt und Prozess gefordert." Zanker, W. (1999), S. 103.

[668] Primäres Ziel dieser Methode ist die Einbindung von Wünschen und Forderungen des Kunden an die zu entwickelnden Produkte.

die Fehler-Möglichkeits- und Einfluss-Analyse (FMEA)[669] im Rahmen von Änderungsprävention und –vorverlagerung weite Verbreitung im Änderungsmanagement finden. Für
den Bereich der Änderungsplanung spielen zudem Methoden aus dem Bereich der
Kreativitätstechnik eine große Rolle. Entscheidend für einen standortübergreifenden Einsatz
aller genannten Methoden ist eine ausreichende Qualifikation der Betroffenen. Der
unterschiedliche Kenntnisstand der Mitarbeiter stellt für einen derartigen Einsatz ein nicht zu
unterschätzendes Hemmnis dar. Dabei ist zusätzlich zu differenzieren, ob die Methode
gänzlich unbekannt ist oder nicht eingesetzt wird.

Diesbezüglich wurde am Lehrstuhl für Allgemeine und Industrielle Betriebswirtschaftslehre
der Technischen Universität München eine Fragebogenerhebung hinsichtlich des
Verbreitungsgrades ausgewählter Methoden durchgeführt, die an die Leiter von Konstruktion
und Arbeitsvorbereitung in Industrieunternehmen gerichtet war. Auf Basis von 36 Antworten
zeichnet sich ein Bild ab, welches einen sehr unterschiedlichen Kenntnisstand bzw.
Nutzungsgrad der hier auszugsweise dargestellten Methoden widerspiegelt (vgl. Abb. 5-5).
Für die standortübergreifende Methodenanwendung ergibt sich zudem, dass die einzelnen Instrumente unternehmensindividuell konkretisiert bzw. abgewandelt werden. Auch auf Grund
dieses Aspektes ergeben sich Schwierigkeiten in der standortübergreifenden Anwendung.

**Critical Incident Technique – ein neues Anwendungsfeld für eine bewährte Methode?**

Die von einem Forscherteam um Flanagan konzipierte und von Englberger zur Interaktiven
Diagnose[670] weiterentwickelten Critical Incident Technique (CIT) fokussiert auf die Erhebung
sogenannter kritischer Ereignisse.[671] Die Basis stellen Vorfälle in einem definierten Zeitraum
dar, die Akteure besonders positiv oder negativ erleben.[672] Signifikante Episoden werden
dabei dokumentiert und ausgewertet, wobei die interaktive Diagnose auf die Nutzung
moderner Kommunikationstechnologien abstellt, um den Aufwand für Erhebung und
Weiterleitung der gewonnenen Informationen deutlich zu reduzieren.[673]

---

[669] Diese Methode betont die Bewertung möglicher Fehler hinsichtlich ihres Risikos, die Ableitung von
Maßnahmen sowie die Bewertung eines verbesserten Zustands nach einer möglichen Maßnahmenumsetzung.

[670] Vgl. Englberger, H. (2000); Erklärtes Ziel der interaktiven Diagnose ist dabei das Aufspüren von
Innovationsbarrieren. Vgl. Englberger, H. (2000), z.B. S. 176f.

[671] Vgl. Flanagan, J. (1954).

[672] Vgl. Englberger, H. (2000), S. 119

[673] Vgl. Englberger, H. (2000), S. 125, 145.

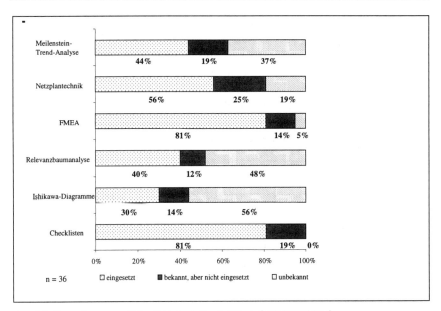

*Abb. 5-5: Verwendung ausgewählter Methoden in Konstruktion und AV (Auszug) (nach Reichwald/Riedel/Schmalzl/Stöckler)[674]*

Insbesondere in der standortverteilten Entwicklung ist die Übermittlung kritischer Ereignisse als Möglichkeit zur Änderungsprävention denkbar. Durch Nutzung der Methode ist ein Austausch über mögliche Schwierigkeiten im Rahmen der Produktentwicklung denkbar. Beispielsweise könnten Risiken, die sich auf der Ebene der Konstruktion oder auch hinsichtlich der Projektabwicklung ergeben, frühzeitig kommuniziert werden. Durch die CIT bzw. Interaktive Diagnose könnte ein Zwang zu einer Vorab-Information instrumentalisiert werden, der üblicherweise nur auf inoffiziellem Wege zwischen eng kooperierenden Entwicklungspartnern vorgenommen wird. Vor der Notwendigkeit einen „offiziellen" Änderungsantrag stellen zu müssen, könnte im Hinblick auf eine frühzeitige kooperative Problemlösung ein Beitrag zur Reduzierung der Änderungsanzahl geleistet werden.

### 5.4.3  Claim-Management

Mit dem Einsatz der Methoden des Integrierten Änderungsmanagements ist u.a. eine verursachungsgerechte Zurechnung von wirtschaftlichen Effekten beabsichtigt. Eine detaillierte Analyse der durch Änderungen verursachten Kosteneffekte ist ein erster Schritt um die notwendige Transparenz über die ökonomischen Änderungsfolgen zu erhalten. Selbst wenn seitens der Betroffenen Einigkeit über die einzubeziehenden Kostenkomponenten und

---

[674] Vgl. Reichwald, R. / Riedel, D. / Schmalzl, B. / Stöckler, A. (1998).

deren Höhe besteht, ist nicht davon auszugehen, dass die Zurechnung immer problemlos erfolgt. Auch wenn die Verursachung der Änderung eindeutig ist (z.b. expliziter Kundenwunsch), wird der Verursacher zumeist nicht **alle** resultierenden Kosten tragen wollen.[675] Insbesondere bei den indirekten Änderungsfolgekosten (beispielsweise Finanzierungskosten) dürfte eine eindeutige Zurechnung auch schwierig und für den jeweiligen Vertragspartner, auf den diese Kosten überwälzt werden sollen, ex ante völlig intransparent sein. Im Regelfall ist davon auszugehen, dass eine vollständige und von den Beteiligten als gerecht empfundene Zuordnung der entstehenden Kosten nicht möglich ist.

Um nachträgliche unerfreuliche Diskurse zu vermeiden, wird im Rahmen des sogenannten Claim-Managements im zwischenbetrieblichen Bereich versucht bereits ex-ante festzulegen, was im Fall einer Änderung der ursprünglich determinierten Ausgangskonfiguration zu geschehen hat. Zum einen kann beispielsweise in einem Projektgeschäft der Rahmen abgesteckt werden, ob bzw. in welchem Umfang kundeninduzierte Änderungen infolge vorher nicht determinierbarer Produkteigenschaften möglich sind.[676]

Zum anderen ist Ziel des Claim-Managements, eine verursachungsgerechte und für beide Seiten im voraus transparente sowie rechtlich verbindliche Festlegung möglicher Kompensationsleistungen festzulegen.[677] Über eine genaue und frühzeitige Bestimmung möglicher Änderungskosten können auch weitere Handlungsoptionen erschlossen werden. Beispielsweise lassen sich Lagerbestände seitens des Lieferanten (vollständig) abbauen, falls eine rechtzeitige Information des Kunden über eine gewünschte Änderung eingeht.

Die Ausgestaltung der durch das Claim-Management getroffenen Vereinbarungen dürften im Einzelfall stark von der jeweiligen Machtkonstellation zwischen Kunde und Lieferant abhängen.

---

[675] Moselhi, O. / Leonard, C. / Fazio, P. (1991), S. 485.

[676] Vgl. Reidelbach, M. A. (1991), S. 86.

[677] Vgl. Baganz, A. (1993), S. 6.

# 6  Zusammenfassung und Ausblick

> *„Dem empirisch orientierten Forscher zeigen seine*
> *Kontakte mit der Praxis die eigene Unwissenheit zumeist*
> *besonders deutlich. "*
> *Herbert Kubicek (1977)*[678]

Ziel der Arbeit war es, Besonderheiten der Standortverteilung für ein Management technischer Produktänderungen zu beleuchten. Dazu waren im Rahmen eines zyklischen Vorgehens unter Ausleuchtung durch geeignete theoretische Erkenntnisinstrumente Phänomene und Probleme der Praxis zu untersuchen.

Triebkräfte und Hemmnisse sowie strukturelle Ausprägungsformen einer standortverteilten Produktentwicklung waren Ausgangspunkt für die Betrachtung des Untersuchungsfeldes. Einbezogen wurden dabei sowohl unternehmensinterne als auch unternehmensübergreifende Prozesse zwischen Entwicklungspartnern, die disloziert agieren. Schwerpunkt des Untersuchungsinteresses in diesem Feld lag in der Analyse technischer Änderungen, als ein Teilbereich der industriellen Produktentwicklung. Anhand des Aktionsfelderkonzeptes des Integrierten Änderungsmanagement wurde in einem ersten Schritt Hinweisen über Besonderheiten nachgegangen, welche auf die Bedingung der Standortverteilung zurückzuführen sind. Dabei war festzustellen, dass für einen Teil der Aktionsfelder markante Unterschiede zu verzeichnen sind, für andere dagegen nur schwache Zusammenhänge bestehen. Eine deutliche Perspektivenerweiterung konnte darüber hinaus durch den Einbezug von Erfahrungen aus Forschungsprojekten und Expertengesprächen erzielt werden.

Die Problemfelder der Praxis lagen für ein standortübergreifendes Änderungsmanagement insbesondere in heterogenen Prozessen und Instrumenten, dysfunktional zugeordneten Entscheidungsrechten, einer mangelnden Vergleichbarkeit von Änderungsdaten verschiedener Standorte, Schnittstellenprobleme infolge inkompatibler IuK-Technologie sowie kultureller Divergenzen. Ergänzt wurden diese Erkenntnisse durch die Ergebnisse einer Fragebogenerhebung am Rande einer Tagung zum Thema des Integrierten Änderungs-managements. Auf Basis von 74 ausgewerteten Fragebogen konnte das aus den Fallstudien ermittelte Bild erweitert werden. Über die Konkretisierung von Schnittstellenproblemen, durch die Standortverteilung im Änderungsmanagement waren insbesondere die Einschätzungen zu Veränderungen von Zielen im Änderungsmanagement auf Grund der räumlichen Verteilung von Interesse. Ziele mit einer sowohl prinzipiell denkbaren Verbesserung als auch Verschlechterung der Zielerfüllung waren dabei beispielsweise erstens Durchlaufzeitverlängerungen infolge von Schnittstellenproblemen versus Durchlauf-zeitverkürzungen infolge einer größeren Möglichkeit zur Parallelisierung. Zweitens waren

---

[678] Herbert Kubicek (1977), S. 10.

mögliche Zielausprägungen ein vermehrtes Lernen aus Änderungen infolge des Einbezugs standortverteilter Experten versus verminderter Informationsweitergabe. Zu diesen Punkten bzw. zu den weiteren eruierten Aspekten der Fragebogenerhebung zeichnet sich ein eher skeptisch geprägtes Bild der Befragten ab.

Dieses Resümee kann aber nur Ausgangspunkt sein, Pfade aufzuzeichnen, die zu einer Optimierung standortverteilter Änderungsprozesse beitragen. Als Abschluss der Arbeit wurden daher schlaglichtartig Ansatzpunkte zu Verbesserungen in den Feldern Organisation und Mensch, Technik sowie Methoden vorgestellt.

Die Ergebnisse dieser Arbeit haben gezeigt, dass das häufig von Verantwortlichen in der Produktentwicklung und insbesondere im Management nur nachrangig betrachtete Phänomen technischer Produktänderungen ein erhebliches Störpotential für die Entwicklung industrieller Güter mit sich bringen kann. Berichte über bereits heute vielfach weitgehend reibungslos verlaufende standortverteilte Entwicklungsprozesse müssen daher kritisch hinterfragt werden. Wird dagegen der Gestaltung eines leistungsfähigen Änderungsmanagements ausreichende Aufmerksamkeit entgegengebracht, so ergeben sich gute Chancen im Vergleich zu Wettbewerbern ein meist nicht als solches wahrgenommenes Differenzierungsmerkmal zu realisieren. Dieses kann dazu beitragen, dass sich Unternehmen mit offenen, gut kompatiblen Strukturen im Änderungsmanagement deutlich von denjenigen unterscheiden, die noch immer an ausschließlich nach internen und nur lokalen    Kriterien orientierten Verfahrens-anweisungen im Änderungsmanagement festhalten. Das auf den ersten Blick so konservativ anmutende Konzept eines standortverteilten Änderungsmanagements hat damit auch einen Einfluss auf den Realisierungserfolg der zu Beginn dieser Arbeit aufgeführten innovativen Unternehmensformen, wie die agile, kreative, lernende, modulare, fraktale oder virtuelle Unternehmung.

# Literaturverzeichnis

Albach, H. (1989): Innovationsstrategien zur Verbesserung der Wettbewerbsfähigkeit. In: Zeitschrift für Betriebswirtschaft, 59. Jg., Heft 12, S. 1338-1351.

Albach, H. (1992): Globalisierung als Standortarbitrage. In: Zeitschrift für Betriebswirtschaft, 2. Ergänzungsheft, 1992, S. 1-26.

Albach, H. (1999): Eine allgemeine Theorie der Unternehmung. In: Zeitschrift für Betriebswirtschaft, 69. Jg., Heft 4, S. 411-427.

Albach, II. / de Pay, D. / Rojas, R. (1991): Quellen, Zeiten und Kosten von Innovationen. Zeitschrift für Betriebswirtschaft, 61. Jg., Heft 3, 1991, S. 309-324.

Albers, S. / Eggers, S. (1991): Organisatorische Gestaltung von Produktinnovationsprozessen – Führt der Wechsel des Organisationsgrades zum Erfolg? In: Zeitschrift für betriebswirtschaftliche Forschung, 43. Jg., Heft 1, 1991, S. 44-64.

Allmansberger, G. (1998): Strategien zum Entwickeln von Lösungsalternativen. In: Lindemann, U. / Reichwald, R. (Hrsg.): Integriertes Änderungsmanagement. Berlin-Heidelberg u.a. 1998, S. 173-192.

Ambrosi, S. (1997): Methoden und Werkzeuge für die integrierte Produktentwicklung. Aachen 1997.

Anderl, R. et al. (1998): Multimediale Unterstützung verteilter Produktentwicklung. In: Anderl, R. / Encarnação, J. L. / Rix, J. (Hrsg.): Tele-CAD – Produktentwicklung in Netzwerken. Tagungsband CAD '98, Darmstadt 1998, S. 3-12.

Anderl, R. / Vogel U. R. (1998): Verteiltes Arbeiten mit 3D-CAD-Systemen in Konstruktionsteams. In: Anderl, R. (Hrsg.): Tele-CAD: Produktentwicklung in Netzwerken, Tagungsband CAD 1998, S. 132-142.

Arrow, K. J. (1985): The Economics of Agency. In: Pratt, J. W. / Zeckhauser, R. J. (Hrsg.): Principals and Agents. Boston 1985, S. 37-51.

ASMY Y14.35M-1997 (1997): Revision of Engineering Drawings and Associated Documents. New York1997.

Aßmann, G. (1998): Vermeidung und Vorverlagerung von Änderungen. In: Lindemann, U. / Reichwald, R. (Hrsg.): Integriertes Änderungsmanagement. Berlin-Heidelberg u.a. 1998, S.107-131.

Aßmann, G. (2000): Problemspezifische Abwicklung von technischen Änderungen in der Produktentwicklung. Dissertation, München 2000.

Aßmann, G. / Conrat, J.-I. (1998): Modell eines Integrierten Änderungsmanagements. In: Lindemann, U. / Reichwald, R. (Hrsg.): Integriertes Änderungsmanagement. Berlin-Heidelberg u.a. 1998, S. 47-59.

Aßmann, G. / Gerst, M. / Pulm, U. / Riedel, D. (1999): Integriertes Änderungsmanagement – Ergebnisse einer Umfrage zur aktuellen Situation in der Industrie. In: Lindemann, U. / Reichwald, R. (Hrsg.): Sonderforschungsbereich 336: Integriertes Änderungsmanagement – Arbeitsergebnisse aus dem Teilprojekt I3: Management von integrierten Entwicklungs- und Änderungsprozessen bei verteilten Standorten. Technische Universität München, München 1999.

Aßmann, G. / Gerst, M. / Riedel, D. (1999): Situationsgerechte Prozesse im Integrierten Änderungsmanagement. In: Zeitschrift für wirtschaftlichen Fabrikbetrieb, 94. Jg., Heft 9, 1999, S. 521-524.

Aßmann, G. / Papke, M. / Riedel, D. (1998): Erste Erfolge einer Umsetzung in der Praxis. In: Lindemann, U. / Reichwald, R. (Hrsg.): Integriertes Änderungsmanagement. Berlin-Heidelberg u.a. 1998, S. 266-275.

Baganz, A. (1993): Vertragsmanagement: Führung der kritischen Erfolgsfaktoren, Änderungswesen und Claim-Management in der Projektabwicklung. In: Planung + Produktion, Heft 11, 1993, S. 5-8.

Barlett, C. A. / Ghoshal, S. (1997): Managing Innovation in the Transnational Corporation. In: Tushman, M. L. / Anderson, P. (Editors): Managing Strategic Innovation and Change. New York 1997, S. 452-476.

Bartelt, K.-D. / Springer R. (1998): CATIA: An der Wende zum Internet-CAD. In: Industrie Management, 14. Jg., Heft 3, 1998, S. 33-36.

Benedetto Netto, H. / Trabasso, L. G. (1999): Identification of Factors that Affect ECM Engineering Change Mangagement. In: Lindemann, U. / Birkhofer, H. / Meerkamm, H. / Vajna, S. (Hrsg.): Proceedings of the 12th International Conference on Engineering Design, München 1999, S. 995-1000.

Berger, U. / Bernhard-Mehlich, I. (1995): Die Verhaltenswissenschaftliche Entscheidungstheorie. In: Kieser, A. (Hrsg.): Organisationstheorien. 2. überarb. Aufl., Stuttgart-Berlin-Köln 1995, S. 123-153. Berensmann, D. / Spang, S. (1998): IT-Integration nach Unternehmenszusammenschlüssen – eine Herausforderung auch an das Topmanagement. In: Information Management & Consulting, 13. Jg., Heft 4, 1998, S. 35-42.

Bernhardt, R. (1977): Änderungsdienst für Zeichnungen und Stücklisten ohne großen Aufwand. In: Arbeitsvorbereitung, 14. Jg., Heft 5, 1977, S. 147-150.

Biegel, U. R. (1987): Kooperation zwischen Anwender und Hersteller im Forschungs- und Entwicklungsbereich. Frankfurt a. M. u.a. 1987.

Binkowski, B. / Lechelmayr, R. / Pfeiffer, W. / Weiß, J. P. (1998): Telekooperation – unverschlossenes Potential zur Prozessgestaltung. In: In: VDI-EKV (Hrsg.): Prozessketten für die virtuelle Produktentwicklung in verteilter Umgebung. Düsseldorf 1998, S. 57-67.

Birkinshaw, J. (1997): Entrepreneurship in Multinational Corporations: The Characteristics of Subsidiary Initiatives. In: Strategic Management Journal, Vol. 18, No. 3, 1997, S. 207-229.

Birkinshaw, J. / Fry, N. (1999): Wenn sich Auslandstöchter neue Geschäfte erschließen. In: Harvard Business manager, 21. Jg., Heft 2, 1999, S. 51-63.

Bleicher, F. (1990): Effiziente Forschung und Entwicklung. Wiesbaden 1990.

Bleicher, K. (1981): Organisation – Formen und Modelle. Wiesbaden 1981.Boehmer, A. von (1995): Internationalisierung industrieller Forschung und Entwicklung. Wiesbaden 1995.

Bortz, J. / Döring, N. (1995): Forschungsmethoden und Evaluation. 2. vollst. überarb. und aktualisierte Aufl., Berlin-Heidelberg-New York 1995.

Brandner, S. (1998): Rapid Prototyping-Netzwerk. In: Reinhart, G. / Milberg, J. (Hrsg.): Rapid Prototyping: Effizienter Einsatz von Modellen in der Produktentwicklung. München 1998, o. S., Abschnitt 8.

Brockhoff, K. (1990): Stärken und Schwächen industrieller Forschung und Entwicklung. Stuttgart 1990.

Brockhoff, K. (1992): Forschung und Entwicklung. München-Wien 1992.

Bundesminister für Forschung und Technologie (1982): Die Messung wissenschaftlicher und technischer Tätigkeiten. – „Frascati-Handbuch". Bonn 1982.

Büntig, F. / Leyendecker, H.-W. (1997): Zwischenbetrieblicher Vergleich Kennzahlen und Informationen aus dem Bereich Entwicklung & Konstruktion. VDMA Betriebswirtschaft, Frankfurt 1997.

Bullinger, H.-J. (1990): Integrierte Produktentwicklung als kritischer Erfolgsfaktor. In: Bullinger, H.-J. (Hrsg.): 2. F&E Management-Forum: Integrierte Produktentwicklung. München 1990, S. 8-30.

Bullinger, H.-J. (1994): Einführung in das Technologiemanagement. Stuttgart 1994.

Bullinger, H.-J. / Wasserloos, G. (1990): Reduzierung von Produktentwicklungszeiten durch Simultaneous Engineering. In: CIM Management, 6. Jg., Heft 6, 1990, S. 4-12.

Bürgel, H. D. / Haller, C. / Binder, M. (1996): F&E-Management. München 1996.

Burghardt, M. (1993): Projektmanagement. 2. überarb. Aufl. Berlin-München 1993.

Büttner, K. / Keutgen, I. / Schott, H. / Birkhofer, H. (1998): Zulieferkompontenten im Word Wide Web – Kooperation und Kommunikation zwischen Zulieferer und Abnehmer. In: In: Anderl, R. / Encarnação, J. L. / Rix, J. (Hrsg.): Tele-CAD – Produktentwicklung in Netzwerken. Tagungsband CAD '98, Darmstadt 1998, S. 53-62.

Buxmann, P. / Dirks, C. / Heintz, S. (1998): Zwischenbetriebliche Prozesse in der Automobilindustrie. In: Theorie und Praxis der Wirtschaftsinformatik, 35. Jg., Heft 200, 1998, S. 93-109.

Caffyn, S. (1997): Extending continuous improvement to the new product development process. In: R&D Management, 27. Jg., No. 3, 1997, S. 253-267.

Caluori, M. / Schips, B. (1991): Internationalisierung der Forschungs- und Entwicklungsaktivitäten schweizerischer Unternehmen. Chur-Zürich 1991.

Cezanne, W. / Mayer, A. (1998): Neue Institutionenökonomik – Ein Überblick. In: WISU, 27. Jg., Heft 11, 1998, S. 1345-1353.

Clark, K. B. / Fujimoto, T. (1991): Product Development Performance. Boston, Massachusetts 1991.

Clark, K. B. / Fujimoto, T. (1992): Automobilentwicklung mit System. Frankfurt-New York 1992.

Clark, K. B. / Wheelwright, S. C. (1993): Management New Product and Process Development. New York u.a.1993.

Clausing, D. (1988): Quality Function Deployment. In: Ryan, N. E. (Hrsg.): Taguchi methods and QFD. Dearborn, Michigan 1988, S. 63-76.

Coase, R.H. (1937 / 1993): The Nature of the Firm. In: Economica, No. 4, 1937, S. 368-405 (wiederabgedruckt in: Williamson, O.E. / Winter, S.G. (Hrsg./1993): The Nature of the Firm: Origins, Evolution, and Development, New York-Oxford 1993, S. 18-33.

Coenenberg, A. G. / Prillmann, M. (1995): Erfolgswirkungen der Variantenvielfalt und Variantenmanagement. In: Zeitschrift für Betriebswirtschaft, 65. Jg., Heft 11, S. 1231-1253.

Conrat, J.-I. (1997): Änderungskosten in der Produktentwicklung. Dissertation München 1997.

Conrat, J.-I. / Riedel, D. (1998): Änderungskosten – Wirtschaftliche Auswirkungen von technischen Änderungen. In: Lindemann, U. / Reichwald, R. (Hrsg.): Integriertes Änderungsmanagement. Berlin-Heidelberg u.a. 1998, S. 35-46.

Cooper, R. (1979): Identifying Industrial New Product Success: Project NewProd. In: Industrial Marketing Management, 8. Jg., 1979, S. 124-135.

Cooper, R. / Slagmulder, R. (1999): How to Undertake Effective Interorganizational Cost Management in Product Development. In: Controlling, 11. Jg., Heft 6, 1999, S. 245-252.

Corsten, H. (1992): Lexikon der Betriebswirtschaftslehre. München-Wien 1992.

Crowston, K (1997): A Coordination Theory Approach to Organizational Process Design. In: Organization Science, Vol. 8, No. 2, 1997, S. 157-175.

Dango, R. / Sontow, K. (1999): Dienstleistung im Maschinenbau. In: Qualität und Zuverlässigkeit, 44. Jg., Heft 1, 1999, S. 50-53.

Darby, M. R. / Karni, E. (1973): Free Competititon and the Optimal Amount of Fraud. In: The Journal of Law and Economics, Vol. 16, 1973, S. 67-88.

Dhen, K. (1963): Zeichnungs- und Stücklisten-Änderungen. In: Konstruktion, 15. Jg., Heft 1, S. 24-27.

Diprima, M. (1982): Engineering Change Control and Implementation Considerations. In: Production and Inventory Management, Vol. 23, No. 4, 1982, S. 81-87.

Doppler, K. / Lauterburg, C. (1994): Change Management. Frankfurt/Main-New York 1994.

Dörr, R. (1977): Technische Änderungen – Quelle des Fortschritts oder nur ein kostspieliges Ärgernis? In: Fortschrittliche Betriebsführung und Industrial Engineering, 26. Jg., Heft 1, 1977, S. 35-40.

DIN 199 Teil 3 (1980): Deutsches Institut für Normung (Hrsg./ 1980): DIN 199 Teil 3: Begriffe im Zeichnungs- und Stücklistenwesen – Änderungen. Berlin, 1980.

DIN 199 Teil 4 (1981): Deutsches Institut für Normung (Hrsg./ 1981): DIN 199 Teil 4: Begriffe im Zeichnungs- und Stücklistenwesen – Änderungen. Berlin, 1981.

DIN 6789 Teil 2 (1990): Deutsches Institut für Normung (Hrsg./ 1990): DIN 6789 Teil 2 Dokumentationssystematik - Dokumentensätze Technischer Dokumentationen. Berlin, 1990.

DIN 6789 Teil 3 (1990): Deutsches Institut für Normung (Hrsg./ 1990): DIN 6789 Teil 3 Dokumentationssystematik - Änderungen an Dokumenten und Gegenständen - allgemeine Anforderungen. Berlin, 1990.

DIN EN ISO 9002 (1990): Deutsches Institut für Normung (Hrsg./ 1990): DIN EN ISO 9002 Qualitätssicherungssysteme – Modell zur Darlegung der Qualitätssicherung in Produktion und Montage. Berlin, 1996.

DIN EN ISO 9004 (1990): Deutsches Institut für Normung (Hrsg./ 1990): DIN EN ISO 9004 Qualitätsmanagement und Elemente eines Qualitätssicherungssystems – Leitfaden. Berlin, 1990.

DIN EN ISO 10007 (1996): Deutsches Institut für Normung (Hrsg./ 1996): DIN EN ISO 10007 Qualitätsmanagement – Leitfaden für Konfigurationsmanagement. Berlin, 1996.

Diprima, M. (1982): Engineering Change Control and Implementation Considerations. In: Production and Inventory Management, Vol. 23, No. 1, 1982, S. 81-87.

Domsch, M. / Gerpott, H. / Gerpott, T. J. (1989): Technologische Gatekeeper in der industriellen F&E. Stuttgart 1989.

Döpper, W. / Eversheim, W. (1993): In: Haller, M. et al. (Hrsg.): Globalisierung der Wirtschaft – Einwirkungen auf die Betriebswirtschaftslehre. Bern-Stuttgart-Wien 1993, S. 367-382.

Dörner, D. (1992): Die Logik des Mißlingens. Reinbek bei Hamburg 1992.

Dörr, R. (1977): Technische Änderungen – Quelle des Fortschritts oder nur ein kostspieliges Ärgernis? In: Fortschrittliche Betriebsführung und Industrial Engineering, 26. Jg., Heft 1, 1977, S. 35-40.

Drucker, P. F. (1998): The Discipline of Innovation. In: Harvard Business Review Vol. 76, No.11-12, 1998, S. 149-157.

Dzaja, P. (1999): Optimierung des technischen Änderungsmanagements in der Produktentwicklung durch den Einsatz innovativer Technologien am Beispiel des Rapid Prototyping. Technische Universität München, Lehrstuhl für Allgemeine und Industrielle Betriebswirtschaftslehre, Diplomarbeit im Rahmen des Arbeits- und Wirtschaftswissenschaftlichen Aufbaustudiums, September 1999.

Ebel, B. (1999): Den Wandel gestalten – Konzepte eines umfassenden Veränderungs-Managements. In: Qualität und Zuverlässigkeit, 44. Jg., Nr. 5, 1999, S. 563-566.

Eder, W. E. (1994): Bekannte Methodiken in den USA und Kanada. In: Konstruktion 46. Jg., 1994, S. 190-194.

Ehrlenspiel, K. (1994): Sonderforschungsbereich 336: Montageautomatisierung durch Integration von Konstruktion und Planung. Arbeits- und Ergebnisberichte Januar 1992 – Juni 1994. Technische Universität München 1994.

Ehrlenspiel, K. (1995): Integrierte Produktentwicklung. München-Wien 1995.

Ehrlenspiel, K. / Kiewert, A. / Lindemann, U. (1998): Kostengünstig Entwickeln und Konstruieren. 2., völlig neu bearb. Aufl., Berlin 1998.

Eisenhardt, K. M. / Brown, S. L. (1998): Competing on the Edge: Strategy as Structured Chaos. In: Long Range Planning. Vol. 31, No. 5, S. 786-789.

Encarnação, J. L. (1997): Mensch – Maschine – Kommunikation der Zukunft. In: iomanagement, Heft 1-2, 1997, S. 27-33.

Englberger, H. (2000): Kommunikation von Innovationsbarrieren - Die interaktive Diagnose in telekooperativen Reorganisationsprozessen. Dissertation, Technische Universität München 2000.

Engelhardt, W. H. / Kleinaltenkamp, M. / Reckenfelderbäumer, M. (1993): Leistungsbündel als Absatzobjekt. In: Zeitschrift für betriebswirtschaftliche Forschung, 45. Jg., Heft 5, 1993, S. 395-426.

Ettlie, J. E. (1998): R&D and Global Manufacturing Performance. In: Management Science, Vol. 44, No. 1, 1998, S. 1-11.

Eversheim, W. et al. (1995): Entwicklung von Fahrzeugsystemen im Verbund. In: VDI-Z, 137 Jg., Nr. 5, S. 32-35.

Eversheim, W. / Laufenberg, L. / Marczinski, G. (1993): Integrierte Produktentwicklung mit einem zeitparallelen Ansatz. In: CIM Management, 8. Jg., Heft 2, 1993, S. 4-9.

Eversheim, W. / Warnke, L. / Schröder, T. (1997): Änderungsmanagement in Entwicklungs-kooperationen. In: VDI-Z, 139. Jg., Nr. 3, S. 60-63.

Eversheim, W. / Dürr, H. / Pfeifer, T. (1998): SFB 361 – Teilprojekt B2: Konstruktionsbegleitende Prozess- und Prüfablaufplanung. In: Eversheim, W. (Hrsg.): Sonderforschungsbereich 361: Modelle und Methoden zur Integrierten Produkt- und Prozessgestaltung. Arbeits- und Ergebnisberichte 1996 – 1998. Rheinisch-Westfälische Technische Hochschule Aachen 1998, S. 351-450.

Eversheim, W. / Dyckhoff, H. / Pfeifer, T. / Steffenhagen, H. (1998): SFB 361 – Teilprojekt A2: Methodik und Bewertung der Parallelisierung von Planungsabläufen. In: Eversheim, W. (Hrsg.): Sonderforschungsbereich 361: Modelle und Methoden zur Integrierten Produkt- und Prozessgestaltung. Arbeits- und Ergebnisberichte 1996 – 1998. Rheinisch-Westfälische Technische Hochschule Aachen 1998, S. 127-238.

Feistenberger, D. (1995): Rechnergestützter Änderungsdienst. In: Zeitschrift für wirtschaft-lichen Fabrikbetrieb, 90. Jg., Heft 1-2, 1995, S. 58-60.

Fischer, D. / Warschatt, J. (1997): Rapid Prototyping. In: Bullinger, H.-J. / Warschat, J. (Hrsg.): Forschungs- und Entwicklungsmanagement. Stuttgart: 1997, S. 205-219.

Fischer, M. (1995): Agency-Theorie. In: Wirtschaftswissenschaftliches Studium, 24. Jg., Heft 6, 1995, S. 320-322.

Flanagan, J. (1954): The Critical Incident Technique. In: Psychological Bulletin, Vol. 51, No. 4, 1954, S. 327-358.

Florida, R.(1997): The Globalization of R&D: Results of a survey of foreign-affiliated R&D laboratories in the USA. In: Resarch Policy, Vol. 26, 1997, S. 85-103.

Foltz, C. / Herbst, D. / Schlick, C. / Springer, J. (1998): Verteiltes Konstruieren in der Automobilindustrie. In: Industrie Management 14. Jg., Heft 3, 1998, S. 24-28.

Franke, J. / Thum, R. (1993): Analyse und Optimierung des Änderungsdienstes. In: Zeitschrift für wirtschaftlichen Fabrikbetrieb, 88. Jg., Heft 1, 1993, S. 17-19.

Fraunhofer Institut für Systemtechnik und Innovationsforschung (1998): Delphi ´98 – Studie zur globalen Entwicklung von Wissenschaft und Technik – Ergebnisband. Karlsruhe1998.

Fremgens, G.-J. (1975): Änderungswesen für die Unterlagen und Informationsträger der Fertigung und Montage. In: Brankamp, K. (Hrsg.): Handbuch der modernen Fertigung und Montage. München 1975, S. 397-417.

Frese, E. (1992): Organisationstheorie. Historische Entwicklung – Ansätze – Perspektiven. 2. überarb. und erw. Aufl., Wiesbaden 1992.

Frese, E. (1998): Grundlagen der Organisation. 7. überarb. Aufl., Wiesbaden 1998.

Funk, J. (1998): Mannesmann im Trend globaler Märkte und internationaler Arbeitsteilung. In: Zeitschrift für betriebswirtschaftliche Forschung, 50. Jg., Heft 2, 1998, S. 183-196.

Gassmann, O. (1997a): Internationales F&E-Management. München 1997.

Gassmann, O. (1997b): F&E-Projektmanagement und Prozesse länderübergreifender Produktentwicklung. In: Gerybadze, A. / Meyer-Krahmer, F. / Reger, G. (Hrsg.): Globales Management von Forschung und Innovation. Stuttgart 1997, S. 133-173.

Gassmann, O. / Zedtwitz, M. von (1996): Internationales Innovationsmanagement – ein Referenzrahmen. In: Gassmann, O. / Zedtwitz, M. von (Hrsg.): Internationales Innovationsmanagement. München 1996, S. 3-16.

Gassmann, O. / Zedtwitz, M. von (1998): Organization of industrial R&D on a global scale. In: R&D Management, 28. Vol., No. 3, 1998, S. 147-161.

Gausemeier, J. / Frank, T. / Sabin, A. (1996): Produktentwicklung im weltweiten Netzwerk. In: Zeitschrift für wirtschaftlichen Fabrikbetrieb, 91. Jg., Heft 7-8, S. 323-325.

Gehrke, U. / Scheibler, M. (1998): Ein effektives Produktdatenmanagement – Rückgrat für die virtuelle Produktentwicklung. In: VDI-EKV (Hrsg.): Prozessketten für die virtuelle Produktentwicklung in verteilter Umgebung. Düsseldorf 1998, S. 13-40.

Geist, M.-R. / Popp, H. (1998): Virtual Reality (VR) – Anwendungssysteme zur Verkaufs-unterstützung. In: Wirtschaftsinformatik, 40. Jg., Heft 1, 1998, S. 33-38.

Gierl, H. / Kotzbauer, N. (1992): Der Einfluß des F&E-Aufwandes auf den wirtschaftlichen Erfolg von Industrieunternehmen. In: Zeitschrift für betriebswirtschaftliche Forschung, 44. Jg. Heft 11, 1992, S. 974-989.

Gemmerich, M. (1995): Technische Produktänderungen: Betriebswirtschaftliche und empirische Modellanalyse. Wiesbaden 1995.

Gemünden, H. G. (1993): Zeit – Strategischer Erfolgsfaktor in Innovationsprozessen. In: Domsch; M. / Sabisch, H. / Siemers, S. H. A.(Hrsg.): F&E-Management. Stuttgart 1993.

Gentner, A. (1994): Entwurf eines Kennzahlensystems zur Effiktivitäts- und Effizienz-steigerung von Entwicklungsprojekten. München 1994.

Gerpott, T. J. (1999): Innovations- und Technologiemanagement. In: Bitz, M. et al. (Hrsg.): Vahlens Kompendium der Betriebswirtschaftslehre. Band 2. 4. überarb. Aufl., München 1999, S. 289-338.

Gerpott, T. J. (1990): Globales F&E-Management. In: Die Unternehmung, 44. Jg., Heft 4, 1990, S. 226-246.

Gerst, M. (1998): Änderungserkennung. In: Lindemann, U. / Reichwald, R. (Hrsg.): Integriertes Änderungsmanagement. Berlin-Heidelberg u.a. 1998, S. 132-153.

Gerst, M. / Stetter, R. (1998): Probelm- und Ursachenanalyse. In: Lindemann, U. / Reichwald, R. (Hrsg.): Integriertes Änderungsmanagement. Berlin-Heidelberg u.a. 1998, S. 154-172.

Gerybadze, A. / Meyer-Krahmer, F. / Schlenker, F. (1997): Strategietypen und F&E-Standortentscheidung in der internationalen Wertschöpfungskette. In: Gerybadze, A. / Meyer-Krahmer, F. / Reger, G. (Hrsg.): Globales Management von Forschung und Innovation. Stuttgart 1997, S. 174-215.

Göpfert, J. (1998): Modulare Produktentwicklung. Dissertation München 1997.

Grabowski, H. / Adamietz, P. (1998): Prozessorientiertes Customizing von EDM/PDM-Systemen. In: In: VDI-EKV (Hrsg.): Prozessketten für die virtuelle Produktentwicklung in verteilter Umgebung. Düsseldorf 1998, S. 87-106.

Griese, J. (1992): Auswirkungen globaler Informations- und Kommunikationssysteme auf die Organisation weltweit tätiger Unternehmen. In: Staehle, W. H. v. / Conrat, P. (Hrsg.): Managementforschung 2, Berlin- New York 1992, S. 163-175.

Gunasekaran, A.: Essentials of international and joint R&D Projects. In: Technovations, Vol. 17, No. 11-12, 1997, S. 637-647.

Gutenberg, E. (1958): Einführung in die Betriebswirtschaftslehre. Wiesbaden 1958.

Haberstock, L. (1986): Kostenrechnung II. Hamburg 1986.

Hagen, F. von der (1998): Physische und virtuelle Prototypen in der Produktentwicklung. In: Reinhart, G. / Milberg, J. (Hrsg.): Rapid Prototyping: Effizienter Einsatz von Modellen in der Produktentwicklung. München 1998, o. S., Abschnitt 1.

Hahn, D. (1998): Führung und Führungsorganisation. In: Zeitschrift für betriebswirtschaftliche Forschung, 40. Jg., Heft 2, 1988, S. 112-137.

Håkanson, L. / Nobel, R. (1993): Foreign Research and Development in Swedish Multinationals. In: Research Policy, 22. Vol., 1993, S. 373-396.

Hartmann, Y. E. (1998): Controlling interdisziplinärer Forschungsprojekte. Stuttgart: 1998.

Hauschildt, J. (1993a): Innovationsmanagement. München 1993.

Hauschildt, J. (1993b): Globalisierung der Wirtschaft – Zur Rolle der Betriebswirtschaftslehre. In: Haller, M. et al. (Hrsg.): Globalisierung der Wirtschaft – Einwirkungen auf die Betriebswirtschaftslehre. Bern-Stuttgart-Wien 1993, S. 5-8.

Hauser, J. et al. (1998): Kritische Erfolgsfaktoren für das Management räumlich verteilter Produktentwicklungsprojekte. In: VDI Berichte Nr. 1435, Düsseldorf 1998, S. 319-338.

Hayek, F. A. (1945): The Use of Knowledge in Society. In: The American Economic Review, Vol. 35, No. 4, 1945, S. 519-530.

Heinen, E. (1991): Betriebswirtschaftslehre und Industriebetriebslehre. In: Industriebetriebslehre. 9. vollst. neu bearb. und erw. Aufl., Wiesbaden 1991.

Heisel, U. (2000): SFB 467 – Teilprojekt C1: Kooperative Planung und Steuerung in dynamischen Prozessketten. (http://www.sfb467.uni-stuttgart.de/projekte/c1/ inhalt.html)

Henzler, H. A. (1992): Die Globalisierung von Unternehmen im internationalen Vergleich. In: Zeitschrift für Betriebswirtschaft, 2. Ergänzungsheft, 1992, S. 83-98.

Herstatt, C. / Hippel, E. von (1997): Developing New Product Concepts via the Lead User Method: A Case Study in a „Low-Tech" Field. In: Tushman, M. L. / Anderson, P. (Hrsg.): Managing Strategic Innovation and Change. New York 1997, S. 376-384.

Herten, H.-J. (1987): Internationales Projektmanagement. Dissertation Aachen 1987.

Hesch, G. (1997): Das Menschenbild neuer Organisationsformen. Wiesbaden 1997.

Heurung, R. (1999): Internationalisierung der Rechnungslegung. In: WISU, 28. Jg., Heft 3, 1999, S. 297-301.

Hill, C. W. L. (1990): Cooperation, Opportunism, and the Invisible Hand: Implications for Transaction Cost Theory. In: Academy of Management Review, Vol. 15, No. 3, 1990, S. 500-513.

Hill, W. / Fehlbaum, R. / Ulrich, P. (1994): Organisationslehre 1. Ziele, Instrumente und Bedingungen der Organisation sozialer Systeme. 5., überarb. Aufl., Bern-Stuttgart-Wien 1994.

Hiller, F. (1997): Ein Konzept zur Gestaltung von Änderungsprozessen in der Produktentwicklung. Dissertation Kaiserslautern 1997.

Hippel, E. von (1978): A Customer-Active Paradigm for Industrial Product Idea Generation. In: Research Policy, Vol. 7, No. 1, 1978, S. 240-266.

Hippel, E. von (1982): Successful Industrial Products from Customer Ideas. In: Tushman, M. L. / Moore, W. L. (Hrsg.): Readings in the Management of Innovation. Cambridge, Massachusetts, 1982, S. 409-423.

Hitt, M. R. et al. (1991): Effects of Acquisitions on R&D Inputs and Outputs. In: Academy Management Journal, Vol. 34, No. 3, 1991, S. 693-706.

Höfer, C. E. (1998): Betriebswirtschaftliche Bewertung von Qualifizierungsinvestitionen. Wiesbaden 1997.

Hoffmann, H. (1996): Kreativität. München 1996.

Hofstede, G. (1993): Die Bedeutung von Kultur und ihren Dimensionen im Internationalen Management. In: Haller, M. et al. (Hrsg.): Globalisierung der Wirtschaft – Einwirkungen auf die Betriebswirtschaftslehre. Bern-Stuttgart-Wien 1993, S. 127-148.

Homburg, C. / Schneeweiß, C. (1997): Hierarchisch-partizipative Koordinationsprozesse in dezentralen Organisationen. In: Zeitschrift für Betriebswirtschaft, 67. Jg., Heft 7, 1997, S. 759-779.

Hoopes, D. G. / Postrel, S. (1999): Shared Knowledge, „Glitches", and Product Development Performance. In: Strategic Management Journal, Vol. 20, 1999, S. 837-865.

Horváth, P. (1997): SFB 374 – Teilprojekt B3: Kostenmanagement im Prozess des Rapid Prototyping. In: Bullinger, H.-J. (Hrsg.): Sonderforschungsbereich 374: Entwicklung und Erprobung innovativer Produkte – Rapid Prototyping. Ergebnisbericht 01.10.1994 – 31.12.1997. Universität Stuttgart 1997, S. 175-244.

Horváth, P. / Lamla, J. / Höfig, M. (1994): Rapid Prototyping – der schnelle Weg zum Produkt. In: Harvard Business manager, 16. Jg., Heft 3, 1994, S. 42-53.

Hummel, S. / Männel, W. (1990): Kostenrechnung 1 – Grundlagen, Aufbau und Anwendung. 4., völlig neu bearb. und erw. Aufl., Wiesbaden 1990.

Jacob, A.-F. (1991): Finanzierungsregeln, Vertrauenskapital und Risikoaversion. In: Kistner, K.-O.; Schmidt, R.: Unternehmensdynamik: Horst Albach zum 60. Geburtstag, Wiesbaden 1991, S. 111-131.

Jacobs, O. H. / Oesterreicher, A. / Rheinboldt, R. / Krahmer, E.: D. (1999): Die Ursachenrechnung zur Beurteilung der wirtschaftlichen Lage von (Konzern-)Unternehmen mit Hilfe von Kennzahlen. In: Zeitschrift für Betriebswirtschaft, 69. Jg., Heft 5-6, 1999, S. 643-666.

Jensen, M. C. / Meckling, W. H. (1976): Theory of the Firm: Managerial Behavior, Agency Costs and Owndership Structure. In: Journal of Financial Economics, Vol. 3, 1976, S. 305-360.

Johne, F. A. / Sneslon, P. A.(1989): Product Development Approaches in Established Firms. In: Industrial Marketing Management, Vol.18, 1989, S. 113-124.

Jones, G. K. / Davis, H. J. (2000): National Culture and Innovation: Implications for Locating Global R&D Operations. In: Management International Review, Vol. 40, No. 1, 2000, S. 11-39.

Kahn, K. B. / McDonough, E. F. (1997): An Empirial Study of the Relationships among Co-location, Integration, Performance, and Satisfaction. In: Product Innovation Management, No. 14, 1997, S. 161-178.

Kanter, R. M. (1999): Managing the Extended Enterprise in a Globally Connected World. In: Organizational Dynamics, 1999, S. 7-23.

Kappler, E. / Rehkugler, H. (1991): Konstitutive Entscheidungen. In: Heinen, E. (Hrsg.): Industriebetriebslehre. 9. vollst. neu bearb. und erw. Aufl., Gabler: Wiesbaden 1991, S. 73-240.

Kaufer, E. (1980): Industrieökonomik. München 1980.

Keller, W. / Teichert, K. (1991): Kennen Sie die Wirtschaftlichkeit Ihrer Produktvarianten? In: Kostenrechnungspraxis, 35. Jg., Heft 5, 1991, S. 231-238.

Kern, W. / Schröder, H.-H. (1977): Forschung und Entwicklung in der Unternehmung. Reinbeck bei Hamburg 1977.

Kieser, A. (1995a): Anleitung zum kritischen Umgang mit Organisationstheorien. In: Kieser, A. (Hrsg.): Organisationstheorien. 2. überarb. Aufl., Stuttgart-Berlin-Köln 1995, S. 1-30.

Kieser, A. (1995b): Der Situative Ansatz. In: Kieser, A. (Hrsg.): Organisationstheorien. 2. überarb. Aufl., Stuttgart-Berlin-Köln 1995, S. 155-184.

Kieser, A. (1995c): Human Relations-Bewegung und Organisationspsychologie. In: Kieser, A. (Hrsg.): Organisationstheorien. 2. überarb. Aufl., Stuttgart-Berlin-Köln 1995, S. 91-121.

Kieser, A. / Hegele, C. / Klimmer, M. (1998): Kommunikation im organisatorischen Wandel. Stuttgart 1998.

Kieser, A. / Kubicek, H. (1992): Organisation. 3., völlig neu bearb. Aufl., Berlin-New York 1992.

Kirchmann, E. M. W. (1994): Innovationskooperation zwischen Herstellern und Anwendern. Wiesbaden 1994.

Kleedörfer, R. (1998a): Prozess- und Änderungsmanagement der Integrierten Produktentwicklung. Dissertation München 1998.

Kleedörfer, R. (1998b): Auswirkungserfassung und Änderungsplanung. In: Lindemann, U. / Reichwald, R. (Hrsg.): Integriertes Änderungsmanagement. Berlin-Heidelberg u.a. 1998, S. 193-203.

Kleinaltenkamp, M. / Wolters, H. (1997): Die Gestaltung von Systempartnerschaften zwischen Automobilherstellern und ihren Zulieferern – eine spieltheoretische Analyse. In: Schreyögg, G. / Sydow, J. (1997): Managementforschung 7 – Gestaltung von Organisationsgrenzen. Berlin-New York 1997, S. 45-78.

Knupfer, S. (1994): Organisation und Prozessinnovation. Frankfurt a. M. u.a.1994.Knyphausen-Aufseß, D. zu (1999): Theoretische Perspektiven der Entwicklung von Regionalnetzwerken. In: Zeitschrift für Betriebswirtschaft, 69. Jg., Heft 5-6, 1999, S. 593-616.

Kolks, U. (1987): Konfigurationsmanagement – Eine Methode zur Bewältigung von Änderungsprozessen in Softwareprojekten. In: Zeitschrift für Führung und Organisation, 56. Jg., Heft 4, S. 249-254.

Koller, H. / Raithel, U. / Wagner, E. (1998): Internationalisierungsstrategien mittlerer Industrieunternehmen am Standort Deutschland. In: Zeitschrift für Betriebswirtschaft, 68. Jg., Heft 2, 1998, S. 175-203.

Konrad, E. (1998): F&E-Kooperationen und internationale Wettbewerbsfähigkeit. Wiesbaden 1998.

Kosiol, E. (1976): Organisation der Unternehmung. 2. Aufl., Wiesbaden 1976.

Krause, F.-L. et al. (1995): Verteilte Systeme zur Unterstützung teamorientierter Produktentwicklungsprozesse. In: Konstruktion, 47. Jg., 1995, S. 385-400.

Krause, F.-L. / Jansen, H. / Kiesewetter, T. (1996): Verteilte, kooperative Produktentwicklung. In: Zeitschrift für wirtschaftlichen Fabrikbetrieb, 91. Jg., Heft 4, 1996, S. 147-151.

Krause, F.-L. / Tang, T. / Ahle, U. (1998): Virtuelle Produktentstehung. In: VDI-EKV (Hrsg.): Prozessketten für die virtuelle Produktentwicklung in verteilter Umgebung. Düsseldorf 1998, S. 1-12.

Krystek, U. / Redel, W. / Reppegather, S. (1997): Grundzüge virtueller Organisationen. Wiesbaden 1997.

Krystek, U. / Zur. E. (1997): Ausgangspunkte der Internationalisierung. In: Krystek, U. / Zur, E. (Hrsg.): Internationalisierung – Eine Herausforderung für die Unternehmensführung. Berlin, Heidelberg u.a. 1997, S. 3-18.

Kubicek, H. (1977): Heuristische Bezugsrahmen und heuristisch angelegte Forschungsdesigns als Elemente einer Konstruktionsstrategie empirischer Forschung. In: Köhler, R. (Hrsg.): Empirische und handlungstheoretische Forschungskonzeptionen in der BWL, Stuttgart 1977, S. 3-36.

Küpper, H.-U. (1997): Controlling. 2. aktual. und erg. Aufl., Stuttgart1997.

Kupsch, P. U. / Marr, R. / Picot, A. (1991): Innovationswirtschaft. In: Heinen, E. (Hrsg.): Industriebetriebslehre. 9., vollst. neu bearb. und erw. Aufl., Wiesbaden 1991.

Lay, G. / Wallmeier, W. (1999): Automobilzulieferer – Quo vadis? Mitteilungen aus der Produktionsinnovationserhebung des Fraunhofer-Instituts für Systemtechnik und Innovationsforschung ISI Karlsruhe 1999.

Lay, G. / Wengel, J. (1998): Techniktrends in der Produktionsmoderinsierung. Mitteilungen aus der Produktionsinnovationserhebung des Fraunhofer-Institut für Systemtechnik und Innovationsforschung ISI Karlsruhe 1998.

Leverick, F. / Cooper, R. (1998): Partnerships in the Motor Industry: Opportunities and Risks for Suppliers. In: Long Range Planning, Vol. 31, No. 1, S. 72-81, 1998.

Liener, G. (1992): Internationale Unternehmen brauchen eine globalisierte Rechnungslegung. In: Zeitschrift für betriebswirtschaftliche Forschung, 62. Jg., Heft 3, 1992, S. 269-292.

Lindemann, U. et al. (2000): Flexible Integration von Produktentwicklung und Montageplanung. In: Industrie Management, 16. Jg., Heft 1, 2000, S. 23-27.

Lindemann, U. / Irlinger, R. / Gaul, H.-D. (1997): Virtual Reality im Praxiseinsatz. In: Zeitschrift für wirtschaftliche Fertigung, 92. Jg., Heft 4, 1997, S. 172-174.

Lindemann, U. / Kleedörfer, R. / Gerst, M. (1998): The Development Department and Engineering Change Management. In: Birkhofer, H. (Hrsg.): Designers – the Key to Successful Product Development. London 1998. S. 169-182.

Lindemann, U. / Reichwald, R. (1998): Einleitung. In: Lindemann, U. / Reichwald, R. (Hrsg.): Integriertes Änderungsmanagement. Berlin-Heidelberg u.a. 1998, S.1-7.

Lingnau, V. (1994a): Kostenwirkungen der Variantenvielfalt. In: Kostenrechnungspraxis. 38. Jg., Heft 5, 1994, S. 307-315.

Lingnau, V. (1994b): Variantenmanagement. Berlin 1994.

Loch, C. H. / Terwiesch, C. (1999): Accelerating the Process of Engineering Change Orders: Capacity and Congestion Effects. In: Journal of Product Innovation Management, Vol. 16, 1999, S. 145-159.

Loferer, M. / Kress, M. (1997): Miteinander statt nebeneinander. In: Reinhart, G. (Hrsg.): Die Neue Fabrik. Landsberg 1997, S. 44-46.

Luczak, H. / Eversheim, W. (1999): Telekooperation. Berlin-Heidelberg u.a. 1999.

Lullies, V. / Bollinger, H. / Weltz, F. (1993): Wissenslogistik. Frankfurt/Main-New York 1993.

Macharzina, K. (1993): Steuerung von Auslandsgesellschaften bei Internationalisierungs-strategien. In: Haller, M. et al. (Hrsg.): Globalisierung der Wirtschaft – Einwirkungen auf die Betriebswirtschaftslehre. Bern-Stuttgart-Wien 1993, S. 77-110.

Macharzina, K. (1995): Unternehmensführung. 2., aktualisierte und erw. Aufl., Wiesbaden 1995.

Malone, T. W. (1997): Is Empowerment Just a Fad? Control, Decision Making, and IT. In: Sloan Management Review, Vol. 39, Winter 1997, S. 23-35.

Marcial, F. / Matthes, J. (1993): Optimierung von Geschäftsprozessen in indirekten Bereichen – Beispiel Änderungswesen. In: VDI-Z, 135. Jg., Nr. 10, 1993, S. 38-43.

Meffert, H. (1993): Wettbewerbsstrategische Aspekte der Globalisierung – Status und Perspektiven der länderübergreifenden Integration. In: Haller, M. et al. (Hrsg.): Globalisierung der Wirtschaft – Einwirkungen auf die Betriebswirtschaftslehre. Bern-Stuttgart-Wien 1993, S. 23-47.

Meffert, H. (1989): Globalisierungsstrategien und ihre Umsetzung im internationalen Wettbewerb. In. Die Betriebswirtschaft, 49. Jg., Heft 4, 1989, S. 445-463.

Mellerowicz, K. (1952): Eine neue Richtung für die Betriebswirtschaftslehre? In: Zeitschrift für Betriebswirtschaft, 22. Jg., Heft 4, 1952, S. 145-161.

Metschke, J. (1998): Optimierung des Änderungswesens im Rahmen einer betrieblichen Reorganisationsmaßnahme. Technische Universität München, Lehrstuhl für Allgemeine und Industrielle Betriebswirtschaftslehre, Diplomarbeit im Rahmen des Arbeits- und Wirtschaftswissenschaftlichen Aufbaustudiums, September 1998.

Meier-Kortwig, K. (1998): Entwicklung komplexer Großserienprodukte. Wiesbaden 1998.

Meyer, A. de (1991): Tech Talk: How Managers are Stimulating Global R&D Communication. In: Sloan Management Review, Vol. 32, Spring, 1991, S. 49-58.

Meyer, A. de / Mizushima, A. (1989): Global R&D Management. In: R&D Management, Vol. 19, No. 2, 1989, S. 135-146.

Milberg, J. (1998): Perspektiven für die Produktion aus der Sicht des Fahrzeugbaus – Agilität als Wettbewerbsfaktor. In: Uhlmann, E. (Hrsg.): Technologiemanagement. PTK 98, IX. Internationales Produktionstechnisches Kolloquium, Berlin 1998, S. 29-38.

Miller, J. G. / Vollmann, T. E. (1985): The Hidden Factory. In: Harvard Business Review, Vol. 63, No. September-October 1985, S. 142-150.

Möslein, K. (1999): Organisation und Visualisierung. Dissertation München 1999.

Moselhi, O. / Leonard, C. / Fazio, P. (1991): Impact of change orders on construction productivity. In: Canadian Journal of Civil Engineering, Vol. 18, 1991, S. 484-492.

Mraz, C. (1998): Prozeßoptimierung im Rahmen der Internationalisierung der Kostenermittlung und Konstruktionsfreigabe bei einem Automobilzulieferer. Technische Universität München, Lehrstuhl für Allgemeine und Industrielle Betriebswirtschaftslehre, Diplomarbeit im Rahmen des Arbeits- und Wirtschaftswissenschaftlichen Aufbaustudiums, Dezember 1998.

Munser, R. K. (1998): Die Koordination kooperativer Forschung und Entwicklung. In: iomanagement, Heft 11, 1998, S. 18-24.

Nelson, P. (1970): Information and Consumer Behavior. In: The Journal of Political Economy, Vol. 78, 1970, S. 311-329.

Nelson, P. (1974): Advertising as Information. In: The Journal of Political Economy, Vol. 82, 1974, S. 729-753.

Nippa, M. / Reichwald, R. (1990): Theoretische Überlegungen zur Verkürzung der Durchlaufzeit in der industriellen Entwicklung. In: Reichwald, R. / Schmelzer, H. J. (Hrsg.): Durchlaufzeiten in der Entwicklung. München-Wien 1990, S. 65-114.

Nordsieck, F. (1955): Rationalisierung der Betriebsorganisation. 2. Aufl., Stuttgart 1955.

Nordsieck, F. (1964): Betriebsorganisation. 2. Aufl., Stuttgart1964.

Nordsieck-Schröer, H. (1961): Organisationslehren. Stuttgart 1961.

Oestreicher, A. / Spengel, C. (1997): Rechnungslegungspolitik, Besteuerung und Analyse von Jahresabschlüssen im internationalen Vergleich. In: Zeitschrift für Betriebswirtschaft 67. Jg., Heft 10, 1997, S. 1027-1055.

Opp, K.-D. (1976): Methodologie der Sozialwissenschaften. Reinbek bei Hamburg 1976.

Ordelheide, D. (1993): Institutionelle Theorie und Unternehmung. In: Wittmann, W. et al. (1993): Handwörterbuch der Betriebswirtschaft. 5. völlig neu gestaltete Aufl., Stuttgart: 1993, Sp. 1838-1855.

Ortmann, G. / Sydow, J. (1999): Grenzmanagement in Unternehmungsnetzwerken: Theoretische Zugänge. In: Die Betriebswirtschaft, 59. Jg., Heft 2, S. 205-220.

Pausenberger, E. (1992): Organisation der Internationalen Unternehmung. In: Frese, E. (Hrsg.): Handwörterbuch der Organisation. Stuttgart 1992, Sp. 1052-1066.

Pay, D. de (1990): Kulturspezifische Determinanten der Organisation von Innovationsprozessen. In: Albach, H. (Hrsg.): Innovationsmanagement. Wiesbaden 1990, S. 131-175.

Pearce, R. / Papanastassiou, M. (1996): R&D Networks and Innovation: Decentralised Product Development in Multinational Enterprises. In: R&D Management, 26. Vol. No. 4, 1996, S. 315-333.

Perlitz, M. (1999): Internationales Management. In: Bitz, M. / Dellmann, K. / Domsch, M. / Wagner, F. W.: Vahlens Kompendium der Betriebswirtschaftslehre. 2. völlig überarb. Aufl., München 1999, S. 393-438.

Perrow, C. (1967): A Framework for the Comparative Analysis of Organizations. In: American Sociological Review, 1967, S. 194-207.

Pflicht, W. (1989): Technisches Änderungswesen in Produktionsunternehmen. Berlin-Offenbach 1989.

Picot, A. (1997a): Qualitätsmanagement im Spannungsfeld zwischen BWL und Ingenieurwissenschaften. In: Die Betriebswirtschaft, 57. Jg. Heft 2, 1997, S. 285-287.

Picot, A. (1997b): Information als Wettbewerbsfaktor – Veränderungen in Organisation und Controlling. In: Picot, A.: Information als Wettbewerbsfaktor. Stuttgart 1997, S. 175-199.

Picot, A. (1991a): Ein neuer Ansatz zur Gestaltung der Leistungstiefe. In: Zeitschrift für betriebswirtschaftliche Forschung, 43. Jg., Heft 4, 1991, S. 336-357.

Picot, A. (1991b): Ökonomische Theorien der Organisation – Ein Überblick über neuere Ansätze und deren betriebswirtschaftliches Anwendungspotential. In: Ordelheide, D. / Rudolph, B. / Büsselmann, E. (Hrsg.): Betriebswirtschaftslehre und Ökonomische Theorie. Stuttgart: 1991, S. 143-170.

Picot, A. (1982): Transaktionskostenansatz in der Organisationstheorie: Stand der Diskussion und Aussagewert. In: Die Betriebswirtschaft, 42. Jg., 1982, S. 267-284.

Picot, A. / Dietl, H. / Franck, E. (1997): Organisation. Stuttgart 1997.

Picot, A. / Franck, E. (1995): Prozeßorganisation. In: Nippa, M. / Picot, A.: Prozeßmanagement und Reengineering. Frankfurt/M.-New York 1995, S. 13-38.

Picot, A. / Laub, U. / Schneider, D. (1988): Innovative Unternehmensgründungen aus transaktionskostentheoretischer Sicht – Ergebnisse einer empirischen Untersuchung. Referat auf der Tagung des Ausschusses „Industrieökonomik" im Verein für Socialpolitik. Manuskript, Nürnberg 1988, S. 13-36.

Picot, A. / Reichwald, R. (1987): Bürokommunikation – Leitsätze für Anwender, 3. Aufl., Halbergmoos, 1987.

Picot, A. / Reichwald, R. (1991): Informationswirtschaft. In: Heinen, E. (Hrsg.): Industriebetriebslehre. 9. vollst. neu bearb. und erw. Aufl., Wiesbaden 1991, S. 241-393.

Picot, A. / Reichwald, R. (1994): Auflösung der Unternehmung. In: Zeitschrift für Betriebswirtschaft, 64. Jg., Heft 5, 1994, S. 547-570.

Picot, A. / Reichwald, R. / Nippa, M. (1988): Zur Bedeutung der Entwicklungsaufgabe für die Entwicklungszeit – Ansätze für die Entwicklungszeitgestaltung. In: Zeitschrift für Betriebswirtschaft-Sonderheft 23, 1988, S. 112-137.

Picot, A. / Reichwald, R. / Wigand, R. T. (1996): Die grenzenlose Unternehmung. Wiesbaden 1996.

Picot, A. / Schneider, D. (1988): Unternehmerisches Innovationsverhalten, Verfügungsrechte und Transaktionskosten. In: Budäus, D. / Gerum, E. / Zimmermann, G. (Hrsg.): Betriebswirtschaftslehre und Theorie der Verfügungsrechte. Wiesbaden 1988, S. 91-118.

Piller, F. T. / Waringer, D. (1999): Modularisierung in der Automobilindustrie – neue Formen und Prinzipien. Aachen 1999.

Pine, B.J. (1993): Mass Customization. The New Frontier in Business Competition, Boston, Mass. 1993.

Prahalad, C. K. (1990) / Hamel, G.: The Core Competence of the Corporation. In: Harvard Business Review, Vol. 68, No. 3, S. 79-91.

Pribilla, P. / Reichwald, R. / Goecke, R. (1996): Telekommunikation im Management. Stuttgart 1996.

Pugh, D. S. (1981): The Aston program perspective: The Aston program of research. Retrospect and prospect. In: Ven, A. H. / Joyce, W. F. (Hrsg): Perspectives on Organization Design and Behavior. New York u.a. 1981, S. 155-166.

Pugh, D. S. / Hickson, D. J. (1976): Organizational Structure in its Context. The Aston Programme I. Westmead.

Reger, G. (1999): How R&D is coordinated in Japanese and European multinationals. In: R&D Management, Vol. 29, No. 1, 1999, S.71-88.

Reger, G. (1997): Mechanismen zur Koordination von Forschung und Innovation im internationalen Unternehmen. In: Gerybadze, A. / Meyer-Krahmer, F. / Reger, G. (Hrsg.): Globales Management von Forschung und Innovation. Stuttgart 1997, S. 82-132.

Reichwald, R. (2000): Anwenderfreundliche Kommunikationssystemen – Das Innovationsfeld „Mensch-Maschine-Interaktion". In: Reichwald, R. / Lang, M. (Hrsg.): Anwenderfreundliche Kommunikationssysteme. Heidelberg 2000, S. 1-7.

Reichwald, R.; Aßmann, G.; Papke, M.; Riedel, D. (1998): Änderungsmanagement: Einführung in die Praxis. In: Reinhart, G.; Bender, ;K.; Heinzl, J.; Lindemann, U.; Milberg, J.; Preiffer, F.; Reichwald, R. (Hrsg.): Transferbereich 2 – Montageautomatisierung durch Integration von Konstruktion und Planung, Kolloquium 06.02.98. München, Technische Universität München (Eigenverlag), 1998, S. 50-65.

Reichwald, R. / Bastian, C. (1999): Führung von Mitarbeitern in verteilten Organisationen. In: Egger, A. / Grün, O. / Moser, R. (Hrsg.): Managementinstrumente und –konzepte. Stuttgart 1999, S. 141-162.

Reichwald, R. / Conrat, J.–I. (1994): Vermeidung von Änderungskosten durch Integrationsmaßnahmen im Entwicklungsbereich – ein Ansatz mit hohen Rationalisierungseffekten auch im direkten Bereich. In: Zülch, G. (Hrsg.): Vereinfachen und Verkleinern – die neuen Strategien in der Produktion. Stuttgart, 1994, S. 221–245.

Reichwald, R. / Conrat, J.-I. (1995): Integrationslösungen für die Produktentwicklung – Eine Wirtschaftlichkeitsbetrachtung auf Basis von Änderungen. In: VDI-Z, 137 Jg., Heft 5, 1995, S. 58-60.

Reichwald, R. / Conrat, J.-I. (1996): Engineering Change Data Management – Ein Ansatz zur Prozessoptimierung in der Produktentwicklung. In: Zeitschrift für wirtschaftlichen Fabrikbetrieb, 91. Jg., Heft 9, 1996, S. 398-401.

Reichwald, R. / Höfer, C. / Weichselbaumer, J. (1996): Erfolg von Reorganisationsprozessen. Stuttgart 1996.

Reichwald, R. / Koller, H. (1996): Die Dezentralisierung als Maßnahme zur Förderung der Lernfähigkeit von Organisationen – Spannungsfelder auf dem Weg zu neuen Innovationsstrategien. In: Bullinger, H.-J. (Hrsg.): Lernende Organisationen. Stuttgart 1996, S. 105-153.

Reichwald, R. / Lindemann, U. / Riedel, D. (1998): Zukünftige Bedeutung des Änderungsmanagements. In: Lindemann, U. / Reichwald, R. (Hrsg.): Integriertes Änderungsmanagement. Berlin-Heidelberg u.a. 1998, S. 276-282.

Reichwald, R. et al. (1998): Telekooperation – Verteilte Arbeits- und Organisationsformen. Berlin-Heidelberg-New York u.a.1998.

Reichwald, R.; Möslein, K.; Riedel, D.(1997): Telekooperation - Arbeitsform der Informationsgesellschaft. In: Technologie& Management, 46. Jg., Heft 4, 1997, S. 20-23.

Reichwald, R. / Möslein, K. (1999): Organisation: Strukturen und Gestaltung. In: Frey, D. / Hoyos, C. Graf (Hrsg.): Arbeits- und Organisationspsychologie, Göttingen 1999, S. 29-49.

Reichwald, R. / Möslein, K. (2000): Nutzenpotentiale und Nutzenrealisierung in verteilten Organisationsstrukturen. Zeitschrift für Betriebswirtschaft, 2. Ergänzungsheft, 2000, S. 117-136.

Reichwald, R. / Papke, M. / Riedel, D. / Aßmann, G. (1998): Änderungsmanagement – Einführung in die Praxis. In: Reinhart, G. et al. (Hrsg.): Transferbereich 2 – Montageautomatisierung durch Integration von Konstruktion und Planung. Kolloquium 6. Februar 1998. München 1998, S. 50-65.

Reichwald, R. / Riedel, D. / Schmalzl, B. / Stöckler, A. (1998): Abstimmungsverfahren im Produktentwicklungsprozess. Interner Bericht, Technische Universität München 1997.

Reichwald, R. / Riedel, D. (2000): Technische Produktänderungen in verteilten Wertschöpfungsketten. In: Wildemann, H. (Hrsg.): Supply Chain Management, München 2000, S. 153-174.

Reichwald, R./Riedel, D./Weichselbaumer, J. (1997): Bewertung von BPK-Konzepten anhand von wettbewerbsrelevanten Zielen, In: Lorscheider, B. Unger, H. Henning, K. (Hrsg.): Möglichkeiten der gegenseitigen Beteiligung an Produktion und Konstruktion (BPK), Aachen 1997, S. 183-208.

Reidelbach, M. A. (1991): Engineering Change Management for Long-Lead-Time Production Environments. In: Production and Inventory Management Journal, Vol. 32, No. 2, 1991, S. 84-88.

Reinhart, G. (1997): Sonderforschungsbereich 336: Montageautomatisierung durch Integration von Konstruktion und Planung. Finanzierungsantrag 1998 – 1999 – 2000. Technische Universität München 1994.

Reinhart, G. et al. (2000): Flexible Produktentwicklung und Montageplanung mit integrierten Prozessbausteinen. In: Zeitschrift für wirtschaftlichen Fabrikbetrieb, 95. Jg., Heft 1, 2000, S. 19-23.

Reinhart, G. / Lindemann, U. / Heinzl, J. (1996): Qualitätsmanagement. Berlin-Heidelberg u.a. 1996.

Reinhart, G. / Weißenberger, M. (1997): Eigenschaftsoptimierung am virtuellen Prototyp. In: Zeitschrift für wirtschaftlichen Fabrikbetrieb, 92. Jg., Heft 11, 1997, S. 571-574.

Reiß, M. / Rosenstiel, L. von / Lanz, A. (Hrsg./1997): Change Management. Stuttgart 1997.

Repschlaeger, M. / Riedel, D. (1995): Mobile Büros. Berlin-Offenbach 1995.

Rickert, D. (1995): Multi-Projektmanagement in der industriellen Forschung und Entwicklung. Wiesbaden1995.

Ried, C. (1998): Einführung eines einheitlichen Änderungsmanagementsystems in der Automobilindustrie. Technische Universität München, Lehrstuhl für Konstruktion im Maschinenbau, Diplomarbeit im Rahmen Maschinenbaustudiums, Dezember 1998.

Riedel, D. (1998): Gesamtheitliche wirtschaftliche Bewertung und Entscheidung. In: Lindemann, U. / Reichwald, R. (Hrsg.): Integriertes Änderungsmanagement. Berlin-Heidelberg u.a. 1998, S.204-215.

Riedel, D. (1999): Management of Integrated Development and Modification Processes with Separated Locations. In: Lindemann, U. et al.: Proceedings of ICED99, München 1999, S. 1683-1686.

Riedel, D.; Voigt, P. (1998): Management und Organisation. In: Lindemann, U.; Reichwald, R.: Integriertes Änderungsmanagement. Berlin u.a.: Springer 1998, S. 61–74.

Rilling, G. (1996): Koordination im Produktionsverbund. Dissertation München 1996.

Rosenstiel, L. von (1993): Interkulturelle Managemententwicklung. In: Haller, M. et al. (Hrsg.): Globalisierung der Wirtschaft – Einwirkungen auf die Betriebswirtschaftslehre. Bern-Stuttgart-Wien 1993, S. 171-192.

Rotering, C. (1990): Forschungs- und Entwicklungskooperationen zwischen Unternehmen. Stuttgart 1990.

Rüdiger, M. / Vanini, S. (1998): Das Tacit knowledge-Phänomen und seine Implikationen für das Innovationsmanagement. In: Die Betriebswirtschaft, 58. Jg., Heft 4, 1998, S. 467-480.

Rupprecht-Däullary, M. (1994): Zwischenbetriebliche Kooperation. DUVWiesbaden 1994.

Sachenbacher, H. C. (2000): Controlling in telekooperativen Strukturen. Dissertation München 2000.

Saynisch, M. (1984): Konfigurationsmanagement. Köln 1984.

Saynisch, M. (1998): Neue Herausforderungen an das Konfigurationsmanagement. In: Handbuch der modernen Datenverarbeitung; 48. Jg., Heft 203, 1998, S. 84-100.

Saxton, T. (1997): The Effects of Partner and Relationship Characteristics on Alliance Outcomes. In: Academy of Management Journal, Vol. 40, No. 2, S. 443-461.

Schätzle, M. (1997): Geschäftsprozessoptimierung von Entwicklungs- und Änderungsprozessen eines international tätigen Automobilzulieferers. Technische Universität München, Lehrstuhl für Konstruktion im Maschinenbau, Diplomarbeit im Rahmen des Maschinenbaustudiums, Nr. 776, September 1998.

Schellhaaß, H. M. (1991): Der Aufbau von Reputation zur Steuerung des Marktzutritts. Thesenpapier zur Vorlesung Wettbewerbstheorie und –politik, Technische Universität Berlin 1991.

Schill, A. (1995): Multimedia-Anwendungen und moderne Telekommunikationssysteme. Information Management, 10. Jg., Heft 4, 1995, S. 26-33.

Schlicksupp, H. (1977): Kreative Ideenfindung. Berlin-New York 1977.

Schmalzl, B. (1993): Dokumentenorientierter Änderungsdienst. In: Zeitschrift für wirtschaftlichen Fabrikbetrieb, 88. Jg., Heft 5, 1993, S. 209-211.

Schmalzl, B.; Riedel, D. (1998): Der Mitarbeiter als zentraler Leistungsträger. In: Lindemann, U.; Reichwald, R.: Integriertes Änderungsmanagement. Berlin u.a.: Springer 1998, S. 75–93.

Schmalzl, B. / Schröder, J. (1998): Managementkonzept im Wettstreit. München 1998.

Schmelzer, H. J. (1990): Steigerung der Effektivität und Effizienz durch Verkürzung der Entwicklungszeiten. In: Reichwald, R. / Schmelzer, H. J. (Hrsg.): Durchlaufzeiten in der Entwicklung. München-Wien 1990, S. 27-64.

Schmelzer, H. J. (1992): Organisation und Controlling von Produktentwicklungen. Stuttgart 1992.

Schmidt, G. (1980): Erhebungstechniken. In: Grochla, E. (Hrsg.): Handwörterbuch der Organisation. Stuttgart 1980, Sp. 660-672.

Schmoeckel, D. / Liebler, B. C. / Schindele, S. (1995): Kooperation zwischen Unternehmen der Automobilzulieferindustrie. In: VDI-Z, 137. Jg, Nr. 5, 1995, S. 36-38.

Schnelder, D. / Zieringer, C. (1991): Make-or-Buy-Strategien für F&E. Wiesbaden 1991.

Schrader, S. (1990): Zwischenbetrieblicher Innovationstransfer. Berlin 1990,

Schreiber, W. (1994): Simultaneous Engineering und Konfigurationsmanagement. In: Projektmanagement, Heft 4, 1994, S. 17-24.

Schrempp, J. (1997): Geleitwort. In: Krystek, U. / Zur, E. (Hrsg.): Internationalisierung – Eine Herausforderung für die Unternehmensführung. Berlin, Heidelberg u.a. 1997, S. V-VI (Geleitwort).

Schreyögg, G. (1978): Umwelt, Technologie und Organisationsstruktur. Eine Analyse des kontingenztheoretischen Ansatzes. Bern-Stuttgart 1978.

Schreyögg, G. (1993): Unternehmenskultur zwischen Globalisierung und Regionalisierung. In: Haller, M. et al. (Hrsg.): Globalisierung der Wirtschaft – Einwirkungen auf die Betriebswirtschaftslehre. Bern-Stuttgart-Wien 1993, S. 149-170.

Schulte, C. (1989): Produzieren Sie zu viele Varianten? In: Harvardmanager, 11. Jg., Heft 2, 1989, S. 60-66.

Schunk, G. (1982): Internationale Zusammenarbeit in hochtechnologischen Bereichen. Baden-Baden 1982.

Seibert, S. (1998): Technisches Management. Stuttgart-Leipzig 1998.

Seiffert, H. (1983): Einführung in die Wissenschaftstheorie, Band 1. 10., überarb. u. erw. Aufl.,München 1983.

Shapiro, C. (1983): Premiums for High Quality Products as Returns to Reputations. In: Quarterly Journal of Economics, Vol. 98, S. 659-679.

Simon, H. A. / Guetzkow, H. / Kosmetsky, G. T. (1954): Centralization in Organizing the Controller´s Department. Working Paper, Graduate School of Industrial Administration, Carnegie Institute of Technology, 1954.

Smith, A. (1776): An Inquiry into the Nature and Causes of the Wealth of Nations. London 1776.

Smith, R. P. / Eppinger, S. D. (1997): Identifying Controlling Features of Engineering Design Iteration. In: Management Science, Vol. 43, No. 3, 1997, S. 276-293.

Soderberg, L. G. (1989): Facing up the engineering gap. In: McKinsey Quarterly, Spring, 1989, S. 2-18.

Specht, G. / Beckmann, C. (1996): F&E-Management. Stuttgart 1996.

Specht, G. / Perillieux, R. (1988): Erfolgsfaktoren technischer Führer- und Folgerpositionen auf Investitionsgütermärkten. In: Schmalenbachs Zeitschrift für betriebswirtschaftliche Forschung, 40. Jg., 1988, S. 204-226.

Spors, K. (1998): Der Produktentstehungsprozess (PEP) eines Pkw, betrachtet unter dem Einsatz von Telekooperationstechniken. In: Anderl, R. / Encarnação, J. L. / Rix, J. (Hrsg.): Tele-CAD – Produktentwicklung in Netzwerken. Tagungsband CAD '98, Darmstadt 1998, S. 293-305.

Springer, J. / Herbst, H. / Schlick, C. (1996): Persönliche Kommunikation und Telekooperation – Anforderungen an telekooperative CAD-Systeme. In: Bödner, P. / Paul, H. / Hamburg, I. (Hrsg.): Kooperative Konstruktion und Entwicklung. München 1996, S. 183-211.

Spur, G. (1998): Technologiemanagement: Eine Herausforderung für Ingenieure. In: Uhlmann, E. (Hrsg.): Technologiemanagement. PTK 98, IX. Internationales Produktionstechnisches Kolloquium, Berlin 1998, S. 73-82.

Spur, G. / Krause, F.-L. (1997): Das virtuelle Produkt: Management der CAD-Technik. München-Wien 1997.

Staehle, W. H. (1987): Management – Eine verhaltenswissenschaftliche Einführung. 3., verbesserte und erw. Aufl., München 1987.

Stetter, R. / Pache, M. (1998): Körperliche Modelle in der Produktentwicklung. In: Reinhart, G. / Milberg, J. (Hrsg.): Rapid Prototyping: Effizienter Einsatz von Modellen in der Produktentwicklung. München 1998, o. S., Abschnitt 2.

Stanke, A. / Berndes, S. (1997): Simultaneous Engineering als Strategie zur Überwindung von Effizienzsenken. In: Bullinger, H.-J. / Warschat, J. (Hrsg.): Forschungs- und Entwicklungsmanagement. Stuttgart 1997, S. 15-28.

Streitz, N. A. (2000): Beyond Desktops: Cooperative Buildings as the Places for Work and Cooperation. In: Reichwald, R. / Lang, M. (Hrsg.): Anwenderfreundliche Kommunikationssysteme. Heidelberg 2000, S. 165-190.

Subramaniam, M. / Rosenthal, S. R. / Hatten, K. J. (1998): Global New Product Development Processes: Preliminary Findings and Research Propositions. In: Journal of Management Studies, Vol. 35, No. 6, 1988, S. 773-796.

Sydow, J. (1992): Strategische Netzwerke: Evolution und Organisation. Wiesbaden 1992.

Taggart, J. H. (1998): Determinants of increasing R&D complexity in affiliates of manufacturing multinational corporations in the UK. In: R&D Management, 28. Vol., No. 2, 1998, S. 101-110.

Terwiesch, C. / Loch C. H. (1999): Managing the Process of Engineering Change Orders: The Case of the Climate Control System in Automobile Development. In: Journal of Product Innovation Management, Vol. 16, 1999, S. 160-172.

Thom, N. / Etienne, M. (1997): Betriebliches Vorschlagswesen: Vom klassischen Modell zum modernen Ideen-Management. In: WISU, 26. Jg., Heft 6, 1997, S. 564-570.

Tomczak, T. (1992): Forschungsmethoden in der Marketingwissenschaft – Ein Plädoyer für den qualitativen Forschungsansatz. In: Marketing: Zeitschrift für Forschung und Praxis, 14. Jg., Heft ?, 1992, S. 77-87.

Tschauder, W. (1977): Organisation des technischen Änderungswesens – Ergebnis einer wertanalytischen Studie. In: DIN-Mitteilungen Nr. 56., Heft 3, 1977, S. 130-134.

Turgot, A. R. J. (1766): Réflexions sur la formation et la distribution des richesses. Paris 1766.

Ulich, E. (1994): Arbeitspsychologie. 3., überarb. und erw. Aufl., Stuttgart 1994.

Ulich, E. / Baitsch, C. (1987): Arbeitsstrukturierung. In: Kleinbeck, U. / Rutenfranz, J. (Hrsg.): Arbeitspsychologie. Band 1. Göttingen 1987, S. 493-531.

Ulrich, H. / Probst, G. J. B. (1991): Anleitung zum ganzheitlichen Denken und Handeln. 3. erw. Aufl., Bern-Stuttgart 1991.

Ulrich, K. T. / Eppinger, S. D. (1995): Product Design and Development. New York u.a. 1995.

VDI (Hrsg. / 1994): Erfahrungen bei der Zertifizierung nach DIN/ISO 9000 FF und auf dem Weg zu TQM. Düsseldorf 1994.

VDMA (Hrsg. / 1999): Kennzahlenkompaß. Frankfurt/Main 1999.

Voigt, P. / Conrat, J.-I. (1998): Lernorientierte Auswertung von Änderungsdaten. In: Lindemann, U. / Reichwald, R. (1998): Integriertes Änderungsmanagement. Berlin-Heidelberg u.a. 1998, S. 237-256.

Voigt, P. / Riedel, D. (1998): Effiziente Abwicklung von Änderungen. In: Lindemann, U. / Reichwald, R. (1998): Integriertes Änderungsmanagement. Berlin-Heidelberg u.a. 1998, S. 216-236.

Wahlser, W. (2000): In: Reichwald, R. / Lang, M. (Hrsg.): Anwenderfreundliche Kommunikationssysteme. Heidelberg 2000, S. 141-164.

Wallis, J. J. / North, D. C. (1986): Measuring the Transaction Sector in the American Economy 1870-1970. In: Engermann, S. L. / Gallman, R. E. (Hrsg.): Long-Term Factors in American Economic Growth, Chicago 1986, S. 95-148.

Watts, F. (1984): Engineering Changes: A Case Study. In: Production and Inventory Management, Vol. 25, No. 4, 1984, S. 55-62.

Weber, A. (1909): Über den Standort der Industrien, 1. Teil: Reine Theorie des Standorts. Tübingen 1909.

Weiber, R. / Adler, J. (1995): Informationsökonomisch begründete Typologisierung von Kaufprozessen. In: Zeitschrift für betriebswirtschaftliche Forschung, 47. Jg., Heft 1, 1995, S. 43-65.

Weichselbaumer, J. S. (1998): Kosten der Arbeitsteilung. Wiesbaden 1998.

Weizsäcker, C. C. von (1981): Rechte und Verhältnisse in der modernen Wirtschaftslehre. In: Kyklos, Vol. 34, 1981, S. 345-376.

Welge, M. / Holtbrügge, D. (1997): Theoretischen Erklärungsansätze globaler Unternehmungstätigkeit. In: WISU, 26. Jg., Heft 11, 1997, S. 1054-1061.

Wellenhofer-Klein, M. (1999): Zulieferverträge im Privat- und Wirtschaftsrecht. München 1999.

Welp, E. G. (1996): Planung und Steuerung verteilter Produktentwicklungsprozesse. In: Konstruktion, 48. Jg., 1996, S. 319-328.

Wengenroth, U. (1999): From „Science versus Art" to „Science and Art" – Reflexive Modernization in Engineering. In: Lindemann, U. / Birkhofer, H. / Meerkamm, H. / Vajna, S. (Hrsg.): Proceedings of the 12th International Conference on Engineering Design, München 1999, S. 1657-1664.

Werner, B. M. / Souder, W. E. (1997): Measuring R&D Performance - U.S. und German Practices. In: Research Technology Management, Vol. 40, No. 3, 1997, S. 28-32.

Westkämper, E. (1997): SFB 374 – Teilprojekt B2: Qualitätsmanagement im Rapid Prototyping. In: Bullinger, H.-J. (Hrsg.): Sonderforschungsbereich 374: Entwicklung und Erprobung innovativer Produkte – Rapid Prototyping. Ergebnisbericht 01.10.1994 – 31.12.1997. Universität Stuttgart 1997, S. 139-174.

Westkämper, E. et al. (1997): Dezentrale Organisations- und Planungsstrukturen für Großprojekte. In: Zeitschrift für wirtschaftlichen Fabrikbetrieb, 92. Jg., Heft 1-2, 1997, S. 22-25.

Wiebecke, G. / Tschirky, H. (1987): Interface zwischen Forschung + Entwicklung und Marketing. In: iomanagement, 56. Jg., Heft 1, S. 23-26.

Wildemann, H. (1999): Produktklinik. München 1999.

Wildemann, H. (1997): Koordination von Unternehmensnetzwerken. In: Zeitschrift für Betriebswirtschaft, 67. Jg., Heft 4, 1997, S. 417-439.

Wildemann, H. (1995): Produktionscontrolling: Systemorientiertes Controlling schlanker Produktionsstrukturen. 2., neubearb. Aufl., München 1995.

Wildemann, H. (1994): Änderungsmanagement – Leitfaden zur Einführung eines effizienten Managements technischer Änderungen. 2. Auflage, München 1994.

Wildemann, H. (1993a): Optimierung von Entwicklungszeiten: Just-In-Time in Forschung & Entwicklung und Konstruktion. München 1993.

Wildemann, H. (1993b): Unternehmensqualität: Einführung einer kontinuierlichen Qualitätsverbesserung. München 1993.

Williamson, O. E. (1993): Transaction Costs and Internal Labor Markets. In: Williamson, O. E. / Winter, S. G. (Hrsg.): The Nature of the Firm. New York-Oxford 1993, S. 90-116.

Williamson, O. E. (1981): The Economics of Organization. The Transaction Cost Approach. In: American Journal of Sociology, Vol. 87, 1981, S. 548-577.

Williamson, O. E. (1975): Markets and Hierarchies: Analysis and Antitrust Implications. A Study in the Economics of Internal Organization, New York 1975.

Winnacker, E.-L. (1999): In aller Öffentlichkeit und Offenheit. In: forschung – Das Magazin der Deutschen Forschungsgemeinschaft. 20. Jg., Heft 1, 1999, S. 4-5.

Witte, E. (1974): Empirische Forschung in der Betriebswirtschaftslehre. In: Grochla, E. / Wittmann, W. (Hrsg.): Handwörterbuch der Betriebswirtschaft, 4., völlig neu gestaltete Auflage, Stuttgart 1974, Sp. 1264-1281.

Witte, E. / Grün, O. / Bronner, R. (1975): Pluralismus in der betriebswirtschaftlichen Forschung. In: Zeitschrift für betriebswirtschaftliche Forschung, 27. Jg., 1975, S. 796-800.

Wöhe, G. (1986): Einführung in die Allgemeine Betriebswirtschaftslehre. 16., überarb. Aufl., München 1986.

Wolff, B. (1995): Organisation durch Verträge. Wiesbaden 1995.

Wolff, P. (1973): Der Änderungsablauf in einem Produktionsbetrieb. In: Industrial Engineering, 3. Jg., Heft 5, 1973, S. 323-327.

Wolters, H. (1995): Modul- und Systembeschaffung in der Automobilindustrie. Wiesbaden 1995.

Zahn, E. (1992): Konzentration auf Kompetenz – ein Paradigmawechsel im Strategischen Management? In: Zahn, E. (Hrsg.): Erfolg durch Kompetenz. Stuttgart 1992, S. 1-38

Zanker, W. (1999): Situative Anpassung und Neukombination von Entwicklungsmethoden. Dissertation München 1999.

Zerdick, A. et al. (1999): Die Internet-Ökonomie – Strategien für die digitale Wirtschaft. Berlin u.a. 1999.

# Anhang

Für die empirische Studie zum Thema „Integriertes Änderungsmangement" durch den Verfasser dieser Arbeit entwickelter Fragebogen. Dieser wurde an die 119 Teilnehmer des Kogresses mit dem gleichnamigen Titel, der am 12.-13. Oktober 1998 an der Technischen Universität München stattfand, verteilt.

| Teilnehmer – Fragebogen | Tagungsleitung: |
|---|---|
| zur Fachtagung<br>12.– 13. Oktober 1998<br>Technische Universität München | Prof. Dr.-Ing. U. Lindemann,<br>Lehrstuhl Konstruktion im Maschinenbau<br>Prof. Dr. Dr. h.c. R. Reichwald<br>Lehrstuhl für Allgemeine und Industrielle BWL |

## Integriertes Änderungsmanagement

| Workshopteilnahme |
|---|

*Fragebogen wird beantwortet durch*

Name:                  _____

Firma:                 _____

Anschrift:             _____

Telefon:               _____

Funktionsbereich:      _____

Position:              _____

*An welchen Workshop-Veranstaltungen möchten Sie teilnehmen ?*
Bitte geben Sie Ihre Präferenz an! (Höchste Präferenz = 1, niedrigste Präferenz = 5)

___ Vermeidung von Änderungen

___ Problemerkennung und Ursachenanalyse

___ Synthese von Lösungsalternativen

___ Änderungscontrolling

___ Änderungsdatenmanagement

❑ Ich möchte nur an <u>einem</u> Workshop teilnehmen. ❑ Ich möchte an keinem Workshop teilnehmen.

Die begrenzten Raumkapazitäten und eine angestrebte Gleichverteilung zwischen den alternativen
Workshops kann dazu führen, daß nicht alle Teilnehmer an den Veranstaltungen mit ihrer
individuellen Präferenz 1 und 2 teilnehmen können. Wir bitten hierfür um Ihr Verständnis.

## Fragebogen

Alle gemachten Angaben werden anonymisiert und streng vertraulich behandelt.

## 1        Unternehmensprofil

### 1.1    In welcher Branche ist Ihr Unternehmen tätig?

❏ Maschinenbau

❏ Elektrotechnik

❏ Chemie

❏ Automobilbau

❏ Informationstechnologie

❏ andere: _____

### 1.2    Welches Umsatzvolumen hatte Ihr Unternehmen 1997?

Umsatz 1997: _____

Anteil F&E am Umsatz _____ %

### 1.3    Über wie viele Mitarbeiter verfügt Ihr Unternehmen?

_____ Mitarbeiter insgesamt, davon außerhalb des Stammwerks _____

## 2        Technisches Änderungswesen in Ihrem Unternehmen

### 2.1    Wie viele technische Änderungen fallen nach Ihrer Erfahrung im Schnitt pro Woche bzw. Jahr  an?

Im Schnitt ca. _____ technische Änderungen pro Woche oder ca. _____ pro Jahr

### 2.2    Wie hoch ist der durchschnittliche Anteil der Arbeitszeit, den Ihre Abteilung für Änderungen aufbringen muß?

Im Schnitt werden _____ % für Änderungen aufgebracht.

### 2.3    Wie lange dauert im Schnitt der organisatorische Änderungsdurchlauf?
(von Formulierung des Antrags bis Zustellung der Änderungsaufträge)

Im Schnitt ca. _____ Arbeitstage

*2.4 Wird das Änderungswesen in Ihrem Unternehmen mit DV unterstützt?*

❒ nein ❒ ja

      Wenn ja: Welche Teilschritte?     _____

      Welche DV-Programme?        _____

*2.5 Werden in Ihrem Unternehmen die technischen Änderungen hinsichtlich Anzahl, Kosten und / oder Ursachen periodisch ausgewertet?*

- Hinsichtlich <u>Anzahl</u>     ❒ ja   ❒ nein
- Hinsichtlich <u>Kosten</u>     ❒ ja   ❒ nein
- Hinsichtlich <u>Ursachen</u>     ❒ ja   ❒ nein
- Hinsichtlich <u>Bearbeitungszeit</u>    ❒ ja   ❒ nein
- Hinsichtlich <u>Durchlaufzeit</u>    ❒ ja   ❒ nein

*2.6 Durch welche Abteilung in Ihrem Hause wird die Fortentwicklung des Änderungswesens überwiegend betrieben?*

❒ Konstruktion

❒ Arbeitsvorbereitung

❒ Normung

❒ Zentrale Organisation

❒ andere: _____

---

## 3        Änderungsabwicklung

---

**3.1    Inwieweit unterscheidet sich die Abwicklung von Änderungen von der regulärer (Erst-)Entwicklungen?**

❒ kein Unterschied

❒ reduzierter Planungsaufwand                    ❒ erhöhter Planungsaufwand

konstruktive Anpassungen bei einer Änderung werden in der Regel vorgenommen von:

❒ Konstrukteur der Erstentwicklung          ❒ nicht vom Konstrukteur der Erstentwicklung

**3.2    Inwieweit treffen folgende Aussagen nach Ihren Erfahrungen im Vergleich zu ‚normalen' Prozessen auf Änderungsprozesse zu?**

|  | trifft gar nicht zu | | | | trifft voll zu |
|---|---|---|---|---|---|
| • Der Zeitdruck bei Änderungen ist höher. | ❒ | ❒ | ❒ | ❒ | ❒ |
| • Es werden keine Kapazitäten für Änderungen vorgehalten. | ❒ | ❒ | ❒ | ❒ | ❒ |
| • Änderungen werden weniger detailliert geplant. | ❒ | ❒ | ❒ | ❒ | ❒ |
| • Änderungen haben eine bes. Bedeutung für Projektendtermine. | ❒ | ❒ | ❒ | ❒ | ❒ |
| • Bei Änderungen besteht eine Gefahr der erstbesten Lösung. | ❒ | ❒ | ❒ | ❒ | ❒ |
| • Änderungen werden unzureichend im Budget berücksichtigt | ❒ | ❒ | ❒ | ❒ | ❒ |
| • Bei Änderungen existieren selten klare Verantwortlichkeiten. | ❒ | ❒ | ❒ | ❒ | ❒ |

**3.3    Welche Planungshilfsmittel des Projektmanagements werden eingesetzt?**

| Erstplanung von F&E-Projekten | Änderungsplanung | |
|---|---|---|
| | Änderungen beeinflussen die Erstplanung | Änderungen stellen neues ‚kleines' Projekt dar |
| ❒ Projektstrukturplan | ❒ Anpassung des Projektstrukturplans | ❒ eigener Projektstrukturplan |
| ❒ Arbeitspakete | ❒ Anpassung der Arbeitspakete | ❒ eigene Arbeitspakete |
| ❒ Kostenplan | ❒ Anpassung des Kostenplans | ❒ eigene Kostenplanung |
| ❒ Kapazitätsplan | ❒ Anpassung des Kapazitätsplans | ❒ eigene Kapazitätsplanung |
| ❒ Netzplan | ❒ Anpassung des Netzplans | ❒ eigener Netzplan |
| ❒ sonstige: | ❒ sonstige | ❒ sonstige |

## 4 Zusammenarbeit und Kooperation im Änderungsmanagement

### 4.1 Wie sind Ihre Entwicklungspartner räumlich verteilt?

|  | nicht | regional | deutschland- | europa- | weltweit |
|---|---|---|---|---|---|
| • unternehmensinterne Entwicklungsabteilungen | ❏ | ❏ | ❏ | ❏ | ❏ |
| • selbständige Entwicklungsabteilungen (einschl. Ingenieurbüros) | ❏ | ❏ | ❏ | ❏ | ❏ |
| • Produktionswerke | ❏ | ❏ | ❏ | ❏ | ❏ |
| • Lieferanten | ❏ | ❏ | ❏ | ❏ | ❏ |

### 4.2 In welchem Ausmaß bzw. mit welcher Intensität wird mit Ihren Entwicklungspartnern zusammengearbeitet?

|  | kaum |  |  |  | sehr intensiv |
|---|---|---|---|---|---|
| • unternehmensinterne Entwicklungsabteilungen | ❏ | ❏ | ❏ | ❏ | ❏ |
| • selbständige Entwicklungsabteilungen (einschl. Ingenieurbüros) | ❏ | ❏ | ❏ | ❏ | ❏ |
| • Produktionswerke | ❏ | ❏ | ❏ | ❏ | ❏ |
| • Lieferanten | ❏ | ❏ | ❏ | ❏ | ❏ |

### 4.3 Wird ein einheitliches Änderungswesen standortübergreifend eingesetzt?

- Tochterunternehmen im Inland
  - ❏ ja ❏ nein, eigenes Änderungswesen ❏ kein Tochterunternehmen
- Tochterunternehmen im Ausland
  - ❏ ja ❏ nein, eigenes Änderungswesen ❏ kein Tochterunternehmen
- Zulieferer    ❏ ja ❏ eigenes Änderungswesen
- Kunde    ❏ ja ❏ eigenes Änderungswesen
  Falls ja:    ❏ vom Kunden weitgehend vorgegeben

**4.4**     *Gibt es in der Zusammenarbeit zu Ihren räumlich entfernten Entwicklungspartnern*
            *Schnittstellenprobleme?*

**Es existieren Probleme durch ...**                     sehr gering              sehr hoch

- umständliche Datenübernahmen                          ☐  ☐  ☐  ☐  ☐

- ständig wechselnde Ansprechpartner                    ☐  ☐  ☐  ☐  ☐

- langsamen Informationstransfer                        ☐  ☐  ☐  ☐  ☐

- lange Reaktionszeiten                                 ☐  ☐  ☐  ☐  ☐

- schlechte Überwachung (z. B. Fertigstellungsstand)    ☐  ☐  ☐  ☐  ☐

- sonstiges:_____             ☐  ☐  ☐  ☐  ☐


**4.5**     *Was hemmt die Zusammenarbeit bei verteilten Standorten?*

                                                         sehr gering              sehr stark

- unzureichende Datenübertragung                        ☐  ☐  ☐  ☐  ☐

- verschiedene Soft- und Hardware                       ☐  ☐  ☐  ☐  ☐

- unterschiedliche Unternehmens- bzw. Standortkulturen  ☐  ☐  ☐  ☐  ☐

- unterschiedliche Abwicklungsverfahren/Prozesse        ☐  ☐  ☐  ☐  ☐

- unzureichende Datenübertragung                        ☐  ☐  ☐  ☐  ☐

- unterschiedliche Arbeitszeiten (auch Zeitverschiebung) ☐  ☐  ☐  ☐  ☐

- sonstiges_____              ☐  ☐  ☐  ☐  ☐


**4.6**     *Inwieweit beeinflußt die Standortverteilung die folgenden Ziele von*
            *Änderungsprozessen ?*

                                                    sehr negativ    nicht    sehr positiv

- Qualität des Ergebnisses der Änderungsplanung         ☐  ☐  ☐  ☐  ☐

- kurze Durchlaufzeiten von Änderungen                  ☐  ☐  ☐  ☐  ☐

- geringe Anzahl von Folgeänderungen                    ☐  ☐  ☐  ☐  ☐

- verursachungsgerechte Kostenzuordnung                 ☐  ☐  ☐  ☐  ☐

- schnelle Berichterstattung über das jeweilige Projekt ☐  ☐  ☐  ☐  ☐

- unternehmensweite Streuung der Ursachenanalyse        ☐  ☐  ☐  ☐  ☐

sonstiges:_____               ☐  ☐  ☐  ☐  ☐

## 5    Wirtschaftliche Auswirkungen

*5.1    Welche Kosten technischer Änderungen werden bei Ihnen einzeln erfaßt und dokumentiert?*

- keine                                                            ❒

- Änderungskosten bei Werkzeugen                ❒

- Änderungskosten an Zulieferteilen               ❒

- änderungsbedingte Nacharbeit / Ausschuß    ❒

- Arbeitsaufwand betroffener Abteilungen        ❒

- sonstige: _____

*5.2    Wie werden bei Ihnen die Änderungskosten schwerpunktmäßig verrechnet?*
*(Bitte nur einmal ankreuzen!)*

❒ auf die Gemeinkosten

❒ auf das Entwicklungsprojekt / Produkt

❒ auf die antragstellende Abteilung

❒ auf die (das Problem) verursachende Abteilung

❒ in sonstiger Weise: _____

*5.3    Wieviel Prozent aller Änderungen nach Freigabe werden in folgenden Phasen erkannt? Wie hoch ist der typische Änderungsaufwand aller betroffenen Abteilungen (in Arbeitsstunden)? (Bitte schätzen Sie überschlagsmäßig!)*

| Erkennungszeitpunkt des Änderungsbedarf | Häufigkeit | Typischer Änderungs aufwand insgesamt |
|---|---|---|
| | Σ 100% | |
| - nach Freigabe der Zeichnung / vor Musterbau | _____ % | Σ = ca. ____ h |
| - nach Musterbau | _____ % | Σ = ca. ____ h |
| - bei Vorserie mit Einfachwerkzeugen | _____ % | Σ = ca. ____ h |
| - bei Nullserie/Typprüfung mit Serienwerkzeugen | _____ % | Σ = ca. ____ h |
| - bei Serienanlauf | _____ % | Σ = ca. ____ h |
| - nach Serienanlauf | _____ % | Σ = ca. ____ h |

*5.4    Wie viele Monate nach Serienanlauf wird erfahrungsgemäß die eigentliche Serienreife erreicht?* (= deutlicher Abfall der Änderungshäufigkeit, Prozeßstabilität)

Ca. ___ Monate, bei ___Monate Ø Produkt-Lebenszeit oder ___ Jahre Ø Produkt-Lebenszeit.

## 6      Änderungsursachen und -vermeidung

*6.1    Wie würden Sie die technischen Änderungen in Ihrem Unternehmen nach folgenden Hauptkategorien von Änderungsursachen prozentual aufteilen?*

$\Sigma$ 100%

- markt- bzw. innovationsbedingte Änderungen (z.B. wegen technischer Innovationen, neuer Kundenwünsche, neuer Gesetze)                    ca. _____ %

- nachträgliche Korrekturen, fehlerbedingte Änderungen (z.B. wegen Fehlern und Fehlentscheidungen in Marketing, Konstruktion, AV etc.)            ca. _____ %

*6.2    Wieviel Prozent der fehlerbedingten Änderungen könnten nach ihrer Erfahrung vermieden werden?*

Ca. _____ % der fehlerbedingten Änderungen wären prinzipiell vermeidbar.

*6.3    Wieviel Prozent aller Änderungen führen zu Folgeänderungen aufgrund unzureichend berücksichtigter Nebeneffekte?*

Ca. _____ % der Änderungen ist mit Folgeschäden verbunden.

*6.4    Wie hoch schätzen Sie das <u>Änderungsvermeidungspotential</u> folgender Maßnahmekategorien?*

**Änderungsvermeidungspotential durch ...**      sehr gering                    sehr hoch

- Gezielte Qualifizierung der Mitarbeiter              ❑  ❑  ❑  ❑  ❑

- Bessere persönliche Abstimmung (z.B. durch Teams)   ❑  ❑  ❑  ❑  ❑

- Besserer Zugang zu Informationen (z.B. Datenbanken)  ❑  ❑  ❑  ❑  ❑

- Einsatz von Checklisten & Methoden wie QFD, FMEA   ❑  ❑  ❑  ❑  ❑

- Einsatz von DV-Berechnungs- und Simulationstools   ❑  ❑  ❑  ❑  ❑

- Mehr Versuche und Prototypen in frühen Phasen      ❑  ❑  ❑  ❑  ❑

- sonstige_____

Vielen Dank für Ihre Unterstützung!

# Stichwortverzeichnis